Fresow – Michel - Urbani

Industriemeister:
Basis-Qualifikationen

Repetitorium für die Fachgebiete:
Rechtsbewusstes Handeln
Betriebswirtschaftliches Handeln
Information, Kommunikation und Planung
Zusammenarbeit im Betrieb
Naturwissenschaftliche und technische Gesetzmäßigkeiten

Inhalt nach DIHK-Rahmenplan

Saarbrücken, Feb. 2024

Letzte berücksichtigte Klausur:
Nov. 2023

Impressum

Kontakt: im@fachwirteverlag.de

Umschlaggestaltung: Simone Meckel

Autoren:
Jana Michel: Rechtsbewusstes Handeln
Sandro Urbani: Naturwissenschaftliche und technische Gesetzmäßigkeiten
Alle anderen Fächer: Reinhard Fresow

ISBN 978-3-95887-697-2

3. Auflage

MIX
Papier aus verantwortungsvollen Quellen
Paper from responsible sources
FSC® C105338

Inhalt

Vorbemerkung

Dieses Buch ist **kein Lehrbuch** für Einsteiger. Es bietet vielmehr dem, der bereits einen Kurs besucht oder auf andere Weise den Stoff gelernt hat, für die Phase der unmittelbaren Prüfungsvorbereitung **Zusammenfassungen** an, die auf alles verzichten, was nicht für die Prüfung relevant ist, aber auch nichts weglassen, was in der Klausur an Wissen gebraucht wird. Eine absolute Garantie, dass dies gelingt, kann es natürlich nicht geben. Aber annähernd ist es durchaus möglich. Grundlage der Darstellung ist der Rahmenstoffplan und eine vollständige Übersicht aller bisher in diesen Klausuren gestellten Fragen. Es ist also sichergestellt, dass die Inhalte aller bis zum angegebenen Erscheinungstermin geschriebenen Klausuren berücksichtigt sind. Bei jedem Fach ist bei jedem Gliederungspunkt (der exakt dem Rahmenstoffplan folgt) kursiv angegeben, in welcher Klausur und welcher Frage das vorkam. Wer die alten Klausuren vom DIHK erworben hat, kann damit schnell zu jedem Thema die bisherigen Klausuraufgaben zum Üben finden.

Für das tiefere Verständnis der Fächer sind Textbände, Lehrbücher, Unterricht unverzichtbar. Aber für die effektive Prüfungsvorbereitung unter Zeitdruck ist eine kompakte Fassung wie diese besser geeignet.

Für Käufer dieses Buches, bei denen zwischen Kaufdatum und eigener Prüfung erst noch eine weitere Prüfung dazwischen liegt, werden eventuell vorgesehene Ergänzungen in der nächsten Auflage als pdf-Datei zur Verfügung gestellt;
mail an
im@fachwirteverlag.de.

Teil A Recht

Die Klausur wird am ersten Tag der schriftlichen Prüfung der Basisqualifikationen geschrieben. Die Bearbeitungszeit beträgt 90 Minuten. Gestellt wurden in den letzten Jahren meist acht Fragen.

Spitzenreiter bei den Fragen sind die Themen:

- befristete Arbeitsverhältnisse;
- Entgeltfortzahlung;
- allgemeiner Kündigungsschutz;
- Betriebsrat und BetrVerfG;
- Unfallversicherung
- Arbeitsschutz

Die Bezeichnungen der einzelnen Kapitel sind im Rahmenstoffplan zum Teil so weitschweifig, dass sie als Kapitelüberschrift (und damit als Punkt im Inhaltsverzeichnis) nicht original verwendet werden können. Es mussten deshalb knappere und eindeutige Bezeichnungen der Themen formuliert werden.

Die Punkte sollen in der Klausur etwa wie folgt auf die Kapitel verteilt werden:

Kap.	Thema	Punkte
1	Arbeitsrecht	30
2	Betriebsverfassungsrecht	30
3	Sozialversicherungsrecht	10
4	Arbeitsschutz, Arbeitssicherheit	10
5	Umweltrecht	10
6	Produkthaftung, Datenschutz	10

1. Arbeitsrecht

„Berücksichtigen arbeitsrechtlicher Vorschriften und Bestimmungen bei der Gestaltung individueller Arbeitsverhältnisse und bei Fehlverhalten von Mitarbeitern, insbesondere unter Berücksichtigung des Arbeitsvertragsrechts, des Tarifvertragsrechts und betrieblicher Vereinbarungen"

1.1 Rechtsgrundlagen

Grundrechte
Schutz der Menschenwürde, Freiheitsrechte, Gleichheitsrecht; auch vom Staat zu beachten. - Einschränkung nur möglich durch
1. Schranke unmittelbar im Grundrecht (verfassungsunmittelbare Schranke);
2. Schranke durch oder aufgrund eines Gesetzes (Schranke mit Gesetzesvorbehalt);
3. Schranke durch entgegenstehendes Grundrecht (verfassungsimmanente Schranke).

Ordnungsprinzipien:
- Bundesstaatsprinzip,
- Rechtsstaatsprinzip,
- Demokratieprinzip und
- Sozialstaatsprinzip

Recht (= Gesamtheit aller Rechtsgrundlagen)
2013 Früh Aufg.1
Funktionen des Rechts: Ordnung, Schutz und Sicherheit, Ausgleich/Wiedergutmachung.
Zivilrecht: Recht der Bürger untereinander;
öffentliches Recht: Recht/Einwirkung des Staates

Rechtsgrundlagen
2012 Herbst Aufg.1 | 2019 Herbst Aufg.2
Europäisches Recht, Grundgesetz, Bundesgesetze, Landesgesetze, Richterrecht, Verträge (z.B. Tarifverträge, Betriebsvereinbarungen, Arbeitsverträge), betriebliche Übung
Vorrangprinzip: Wertigkeit Gesetz vor Tarifvertrag vor Betriebsvereinbarung vor Arbeitsvertrag, nachrangiges Recht kann nicht abweichen
Ausnahmen: Öffnungsklausel (höheres Recht erlaubt ausdrücklich Abweichung in nachfolgendem Recht) und
Günstigkeitsprinzip (günstiger für Arbeitnehmer, dann gilt auch Abweichung)

Grundsätze des Rechts:
2009 Herbst Aufg.2
richterliche Unabhängigkeit, Verbot der Doppelbestrafung, Recht auf rechtliches Gehör, keine Strafe ohne Gesetz, Rückwirkungsverbot für Gesetze, pflichtgemäßes Ermessen, Öffentlichkeitsgrundsatz im Strafrecht

Gewaltenteilung
Trennung von Gesetzgebung (Legislative), Rechtsprechung (Judikative) und ausführender Gewalt (Exekutive).

Arbeitsrecht
2009 Herbst Aufg.1 | 2012 Früh Aufg.1
Individuelles Arbeitsrecht (z.B. Arbeitsvertrag): Arbeitsschutz (z.B. BUrlG); kollektives Arbeitsrecht (z.B. Tarifvertrag / Betriebsvereinbarung)

1.2 Arbeitsvertrag

Stellenanzeige = unverbindliche Aufforderung zur Bewerbung (invitatio ad offerendum)

Allgemeines Gleichbehandlungsgesetz (AGG)
2010 Früh Aufg.2 | 2011 Früh Aufg.5 | 2014 Herbst Aufg.2 | 2017 Herbst Aufg.2 2023 Früh Aufg.2|
Keine Diskriminierung wegen Rasse, Geschlecht, Religion, Behinderung, Alter, sexuelle Identität; bei Verstoß insbesondere Schadensersatzanspruch, kein Einstellungsanspruch.
Anwendungsbereich: bereits bei Einstellung für Bewerber, während des Arbeitsverhältnisses und bei Beendigung
für Bewerber, Arbeitnehmer und Azubis.
Rechtsfolge: Schadensersatz bei Benachteiligung, auch Nichtvermögensschaden wird ersetzt (Schmerzensgeld), bei Nichteinstellung Reduzierung auf 3 Monate, wenn Nachweis, dass eingestellter Bewerber besser war
Fristen: 2 Monate ab Ablehnung/Kenntnis der Diskriminierung für Geltendmachung, 3 Monate ab Geltendmachung für Klageerhebung (Arbeitsgericht)

Vorstellungsgespräch
2013 Herbst Aufg.2+3 | 2014 Früh Aufg.3 | 2017 Herbst Aufg.2
Einladung - Rechtsfolge: unentgeltlich, aber Aufwendungsersatz für Fahrtkosten und Hotelkosten etc., soweit erforderlich.
Vorstellungsgespräch ist ein vorvertragliches Schuldverhältnis.
Fragerecht und Pflicht zur wahrheitsgemäßen Antwort; Lüge auf zulässige Frage = arglistige Täuschung – Mangel im Arbeitsvertrag (s.u.) berechtigt zur Anfechtung (kein Kündigungsschutz), Schadensersatzansprüche.

Zulässige Fragen = Fragen zur Qualifikation und in Bezug auf konkrete Tätigkeit, einschlägige Vorstrafen.
Unzulässige Fragen = mittelbar oder unmittelbar diskriminierend nach AGG, Verletzung des Persönlichkeitsrechts
Bei unzulässigen Fragen: Recht zur Lüge ohne Konsequenzen

Abschluss des Arbeitsvertrages durch zwei übereinstimmende Willenserklärungen; formfrei. *– 2015 Herbst Aufg.1 |2020 Früh Aufg.1 - Merke: Beginn des Jobs immer so einfach wie möglich (formfrei). Ende des Jobs immer so schwer wie möglich (Schriftform).*
Bei mehr als 20 Arbeitnehmer im Betrieb und Betriebsrat (BR) ist der BR zu beteiligen, zu unterrichten, erforderliche Bewerbungsunterlagen vorzulegen, Auskunft über den Bewerber und die Auswirkungen Einstellung geben; BR muss Zustimmung erteilen (hat nur Widerspruchsrecht).
Bei formfreien Arbeitsvertrag **Nachweisgesetz** beachten

Mängel im Arbeitsvertrag
Nichtiger Arbeitsvertrag = von Anfang an ungültig kraft Gesetzes bei
- Geschäftsunfähigkeit, § 105 BGB;
- Scheingeschäft, § 117 BGB
- Scherzgeschäft, § 118 BGB;
- Formverstoß, § 125 BGB;
- Gesetzwidrigkeit, § 134 BGB;
- Sittenwidrigkeit, § 138 BGB
- Wucher, § 138 BGB.

Anfechtbarer Arbeitsvertrag = wird im Nachhinein nichtig, wenn er angefochten wird bei
- Irrtum, § 119 BGB;
- falsche Übermittlung, § 120 BGB;
- arglistige Täuschung, § 123 BGB *(2015 Herbst Aufg.2 | 2022 Herbst Aufg.2)*
- widerrechtliche Drohung, § 123 BGB.

Bei Anfechtung: keine Kündigungsfrist, kein Kündigungsschutz, keine Beteiligung Betriebsrat, keine Formvorschrift.

Wenn der Arbeitsvertrag nichtig ist, aber tatsächlich das Arbeitsverhältnis durchgeführt wurde, ist ein faktischer Arbeitsvertrag mit Anspruch auf Entgelt entstanden. *– 2023 Herbst Aufg.2*
Der **Arbeitsvertrag** ist eine Sonderform des Dienstvertrages, § 611 BGB.

Abgrenzungen:

Arbeitsvertrag	**Dienstvertrag**
unselbständig	selbständig
weisungsabhängig	größtenteils weisungsunabhängig
meist nur ein AG	mehrere Auftraggeber
„Chef" entscheidet	eigene Entscheidung
Gesetzl. Arbeitsschutz	kein Arbeitsschutz

Dienstvertrag	**Werkvertrag**
Leistung geschuldet	Erfolg geschuldet
In Person	Subunternehmer möglich
z.T. weisungsgebunden	weisungsfrei
Dienstherr muss mitwirken	Unternehmer schafft allein

Arbeitnehmerüberlassung (Leiharbeit) = Dreiecksverhältnis zwischen Verleiher (Leiharbeitsfirma), Entleiher (Unternehmer) und Arbeitnehmer (Leiharbeiter)
2010 Früh Aufg.5 | 2010 Herbst Aufg.8 | 2014 Früh Aufg.1 | 2015 Früh Aufg.1 | 2016 Früh Aufg.5 | 2023 Früh Aufg.1
Form: Schriftform erforderlich *2020 Früh Aufg.1*
Arbeitsverhältnis besteht nur zwischen Verleiher und AN; Arbeitsleistung wird beim Entleiher erbracht
Verleiher braucht Erlaubnis, sonst wird unbefristetes Arbeitsverhältnis zw. Arbeitnehmer und Unternehmer begründet
Diskriminierungsverbot (keine Schlechterbehandlung des Leiharbeiters zu den weiteren Arbeitnehmern)

Probearbeitsverhältnis = normaler Arbeitsvertrag mit Probezeit
2011 Früh Aufg.6 | 2015 Früh Aufg.1 | 2023 Herbst Aufg.3
Form: formfrei
Besonderheit: in Probezeit gilt kurze Kündigungsfrist von 2 Wochen; maximale Probezeit = 6 Monate
Da allgemeiner Kündigungsschutz erst nach 6 Monaten greift, gibt es in der Probezeit noch keinen Kündigungsschutz. Hat aber nichts mit der Probezeit selbst zu tun.

Befristetes Arbeitsverhältnis - *2009 Herbst Aufg.3 | 2011 Herbst Aufg.2 | 2012 Herbst Aufg.2 | 2014 Früh Aufg.1 | 2015 Früh Aufg.1 | 2016 Herbst Aufg.3d | 2022 Herbst Aufg.3 | 2023 Herbst Aufg.1*
Arbeitsvertrag mit vorher bestimmtem Ende. Das Ende wird bereits bei Abschluss des Vertrages vereinbart; während der Dauer nicht ordentlich kündbar, es sei denn es wurde extra vereinbart.
Form (*2012 Früh Aufg.4 | 2014 Herbst Aufg.3) |2017 Früh Aufg.3 | 2019 Früh Aufg.1* - Schriftformerfordernis! (weil Beendigung mit geregelt wird)
Voraussetzung:
2013 Herbst Aufg.5 | 2014 Herbst Aufg.3 |2017 Früh Aufg.3 | 2019 Früh Aufg.1| 2021 Herbst Aufg.1
Sachgrund (§ 14 Abs. 1 TzBfG) oder wenn ohne Sachgrund (Abs. 2) grundsätzlich maximal 2 Jahre insgesamt, bei maximal 3 Verlängerungen (Verlängerung = lediglich Änderung Enddatum, jede andere Änderung = neuer Vertrag) und vorher (3 Jahre) kein Arbeitsverhältnis (weder befristet noch unbefristet, unabhängig von Dauer) – Sondervorschriften für alte Arbeitnehmer und neue Unternehmen (Abs. 2a und 3)
Dauer: Kalendermäßig befristeter Arbeitsvertrag endet mit Ablauf der Zeit; zweckbefristeter Arbeitsvertrag endet mit Erreichen des Zwecks + Mitteilung an Arbeitnehmer + 2 Wochen (nur bei Sachgrundbefristung möglich)
Rechtsfolge bei Unwirksamkeit (z.B. wegen unwirksamer Form oder fehlendem Sachgrund oder Überschreiten Höchstfrist etc.): Befristung ist unwirksam, Arbeitsvertrag besteht (unbefristet) fort
Rechtsmittel: Entfristungsklage (Klage auf Feststellung, dass Befristung unwirksam) vor dem Arbeitsgericht, muss innerhalb von 3 Wochen nach vereinbartem Ende erhoben werden.

Teilzeitarbeitsvertrag
2010 Herbst Aufg.3 | 2017 Herbst Aufg.1 | 2018 Früh Aufg.1| 2021 Früh Aufg.1 | 2022 Früh Aufg.2
Arbeitsvertrag mit weniger als der betriebsüblichen Wochenarbeitszeit; gesetzlich geregelter Anspruch auf Teilzeitarbeit in § 8 TzBfG
3 Monate vor Beginn, Textform, mind. 15 AN, mind. 6 Mon dabei; wenn nicht einen Monat vorher geeinigt oder schriftlich abgelehnt ist es genehmigt. Auch zeitlich befristete Reduzierung möglich § 9a TzBfG, aber höhere Anforderungen.

1.3 Rechte und Pflichten aus dem Arbeitsverhältnis

Inhalt des Arbeitsverhältnisses

Hauptleistungspflichten: Dienstleistung gegen Entgeltzahlung
Nebenpflichten: Arbeitnehmer hat Treuepflicht (Verschwiegenheitspflicht, Wahrnehmung berechtigter Interessen des Betriebes, keine unerlaubte Nebentätigkeit, keine Störung des Betriebsfriedens, keine Schmiergelder, Wettbewerbsverbot während des Arbeitsverhältnisses). - Arbeitgeber hat Beschäftigungspflicht und Fürsorgepflicht (Gesundheit und Leben des AN, Persönlichkeitsrechte des Arbeitnehmer schützen, Anmeldung zur Sozialversicherung und Abführung der Beiträge, Gleichbehandlungspflicht, Einhaltung der Arbeitsschutzvorschriften)
Betriebliche Übung *(gesetzlich nicht geregelt → auswendig lernen!)*
2009 Herbst Aufg.1 | 2014 Herbst Aufg.6 |2017 Früh Aufg.7 | 2019 Herbst Aufg.2
Gewohnheitsrecht nach 3-maliger uneingeschränkter Wiederholung (z.B. Zahlung Weihnachtsgeld ohne vertraglichen Anspruch); Ausschluss durch ausdrücklichen Hinweis.

Hauptleistungspflicht Arbeitnehmer: Dienstleistung
Inhalt, Art und Zeit gemäß Arbeitsvertrag; in Person zu leisten *2014 Herbst Aufg.5*
Einseitige Konkretisierung der Pflichten durch den Arbeitgeber = Weisung
2010 Herbst Aufg.9 | 2010 Früh Aufg.1
Arbeitsleistung persönlich geschuldet
2014 Herbst Aufg.5

Arbeitszeitgesetz

2010 Herbst Aufg.4 | 2014 Herbst Aufg.4 | 2016 Früh Aufg.2 | 2016 Herbst Aufg.4a+b | 2019 Herbst Aufg.1 | 2023 Früh Aufg.3
Begrenzung der Arbeitszeit und Arbeitsverbot an Sonn- und Feiertagen. - **Arbeitszeit** = Beginn bis Ende minus Pausen.
Maximale Arbeitszeit: 8 Stunden/Tag, max. 10 Std./Tag, sofern im Durchschnitt max. 8 Std./Tag.
48 Stunden/Woche (Sechstagewoche), max. 60 Std./Wo, sofern im Durchschnitt max. 8 Std./Tag.
Ausnahme: Notfall § 14 ArbZG oder behördliche Genehmigung § 15

Pausen: 30 min bei 6 -9 h; 45 min ab 9 h (Pause = mind. 15 min)
Ruhezeit: 11 Std. zwischen zwei Arbeitstagen; Sonntage und Feiertage frei. Ausnahme für bestimmte Berufsgruppen oder Notfall, bei Sonntags-/Feiertagsarbeit aber Ersatzruhetag.
Überstunden – nur geschuldet, wenn vereinbart oder Notfall; bei Vereinbarung können bis zu 10 % Überstunden vom Lohn umfasst werden
Bereitschaft – nur geschuldet wenn vereinbart (Arbeitsvertrag; Betriebsvereinbarung)

Hauptleistungspflicht Arbeitgeber: Entgelt

2012 Früh Aufg.7 | 2018 Herbst Aufg.5 | 2021 Früh Aufg.2 | 2021 Herbst Aufg.5
Entgelt = jeder geldwerte Vorteil (Geld oder Sachleistungen)
Grundsatz: Arbeit gegen Lohn + Erst die Arbeit dann die Entlohnung
Ausnahmen vom Grundsatz – kurzfristige Verhinderung (Kind krank – dann auch 45 SGB V möglich, Hochzeit, Beerdigung, berufsbedingter Umzug etc), Betriebsrisiko, Annahmeverzug, Feiertage, Urlaub und Entgeltfortzahlung im Krankheitsfall
Urlaub – Mindesturlaub 24 Werktage (auf Arbeitstage runter zu rechnen, wenn weniger als 6-Tagewoche)
2010 Früh Aufg.2 | 2013 Herbst Aufg.4 | 2015 Früh Aufg.3 | 2017 Früh Aufg.1
Voller Urlaubsanspruch nach 6 Monaten im Arbeitsverhältnis; muss im Kalenderjahr genommen und gewährt werden entsprechend den Urlaubswünschen des Arbeitnehmers, Ausnahme: dringende betriebliche Belange oder Urlaubswünsche anderer Arbeitnehmer.

Entgeltfortzahlung im Krankheitsfall – wenn arbeitsunfähig aufgrund Krankheit ohne Verschulden.
2010 Früh Aufg.8 | 2013 Früh Aufg.6 | 2013 Herbst Aufg.7 | 2014 Herbst Aufg.8 | 2015 Früh Aufg.3 | 2016 Früh Aufg.3 | 2016 Herbst Aufg.1 | 2020 Früh Aufg.5 | 2022 Herbst Aufg.7
Krankheit – regelwidriger Zustand des Körpers, der der Heilbehandlung bedarf;
Arbeitsunfähig – in Abhängigkeit der tatsächlich zu erbringenden Arbeit;
Aufgrund – Ursachenzusammenhang zwischen Krankheit und Arbeitsunfähigkeit;
ohne Verschulden – keine Selbstverletzung, Schönheits-OPs, Urlaubstattoo oder Erhöhung des allgemeinen Risikos (Extremsport z.B.)

→ Entgeltfortzahlung bis zu 6 Wochen je Krankheit.
2017 Früh Aufg.1
Weitere 6 Wochen bei derselben Krankheit wenn a) zwischenzeitlich 6 Monate nicht deswegen erkrankt oder b) 12 Monate seit Beginn verstrichen sind.
Andere Krankheit – eigene 6 Wochen Entgeltfortzahlung; Ausnahme: tritt noch während der ersten Erkrankung auf.
2017 Früh Aufg.1 | 2018 Früh Aufg.5
Erst nach 4 Wochen ununterbrochenem Arbeitsverhältnis

Entgeltfortzahlung bei Feiertagen – 2022 Früh Aufg.1
Wenn Feiertag auf Werktag fällt asrbeitsfrei mit Lohnzahlung. Kein Zahlungsanspruch, wenn am Tag davor oder danach unentschuldigt gefehlt wird.

Pflichtverletzungen - bezüglich Hauptleistungspflicht:
Arbeitnehmer arbeitet nicht – Abmahnung, Kündigung, Schadensersatz, Nacharbeiten.
Arbeitgeber zahlt nicht/nicht vollständig – Zahlungsklage vor dem Arbeitsgericht.
Pflichtverletzungen - bezüglich Nebenleistungspflicht:
Schlechtleistung Arbeitnehmer: Schadensersatzansprüche (*vgl. Ausführungen unter 1.6.1 Besonderheiten im Arbeitsrecht)*, gegebenenfalls Abmahnung und Kündigung.

1.4 Beendigung des Arbeitsverhältnisses

2020 Früh Aufg.2 |2020 Herbst Aufg.2

Einvernehmliche Beendigungen des Arbeitsvertrages:
Aufhebungsvertrag (Schriftformerfordernis)
Befristung (Schriftformerfordernis)

Einseitig:
Tod des Arbeitnehmers (kein Formerfordernis)
Anfechtung (kein Formerfordernis)
Ordentliche Kündigung (Schriftformerfordernis) – *2022 Früh Aufg.1*
Außerordentliche Kündigung (Schriftformerfordernis)
Insolvenz beendet nicht das Arbeitsverhältnis, aber Insolvenzverwalter kann Kündigung aussprechen

Ordentliche Kündigung
2009 Herbst Aufg.5, 2010 Herbst Aufg.7 | 2015 Herbst Aufg.1
Einseitige Vertragsbeendigung, wird wirksam mit Zugang; kein Grund erforderlich.
Kündigungsfrist (Zeit zwischen Zugang der Kündigung und Wirksamwerden)
2011 Herbst Aufg.4 | 2014 Früh Aufg.2 | 2015 Früh Aufg.1+3 |2017 Früh Aufg.1| 2021 Herbst Aufg.4 | 2022 Herbst Aufg.1
Wenn keine abweichende Kündigungsfrist in Arbeitsvertrag oder Tarifvertrag gilt § 622 BGB.
Für Arbeitnehmer immer 4 Wochen zum 15. oder Ende des Monats, für Arbeitgeber ab 2 Jahre Beschäftigungsdauer gestaffelte Kündigungsfristen von vollen Monaten immer nur zum Monatsende.
Achtung: Beschäftigungszeiten vor dem 25. Lebensjahr zählen mit; § 622 Abs. 2 Satz 2 BGB ist nicht mehr anzuwenden.

Probezeit: 2 Wochen Kündigungsfrist
bei kurzfristigen Arbeitsverhältnissen Abweichung möglich
Arbeitnehmer darf keine längere Kündigungsfrist haben als Arbeitgeber.
Wenn Betriebsrat vorhanden: Anhörung, § 102 BetrVG; ohne Anhörung keine wirksame Kündigung - *2023 Früh Aufg.4*

Außerordentliche Kündigung
2010 Früh Aufg.4 | 2013 Früh Aufg.3 | 2015 Herbst Aufg.2 | 2016 Herbst Aufg.2c | 2018 Herbst Aufg.1
Einseitige Vertragsbeendigung, wird wirksam mit Zugang;
keine Einhaltung Kündigungsfrist (fristlos) – ABER: Kündigung muss innerhalb von 2 Wochen ausgesprochen werden, sonst nur noch ordentliche Kündigung möglich; wichtiger Grund erforderlich. - Wichtig = unter Berücksichtigung aller Umstände ist Abwarten der Kündigungsfrist nicht zumutbar.

Allgemeiner Kündigungsschutz - Kündigungsschutzgesetz
2010 Früh Aufg.5 | 2010 Herbst Aufg.7 | 2011 Früh Aufg.5 | 2012 Früh Aufg.4 | 2014 Früh Aufg.4 | 2015 Früh Aufg.1 | 2015 Herbst Aufg.2 | 2016 Früh Aufg.7
Anwendbar wenn zu kündigender Arbeitnehmer länger als 6 Monate im Betrieb (unabhängig von Probezeit) und wenn mehr als 10 Arbeitnehmer (Teilzeitkräfte zählen anteilig, Azubis zählen nicht). Wenn allgemeiner Kündigungsschutz, dann Kündigungsgrund erforderlich. Zulässige Kündigungsgründe nur noch: Person, Verhalten, Betrieb.
2015 Früh Aufg.5 |2020 Herbst Aufg.1
Person = in der Person liegender Grund (kann er nicht ändern, würde gern)
Verhalten = in den Handlungen liegender Grund (könnte er ändern, will nicht)
Betrieb = durch betriebliche Änderungen bedingt.
Voraussetzungen für wirksame Gründe:
Person = negative Zukunftsprognose und Weiterbeschäftigung unzumutbar
Verhalten = Abmahnung;
Betrieb = Sozialauswahl

Änderungskündigung *2020 Herbst Aufg.2 | 2022 Herbst Aufg.4*
= ordentliche Kündigung (mit allen Voraussetzungen der ordentlichen Kündigung) verbunden mit dem Angebot eines neuen, geänderten Arbeitsvertrages
Reaktionsmöglichkeiten: Kündigung annehmen oder neuen Arbeitsvertrag annehmen oder Kündigungsschutzklage erheben ohne neuen Vertrag anzunehmen oder Kündigungsschutzklage erheben und neuen Vertrag unter der Bedingung der erfolglosen Klage annehmen.

Abmahnung *(gesetzlich nicht geregelt → auswendig lernen!)*
2011 Früh Aufg.3 | 2013 Früh Aufg.2 | 2014 Herbst Aufg.5 | 2015 Früh Aufg.5 | 2015 Herbst Aufg.1 | 2019 Herbst Aufg.1| 2021 Herbst Aufg.2
Formfreie Disziplinarmaßnahme des Arbeitgebers, um Fehlverhalten des Arbeitnehmers zu beanstanden. Jeder Weisungsberechtigte darf abmahnen.
Inhalt: Dokumentation (was wäre richtig, was ist KONKRET falsch gewesen), Rüge (Verhalten verstößt gegen vertragliche Pflichten); Warnung (Androhung Beendigung Arbeitsvertrag – Androhung von Konsequenzen reicht nicht).

Sozialauswahl
Auswahl des am wenigsten schutzbedürftigen Arbeitnehmers anhand von vier Kriterien
2010 Herbst Aufg.9 |2016 Früh Aufg.7 | 2019 Früh Aufg.2 | 2022 Herbst Aufg.2
Betriebszugehörigkeit, Lebensalter, Unterhaltspflichten (auch für Eltern, Ehegatten, Ex-Ehegatten, Mutter des unehelichen geborenen Kindes) und Schwerbehinderung. Ausklammerung von Arbeitnehmern zulässig, wenn Fachkenntnis erforderlich oder andere gesetzliche Gründe (Abs. 3)
Abgrenzung zu Sozialplan: Sozialplan soll Auswirkungen der Kündigung abmildern z.B. durch Fortbildungsangebote oder Abfindungen.

Besonderer Kündigungsschutz - *2010 Früh Aufg.8*
Ausschluss/Erschwernis ordentliche Kündigung;
außerordentliche Kündigung bleibt möglich, u.U. nur mit Zustimmung Dritter (Integrationsamt, Betriebsrat)
Für bestimmte **Personengruppen**:
Schwangere / Mütter ab Schwangerschaft bis 4 Monate nach der Geburt nicht kündbar, wenn Arbegeber Kenntnis von Schwangerschaft hat oder innerhalb 2 Wochen nach Kündigung erhält..
Auszubildende nach Probezeit nur noch außerordentlich kündbar.
Betriebsratsmitglieder, Wahlvorstand, Wahlbewerber während Amtszeit nur außerordentlich und mit Zustimmung des Betriebsrates kündbar, nach Amtszeit für 1 Jahr bzw. 6 Monate nur außerordentlich kündbar mit normaler Anhörung des Betriebsrates.
Mitglieder JAV (Jugend – und Auszubildendenvertretung), Wahlbewerber.
Schwerbehinderte nur mit Zustimmung des Integrationsamtes kündbar *(2016 Früh Aufg.7 | 2018 Herbst Aufg.1)*

Datenschutz-, Immissionsschutz- und Abfallbeauftragter nur außerordentlich kündbar.
Achtung: Kündigungsschutz heißt Kündigungsschutz, weil er vor Kündigung schützt. Er schützt nicht vor Befristung oder Anfechtung.
Wenn Betriebsrat vorhanden, ist er zwingend vorher anzuhören, sonst ist die Kündigung unwirksam.
2009 Herbst Aufg.5 | 2011 Früh Aufg.4
Bei außerordentlicher Kündigung BR-Mitglied ist zwingend Zustimmung des BR erforderlich

Vorgehen gegen die Kündigung
2009 Herbst Aufg.5, 2011 Früh Aufg.6, 2011 Herbst Aufg.4, 2012 Früh Aufg.4, 2013 Früh Aufg.3
Einspruch beim Betriebsrat – Frist 1 Woche
Kündigungsschutzklage beim Arbeitsgericht auf Feststellung, dass das Arbeitsverhältnis nicht beendet ist - Frist 3 Wochen.

Rechte und Pflichten nach Beendigung des Arbeitsverhältnisses:
Freistellungpflicht, § 629 BGB
- zur Begründung neuen Arbeitsverhältnisses
- Wahrnehmung Meldepflicht bei der Agentur für Arbeit
- Informationspflicht bzgl. SGB III (Arbeitsförderung)

Übergabe **Arbeitspapiere** , kein Zurückbehaltungsrecht
2021 Herbst Aufg.4
- Urlaubsbescheinigung
- Arbeitsbescheinigung (für Agentur für Arbeit)
- Lohnsteuerkarte nebst Lohnsteuerbescheinigung
- Versicherungsnachweis.

Pflicht zur **Zeugniserteilung**, §§ 630 BGB, 109 GewO
2022 Früh Aufg.1
Anforderungen: wohlwollend, wahrheitsgemäß, Schriftform
Formen:
- einfaches Zeugnis (Inhalt = Art und Dauer)
- qualifiziertes Zeugnis (Inhalt = Art, Dauer, Leistung und Verhalten)

Zwischenzeugnis nur bei besonderem Grund.

1.5 Geltungsbereich und Rechtswirksamkeit von Tarifverträgen

2010 Früh Aufg7 | 2015 Früh Aufg.4
Funktionen
- Schutzfunktion
- Ordnungsfunktion
- Friedensfunktion (für Inhalt und Dauer)

Koalitionsfreiheit = Freiheit der Bürger, zur Wahrung ihrer Interessen und Verbesserung der Arbeitsbedingungen Vereine (z.B. Gewerkschaften) zu bilden, Art. 9 Abs. 3 GG
2010 Früh Aufg.8

Tarifautonomie = Die Tarifpartner handeln den Tarifvertrag selbständig, ohne Einflussnahme Dritter (z.B. des Staates) aus.
Tarifpartner: Gewerkschaften (für Arbeitnehmer), Arbeitsgeberverband (für Arbeitgeber) oder einzelner Arbeitgeber.
Form: Schriftform
Wirkung der Tarifverträge *(2016 Herbst Aufg.3a):*
unmittelbar und zwingend; Abweichung nicht zulässig, Ausnahme Öffnungsklausel oder günstiger für Arbeitnehmer; Nachwirkung

Tarifbindung (Anwendbarkeit):
2011 Herbst Aufg.6 | 2013 Früh Aufg.5 | 2015 Früh Aufg.4 | 2016 Früh Aufg.5 | 2018 Herbst Aufg.2
Mitglieder der Vertragsparteien oder
Bei Allgemeinverbindlichkeit oder
Bei Vereinbarung im Arbeitsvertrag oder
Bei betrieblicher Übung

Tarifkollision - *2022 Früh Aufg.3*
*Ws gilt immer nur ein Tarifvertrag je Arbeitnehmer, Soezieller TV geht dem akkgemeinen TV vor (=Haus-TV vor allg. TV vor Rahmen-T**V)***

1.6 Rechtliche Rahmenbedingungen von Arbeitskämpfen

(gesetzlich nicht geregelt → auswendig lernen)

2009 Früh Aufg.3 | 2010 Früh Aufg.7 | 2011 Früh Aufg.7 | 2012 Herbst Aufg.3 | 2013 Früh Aufg.5 | 2014 Früh Aufg.5 | 2018 Früh Aufg.3

Keine Einigung bei Tarifvertragsverhandlungen → mögliche Lösung: Arbeitskampf
Streik = Arbeitsniederlegung durch Arbeitnehmer
Aussperrung = Aussperrung der Arbeitnehmer durch Arbeitgeber
Voraussetzung für zulässigen Arbeitskampf:
tariffähige Parteien rufen auf;
tarifvertraglich regelbares Kampfziel;
Beachtung der Friedenspflicht;
Pflichtgemäßes Ermessen (Erforderlichkeit, Verhältnismäßigkeit, faire Kampfführung)
Rechtsfolge: Ruhen der Hauptleistungspflichten (keine Arbeitsverpflichtung, kein Entgeltanspruch)
Unzulässiger Streik:
Unterlassungs- und Schadensersatzanspruch gegen die Gewerkschaft;
Schadensersatzanspruch gegen den Arbeitnehmer, ggf. Kündigung (nach Abmahnung)

2. Betriebsverfassungsgesetz

Voraussetzung für Gültigkeit (§ 1 BetrVG):
2011 Herbst Aufg.1 | 2013 Früh Aufg.4| 2020 Herbst Aufg.4 | 2022 Früh Aufg.5 | 2023 Herbst Aufg.4
Fünf ständig wahlberechtigte Arbeitnehmer (16-jährig, bei Leih-Arbeitnehmern zusätzlich seit 3 Mon. im Betrieb)
davon 3 wählbar (16-jährig und seit 6 Mon. im Betrieb)

keine Arbeitnehmer sind: Vertretungsorgane des Arbeitgebers, Betriebsleiter, Prokuristen, leitende Angestellte, Familienangehörige im Haushalt des Arbeitgebers

Größe des BR hängt von Anzahl der Arbeitnehmer ab

Organe zur Interessenvertretung der Mitarbeiter
2017 Herbst Aufg.4a
Nach BetrVG (Betriebsverfassungsgesetz):
- Betriebsrat;
- Jugend- und Auszubildenden-Vertretung (§§60ff);
- Gesamtbetriebsrat (§§47ff);
- Konzernbetriebsrat (§§54ff).

Außerdem Schwerbehindertenvertretung (SGB IX, §§94ff).

2.1 Rechte und Pflichten des Betriebsrates

2009 Früh Aufg.4 | 2009 Herbst Aufg.4 | 2010 Früh Aufg.3+4 | 2010 Herbst Aufg.1+6 | 2011 Früh Aufg.4 | 2011 Herbst Aufg.2+4 | 2012 Früh Aufg.2 | 2012 Herbst Aufg.4 | 2013 Früh Aufg.4 | 2013 Herbst Aufg.1+3 | 2014 Früh Aufg.1+2 | 2014 Herbst Aufg.2,4,6 6 | 2015 Herbst Aufg.1+2 | 2016 Früh Aufg.2+4 | 2016 Herbst Aufg.2 + 3b | 2017 Herbst Aufg.3 | 2018 Herbst Aufg.3 | 2019 Herbst Aufg.4 | 2021 Früh Aufg.2, 4| 2021 Herbst Aufg.1,3 | 2022 Früh Aufg.4 | 2022 Herbst Aufg.4 | 2023 Früh Aufg.1,2,4

Mitwirkungsrechte = Unterrichten, Erörtern, Vorschlagsrecht, Anhören
Der BR wirkt mit, aber Einwendungen sind ohne Belang
(bei der Entscheidung, ob der Arbeitgeber etwas veranlasst, wirkt der BR nur mit, er hat kein Entscheidungsrecht)
Mitbestimmungsrechte = Widerspruchsrecht, Zustimmung =
der Arbeitgeber kann nur mit der Zustimmung des BR Entscheidungen treffen.
Widerspruchsrecht = Betriebsrat darf Zustimmung nur ausnahmsweise verweigern
(bei der Durchführung der Entscheidung, wie es umgesetzt wird, hat der BR Zustimmungsrecht)
Keine BR-Beteiligung bei Einzelanweisungen an konkreten AN oder wenn AN von Entscheidung nicht betroffen werden.

Häufige Prüfungsfragen nach Beteiligung von BR:
Änderungen Arbeitszeit, auch Einführung von Kurzarbeit oder Bereitschaftsdiensten – Zustimmung § 87 I Nr. 2 BetrVG
Pausen, Überstunden – Zustimmung § 87 I Nr. 2 und 3 BetrVG
Planung Werkshalle – Unterrichten, Beraten und Vorschlagen § 90 BetrVG
Personalfragebogen – Zustimmung § 94 BetrVG
Interne Ausschreibung - § 93 BetrVG
Einstellung Arbeitnehmer (bei mehr als 20 Arbeitnehmer im Betrieb) – Zustimmung (nach Unterrichtung und Vorlage Unterlagen) § 99 I BetrVG
Kündigung Arbeitnehmer – Anhörung § 102 BetrVG
Kündigung Betriebsrat – Zustimmung § 103 BetrVG
Wirtschaftliche Angelegenheiten – Wirtschaftsausschuss § 106 BetrVG

Einigungsstelle

2012 Herbst Aufg.4 | 2013 Früh Aufg.4 | 2016 Herbst Aufg.2b | 2018 Herbst Aufg.3| 2021 Früh Aufg.4| 2021 Herbst Aufg.3

Entscheidet nach Anrufung, wenn eine Einigung zwischen Betriebsrat und Arbeitgeber im Falle einer zustimmungspflichtigen Angelegenheit nicht zustande kommt. – Zusammensetzung: Arbeitgeber und Betriebsrat bestellen je eine gleiche Anzahl von Beisitzern und müssen sich auf einen unparteiischen Vorsitzenden einigen.

Erst Abstimmung ohne Vorsitzenden, dann mit; Spruch ersetzt die Einigung zwischen Arbeitgeber und Betriebsrat

2.2 Aufgaben und Stellung des Betriebsrates und das Wahlverfahren

Aufgaben des Betriebsrats, § 80 BetrVG:
2010 Früh Aufg.5 |2012 Früh Aufg.3+8 | 2013 Herbst Aufg.1 | 2019 Früh Aufg.4
Überwachung und Einhaltung von Bestimmungen
Entgegennahme von Beschwerden der Arbeitnehmer
Verhandlungen mit dem Arbeitgeber
Beantragung von Maßnahmen für die Arbeitnehmer
Unterstützung schutzbedürftiger Arbeitnehmer
Vorgehen gegen betriebsstörende Arbeitnehmer
Abschluss Betriebsvereinbarungen

Betriebsratsvorsitzender
2018 Früh Aufg.4
- Wahl durch den Betriebsrat
- allein vertretungsberechtigt
- allein empfangsberechtigt
- beruft Sitzungen unter Mitteilung der Tagesordnung ein
- leitet Sitzungen

Betriebsausschuss *2020 Herbst Aufg.4*
ab 9 BR-Mitglieder zur Führung der Geschäfte des BR
Wirtschaftsausschutz *2021 Früh Aufg.3*
Mehr als 100 Arbeitnehmer, Unterrichtung Betriebsrat und Beratung mit Arbeitgeber
Monatlich, 3-7 Mitglieder (mind. einer aus BR), fachliche Eignung, bei Fehlverhalten Einigungsstelle

Rechtsstellung der Betriebsratsmitglieder
2009 Früh Aufg.5 | 2012 Früh Aufg.4 | 2012 Herbst Aufg.5 | 2015 Herbst Aufg.5 | 2016 Herbst Aufg.6 | 2017 Herbst Aufg.4b | 2018 Früh Aufg.3 | 2018 Herbst Aufg.3+4|2020 Herbst Aufg.4 | 2022 Früh Aufg.5
Ehrenamtlich, kein Entgelt § 37 BetrVG
Freistellung für betriebsratsbedingte Tätigkeit, § 37 BetrVG

(komplette Freistellung einzelner Mitglieder bei > 200 AN, § 38 BetrVG)
Benachteiligungsverbot, § 37 BetrVG
Kündigungsschutz § 15 KSchG
Geheimhaltungspflicht, § 79 BetrVG
Verbot parteipolitischer / gewerkschaftlicher Betätigung im Betrieb.
Bei Verstoß gegen Pflichten: Entfernung aus Betriebsrat

Wahl
2011 Herbst Aufg.1 | 2013 Früh Aufg.4 | 2018 Herbst Aufg.4|2020 Herbst Aufg.4 | 2022 Früh Aufg.5 | 2023 Früh Aufg.1 | 2023 Herbst Aufg.4
aktives Wahlrecht = Wahlberechtigung
passives Wahlrecht = Wählbarkeit – s. BetrVG, Voraussetzungen
alle 4 Jahre; regelmäßig zwischen 01.03. und 31.05. (wenn schon einer besteht, sonst egal – nächste Wahl wieder regulär, außer noch kein Jahr im Amt)
geheim und unmittelbar, § 14
Kosten trägt der Arbeitgeber
Wahlvorstand organisiert und leitet Wahl
Verhältnis- oder Listenwahl
Besonderheit: Minderheitenquote
Wahlvorschläge von Arbeitnehmern oder Gewerkschaft, § 14 BetrVG

Betriebsvereinbarung, § 77 BetrVG
Vereinbarung zwischen AG und BR (für alle Arbeitnehmer im Betrieb
2010 Herbst Aufg.1 | 2011 Herbst Aufg.1+2 |2017 Früh Aufg.2 | 2019 Herbst Aufg.4| 2020 Herbst Aufg.3 | 2022 Herbst Aufg.1
Form: Schriftform
Wirkung der Betriebsvereinbarung: unmittelbar und zwingend; Abweichung nicht zulässig, Ausnahme Öffnungsklausel oder günstiger für Arbeitnehmer; Nachwirkung für erzwingbare Regelungen
Keine Entgeltregelungen möglich, keine Regelung zu im Tarifvertrag geregelten Punkten

Betriebsversammlungen, § 42 BetrVG
2013 Herbst Aufg.6 | 2015 Früh Aufg.7| 2016 Früh Aufg.1 | 2018 Herbst Aufg.3 | 2019 Früh Aufg.3 | 2019 Herbst Aufg.3 |2020 Früh Aufg.1

Ordentliche (regelmäßige) Versammlung; alle AN des Betriebes, AG nimmt ebenfalls teil. Nicht öffentlich, aber Gewerkschaft und Arbeitgeberverband kann teilnehmen
Einleitung vom Betriebsratsvorsitzenden; vierteljährlich. Tätigkeitsbericht des Betriebsrats. Regelmäßige Versammlung und auf Wunsch des AG: während der Arbeitszeit (Entgeltanspruch der Arbeitnehmer), zusätzliche Versammlung auf Wunsch von AN und Gewerkschaft: außerhalb der Arbeitszeit (kein Entgeltanspruch der Arbeitnehmer). -Betriebsbezogene Themen.
Gewerkschaft oder ¼ der Arbeitnehmer oder Arbeitgeber kann Einleitung beim BR verlangen.

Maßnahmen gegen den Betriebsrat *2020 Früh Aufg.3|2020 Herbst Aufg.3*
Ausschluss von Mitgliedern oder Auflösung des Betriebsrates, § 23 I BetrVG
Einstweilige Verfügung, § 85 II ArbGG
Beschlussverfahren vor ArbG wegen Untätigkeit des BR, § 43 IV BetrVG

Maßnahmen des Betriebsrates
2020 Früh Aufg.4
Entgegennahme von Beschwerden, § 85 BetrVG
Abhilfe von Beschwerden, § 85 BetrVG
Versetzung von Mitarbeitern, § 104 BetrVG
Entlassung von Mitarbeitern, § 104 BetrVG

2.3 Arbeitsgerichtsbarkeit - ArbGG

2013 Früh Aufg.6 | 2014 Früh Aufg.4 | 2015 Früh Aufg.7 | 2015 Herbst Aufg.6 | 2016 Früh Aufg.7 |2017 Früh Aufg.2 | 2023 Herbst Aufg.2

3-stufiger **Aufbau** (Instanzen)

Arbeitsgericht (Kammer aus 1 Berufsrichter und 2 ehrenamtliche aus Arbeitnehmer und AG-Kreisen)

Landesarbeitsgericht (Kammer aus 1 Berufsrichter und 2 ehrenamtliche aus Arbeitnehmer und AG-Kreisen)

Bundesarbeitsgericht (Senat aus 3 Berufsrichter und 2 ehrenamtliche Richter aus Arbeitnehmer und AG-Kreisen)

Beschlussverfahren: Streitigkeiten zwischen Tarifparteien oder Arbeitgeber und Betriebsrat

Urteilsverfahren: Streitigkeiten zwischen Arbeitgeber und Arbeitnehmer

Ablauf:

Klageeinreichung (Leistungsklage, wenn konkrete Handlung gewollt ist z.B. Zeugniserteilung, Zahlung; Feststellungsklage bei Streit über Ende Arbeitsverhältnis)

vorgeschaltete Güteverhandlung (vor dem Vorsitzenden)

bei Einigung: gerichtlicher Vergleich

wenn keine Einigung: Streitiges Verfahren vor Kammer – Beweisaufnahme

Urteil

Rechtsmittel gegen...

Urteil vom ArbG (Arbeitsgericht): Berufung

Urteil vom LArbG (Landesarbeitsgericht): Revision (Voraussetzung: Zulassung und Rechtserheblichkeit)

Beschluss vom ArbG : Beschwerde

Beschluss vom LArbG: Rechtsbeschwerde (Voraussetzungen: Zulassung und Rechtserheblichkeit)

Besonderheit: § 12 a ArbGG -> im ersten Rechtszug keine Kostenerstattungspflicht. Jeder trägt seine Kosten selbst!

Keine Gerichtskosten bei Einigung

Prozessvertretung und Antragstellung: *2020 Herbst Aufg.1*

selbst, durch Gewerkschaft, durch volljährigen Familienangehörigen oder durch Anwalt

Antragstellung auch über Rechtsantragsstelle möglich

2.4 Sozialgerichtsbarkeit

2011 Herbst Aufg.3 | 2013 Früh Aufg.6 | 2013 Herbst Aufg.8 | 2015 Herbst Aufg.6

3-stufiger **Aufbau** (Instanzen)
Sozialgericht (Kammer aus 1 Berufsrichter und 2 ehrenamtliche aus Arbeitnehmer und AG-Kreisen)
Landessozialgericht (Kammer aus 3 Berufsrichter und 2 ehrenamtliche aus Arbeitnehmer und AG-Kreisen)
Bundessozialgericht (Senat aus 3 Berufsrichter und 2 ehrenamtliche Richter aus Arbeitnehmer und AG-Kreisen)

Ablauf:
Vorverfahren/Widerspruchsverfahren (zwingend):
- Bescheid
- Widerspruch
- Widerspruchsbescheid

Klageverfahren:
- Klageeinreichung
- Verhandlung
- Urteil (oder Beschluss auch ohne Verhandlung)

Rechtsmittel:
Rechtsmittel gegen Urteil SozG (Sozialgericht): Berufung (zweite Tatsacheninstanz)
Rechtsmittel gegen Beschluss SozG: Beschwerde
Rechtsmittel gegen Urteil des LSozG (Landessozialgericht): Revision (ledigl. Prüfung von Rechtsfragen)
Beschwerde gegen die Nichtzulassung der Revision
Besonderheit: meist keine Gerichtskosten (Ausnahme: Arbeitgeber) und Beweiserhebung auch in 2. Instanz noch möglich; Untersuchungsgrundsatz

Leistungsklage – Klage auf konkrete Leistung
Feststellungsklage – wenn keine Leistungsklage möglich und nur Feststellung begehrt wird
Untätigkeitsklage – bei Untätigkeit der Verwaltung
Anfechtungsklage – bei Vorgehen gegen verpflichtenden Bescheid

3. Sozialversicherung – Entgeltfindung – Arbeitsförderung

3.1 Grundlagen der Sozialversicherung

2009 Herbst Aufg6 | 2019 Früh Aufg.5 | 2019 Herbst Aufg.5|2020 Herbst Aufg.5 | 2022 Herbst Aufg.5

Versicherungszweige
Krankenversicherung
Pflegeversicherung
Unfallversicherung
Arbeitslosenversicherung
Rentenversicherung

Versicherungsträger = die zuständigen Stellen für diesen Sozialanspruch
Körperschaften des öffentlichen Rechts
Geschäftsführung und Vertretung durch den Vorstand
Entscheidungsfindung über Vertreterversammlung

Finanzierung
Durch AG und Arbeitnehmer jeweils hälftig, Ausnahme Unfallversicherung, die AG allein trägt

Gestaltungsprinzipien (ineinandergreifend)
Versicherung (durch Beiträge finanzierte Deckung von Vermögensschäden, z.B. Krankenversicherung); Besonderheit: ungewisser Schadenseintritt, festgesetzte Leistung unabhängig von bisher geleisteten Beiträgen
Versorgung (Leistung aus öffentlichen Mittel für Opfer oder Benachteiligung, z.B. Kriegsbeschädigung)
Fürsorge (gezielte, individuelle Hilfe bei Bedürftigkeit, z.B. Sozialhilfe)

Personengruppen:
- schutzbedürftig
- eingeschränkt schutzbedürftig
- nicht schutzbedürftig

Leistungen:
Naturalleistungen – Geldleistungen
Anspruchsleistungen – Ermessensleistungen
Regelleistung - Mehrleistungen

3.2 Krankenversicherung

2013 Herbst Aufg.7 | 2015 Früh Aufg.3 | 2016 Früh Aufg.3 | 2023 Herbst Aufg.5

Ziel – Absicherung der durch Krankheit entstehenden Risiken, Wiederherstellung der Erwerbsfähigkeit, Leistung von Lohnersatz

Versicherte
Pflichtversicherte – grundsätzlich alle Arbeitnehmer, Arbeitslosengeldempfänger
Freiwillig Versicherte – Selbständige und versicherungsfreie AN
Versicherungsfreie – Beamte, Arbeitnehmer mit Einkommen über der Versicherungspflichtgrenze
Versicherungsträger – die verschiedenen Krankenkassen
Kostentragung – durch AG und AN, bei freiwillig versicherten nur der Versicherte
Versicherungsfall – Krankheit oder Schwangerschaft

Leistungen – Förderung der Gesundheit/Verhütung von; Früherkennung von Krankheiten; Mutterschaftshilfe; Hilfe zur Familienplanung; Behandlung von Krankheiten insbesondere Heilbehandlung, Krankengeld, Krankengeld bei Erkrankung Kind, Kosten Krankentransport.
Beteiligungsrecht/**Regress**anspruch bei Eigenverschulden des Versicherten, § 52 SGB V *2020 Früh Aufg.5*

Kindeserkrankung *2021 Herbst Aufg.5*
wenn nicht ausgeschlossen Anspruch nach § 616 BGB gg ArbG auf bezahlte Freistellung, daneben Anspruch aus § 45 SGB V auf unbezahlte Freistellung und Krankengeld von der Krankenkasse

3.3 Pflegeversicherung

Ziel: Erhaltung oder Wiederherstellung der körperlichen, geistigen und seelischen Kräfte des Versicherten

Versicherte – wie Krankenversicherung
Versicherungsträger – Pflegekassen, aber Beiträge werden an die Krankenkassen gezahlt
Kostentragung – wie Krankenversicherung
Versicherungsfall – Pflegebedürftigkeit
Leistungen – Pflegegeld, Unterstützung bei Pflege (Kurse, Sachleistungen)

3.4 Rentenversicherung

2011 Herbst Aufg.3
Ziel: Erhaltung oder Wiederherstellung der Erwerbfähigkeit, Finanzierung des Lebensabends
Versicherte
Versicherungspflichtig – AN, Selbständige, Bezieher von Lohnersatzleistungen
Versicherungsfreie - Rentner, Minijobber, Beamte und auf Antrag Selbstständige und Angestellte, die anderweitig Versorgungsansprüche haben
Versicherungsberechtige – jeder, der nicht schon versichert ist; Freie, die Wartezeit (5 J) erfüllt haben
Versicherungsträger – Deutsche Rentenversicherung
Kostentragung – Beiträge der Versicherten, Beiträge der Arbeitgeber, Zuschüsse vom Staat
Versicherungsfall – Erwerbsunfähigkeit oder Eintritt Rentenalter
Leistungen – vorrangig Rehabilitationsleistungen , Rente

3.5 Arbeitslosenversicherung

Ziel: Förderung der Arbeitsaufnahme und Aus-/Weiterbildung

Versicherte – *2023 Früh Aufg.7*
Versicherungspflichtig – AN
Versicherungsfreie - Selbständige, Minijobber,
Versicherungsberechtige – gibt es nicht, Selbständige können Pflichtversicherte werden

Versicherungsträger – Bundesagentur für Arbeit
2016 Herbst Aufg.3c
Kostentragung – Beiträge der Versicherten, Beiträge der Arbeitgeber
Versicherungsfall – Arbeitslosigkeit, Insolvenz, Kurzarbeit
Leistungen – Beratung und Vermittlung, Eingliederungsmaßnahmen, Förderung Selbständigkeit, Berufliche Rehabilitation, Lohnersatzleistungen
Besonderheit - hohe Eigenverantwortung Arbeitnehmer
Sperrfrist bei versicherungswidrigem Verhalten (Aufhebungsvertrag, eigene Kündigung z.B.) § 159 SBG III
2013 Herbst Aufg.8 | 2023 Früh Aufg.7

3.6 Arbeitsförderung

Förderung der Rückkehr ins Erwerbsleben; neben Leistungen an Versicherten auch Leistungen an AG und Bildungsträger

3.7 Unfallversicherung

2010 Herbst Aufg.5 | 2013 Früh Aufg.6 | 2014 Früh Aufg.6 | 2014 Herbst Aufg.8 | 2015 Früh Aufg.3 | 2015 Herbst Aufg.6 | 2016 Früh Aufg.3 | 2017 Herbst Aufg.5| 2021 Früh Aufg.5| 2021 Herbst Aufg.6 | 2023 Früh Aufg.5 | 2023 Herbst Aufg.5

Ziel: Absicherung der durch die Erwerbstätigkeit entstehenden Risiken, Wiederherstellung der Erwerbsfähigkeit, Leistung von Lohnersatz
Versicherte
Versicherungsberechtigt - Unternehmer und deren im Betrieb tätige Ehegatten
Versicherungspflichtig - Arbeitnehmer, Rehabilitanten, Arbeitslose
Versicherungsträger *2018 Herbst Aufg.5| 2021 Herbst Aufg.6*
Berufsgenossenschaften, Versorgungswerke
Kostentragung: Beiträge der Arbeitgeber (abhängig von Gefährdung, Anzahl Mitarbeiter, Anzahl Unfälle, schwere Unfälle etc. (Wegeunfälle zählen nicht))

Versicherungsfall: Arbeitsunfall, Wegeunfall, anerkannte Berufskrankheit. -*siehe auch Kap.6.1*
Leistungen
Unfallverhütung und Leistungen nach Erste Hilfe (Kosten der Heilbehandlung, Verletztengeld, Verletztenrente, Sterbegeld, Hinterbliebenenrenten.
Besonderheit – Schadensverursachende Arbeitgeber und Kollegen werden (außer bei Vorsatz) von der Haftung frei; **Regress**anspruch bei grober Fahrlässigkeit und Vorsatz;
Leistung erfolgt auch bei versicherungswidrigem Verhalten
Sicherheitsbeauftragter *2021 Herbst Aufg.6*
zur Unterstützung des Arbeitgebers bei mehr als 20 Arbeitnehmern mit Hinweis- und Prüfungspflichten bezüglich Gefahren und Sicherheitsvorkehrungen

4. Arbeitsschutz und Arbeitssicherheit

4.1 Ziele und Aufgaben

2021 Früh Aufg.6

Arbeitsschutz betrifft sowohl sozialen Arbeitsschutz (personenbezogener Arbeitsschutz) als auch technischen Arbeitsschutz (arbeitsplatzbezogener Arbeits schutz)

Die **Rechtsgrundlagen** entspringen einem dualen System:
einerseits staatliche Vorschriften (Gesetze, Verordnungen etc.), andererseits Unfallverhütungsvorschriften der gesetzlichen Unfallversicherung

2013 Früh Aufg.7| 2021 Früh Aufg.6 | 2022 Herbst Aufg.6

AG muss vor Aufnahme der Tätigkeit **Gefährdungsbeurteilung** machen, auf deren Basis Sicherheitsmaßnahmen ergreifen, diese stetig überprüfen und gegebenenfalls anpassen. – *Siehe auch Verantwortung und Unterstützung*

Sicherheitsunterweisung

2018 Herbst Aufg.6 | 2019 Herbst Aufg.6 | 2023 Früh Aufg.5

Personenbezogener Arbeitsschutz

2009 Herbst Aufg.7

Arbeitszeitgesetz – siehe 1.1.3

JArbSchG (Jugendarbeitsschutzgesetz) – für Kinder und Jugendliche

2014 Herbst Aufg.4 | 2023 Früh Aufg.3

für Kinder (0 – 14 Jahre) gilt Beschäftigungsverbot
für Jugendliche (15 – 17 Jahre) gilt eingeschränkte Beschäftigung nach Zeit und Art der Tätigkeit sowie der Betreuer
Arbeitszeit 8 Std./Tag, 5 Tage/Woche
zusätzliche Urlaubstage und Weihnachts-/Sylvester Ruhe
keine schweren oder gefährlichen Arbeiten, kein Akkord
keine Beschäftigung durch bestimmte, straffällig gewordene Personen

Mutterschutz (MuSchG)
2009 Früh Aufg.2 | 2012 Früh Aufg.2+4 | 2012 Herbst Aufg.2 | 2014 Früh Aufg.3 | 2015 Herbst Aufg.3 | 2016 Herbst Aufg.4c | 2023 Herbst Aufg.3
Schutz von Schwangeren und jungen Müttern; Anspruch auf gesundheitsgerechten Arbeitsplatz (§ 2 MuSchG)
Beschäftigungsverbote
Allgemeines Beschäftigungsverbot für 6 Wochen vor Geburtstermin (§ 3 II) und acht Wochen nach Entbindung; individuelle Beschäftigungsverbote bei ärztlichem Attest (§ 16), im Hinblick auf ausgeübte Tätigkeit (§ 13) erst Gefährdungsbeseitigung, dann Versetzung, erst danach Beschäftigungsverbot.
Absolutes Kündigungsverbot (§ 17)- *2022 Herbst Aufg.2*
Bis 4 Monate nach Entbindung
Ab Schwangerschaft
Sofern Kenntnis Arbeitgeber oder Enntnis innerhalb von 2 Wochen nach Kündigung oder ohne Verschulden auch danach, wenn unverzüglich.
Begrenzung der Arbeitszeit auf max. 8,5 Std./Tag (§ 8 II); Verbot von Spätschicht (§ 8 I) und Akkordarbeit (§ 4 III).
Kündigungsschutz siehe Kap.1.4

SGB IX - für **Schwerbehinderte**
2013 Früh Aufg.3 | 2016 Früh Aufg.7 | 2016 Herbst Aufg.2d | 2018 Herbst Aufg.1
Kein Beschäftigungsverbot
Benachteiligungsverbot
Kündigungsschutz
Behindertengerechte Arbeitsplatzgestaltung
Einstellungspflicht, bei Verstoß Ausgleichsabgabe zu leisten
Schutzvorschriften bezüglich zusätzlichem Urlaub und Erlass von Mehrarbeit sowie Kündigungsschutz (Kündigung nur mit vorheriger Zustimmung des Integrationsamtes zulässig, auch bei fristloser Kündigung)

Technischer Arbeitsschutz
ArbStättV (Arbeitsstättenverordnung)
Gestaltung des Arbeitsplatzes und der Arbeitsumgebung zum Schutz des Arbeitnehmers
TechArbmG *siehe 1.4.6*
Für überwachungsbedürftige Anlagen sowie Maschinen zur sicheren Nutzung

ProduktsicherheitsG *siehe 1.4.6.*
2009 Herbst Aufg.8
Sicherheitsanforderungen an Arbeitsmittel und Verbraucherprodukte

BildscharbV
Verordnung über Arbeit an Bildschirmen

BImSchG
Vorschriften zur Arbeit in genehmigungsbedürftigen Anlagen
Schutz des AN vor Belastungen

GefStoffV (Gefahrenstoffverordnung)
Kennzeichnung von und Umgang mit gefährlichen Stoffen
siehe auch 1.5.2

4.2 Verantwortung für Arbeitsschutz und Arbeitssicherheit

2009 Früh Aufg.6 | 2011 Früh Aufg.2 | 2012 Früh Aufg.6 | 2012 Herbst Aufg6 | 2013 Früh Aufg.7 | 2014 Früh Aufg.6 | 2015 Früh Aufg.2 | 2015 Herbst Aufg.6 |2017 Früh Aufg.4 | 2017 Herbst Aufg.5c | 2019 Herbst Aufg.6

Arbeitsschutz: Maßnahmen/Umfang

2018 Früh Aufg.6 |2020 Früh Aufg.6|2020 Herbst Aufg.6

- Gefährdungsbeurteilung
- Dokumentation
- Überprüfung der Wirksamkeit ergriffener Maßnahmen
- Anpassung der Maßnahmen
- Unterweisung der Mitarbeiter
- Ggf. Einstellen von Arbeiten bei Gefährdung
- Stellen der persönlichen Schutzausrüstung/Reparatur/ Reinigung/Austausc

Ziele:

- Verhütung von Unfällen;
- Verhütung von Gefahrensituationen;
- menschengerechte Gestaltung der Arbeit.

Sicherheitsbegehungen

Zur Erfüllung der Kontrollpflicht und zur Vorbeugung (Prävention); - Beurteilungskriterien:

- Sicherheitsgerechtes Verhalten;
- sicherer Zustand der Arbeitsmittel;
- Sauberkeit und Ordnung;
- technischer Zustand der Anlagen;
- Befolgung der Schutzmaßnahmen

Anzeige von Arbeitsunfällen *2021 Herbst Aufg.6*

Wenn AN getötet oder länger als 3 Tage arbeitsunfähig

Verantwortlichkeit ergibt sich aus ArbSchG:

2020 Früh Aufg.6|2020 Herbst Aufg.6| 2021 Früh Aufg.6 | 2023 Früh Aufg.5

Arbeitgeber (und seine gesetzlichen Vertreter, Betriebsleiter, Beauftragte)

Arbeitnehmer

Davon zu unterscheiden ist die **Überwachung/Unterstützung:**
2020 Herbst Aufg.6| 2021 Früh Aufg.6
Innerbetrieblich durch Betriebsrat, Sicherheitsbeauftragter nach § 22 SGB VII, Betriebsarzt, Fachkräfte für Arbeitssicherheit (Sicherheitsingenieur, Sicherheitsmeister, Sicherheitstechniker), Arbeitsschutzausschuss nach § 11 ASiG (Arbeitssicherheitsgesetz) weisungsfrei.
Außerbetrieblich durch Berufsgenossenschaft, Gewerbeaufsicht und die technischen Überwachungsvereine (TÜV, Dekra, GTÜ - Gesellschaft für technische Überwachung)

4.3 Sonderschutzrechte

Siehe personenbezogener Arbeitsschutz 1.4.1

4.4 Arbeitssicherheitsgesetz

Soweit geboten sind Betriebsärzte und Fachkräfte für Arbeitssicherheit zu bestellen; diese müssen sicherheitstechnisch/arbeitsmedizinisch qualifiziert sein
2020 Früh Aufg.6

Aufgabe ist die Unterstützung des AG und Überprüfung der Schutzmaßnahmen
2009 Früh Aufg.7 | 2012 Früh Aufg.6 | 2012 Herbst Aufg.7 | 2014 Herbst Aufg.1 |2017 Früh Aufg.4 |2020 Früh Aufg.6 | 2022 Herbst Aufg.4
Keine Überprüfung von Krankschreibung durch Betriebsarzt
2014 Herbst Aufg.1

Weisungsfrei
2011 Herbst Aufg.5
Kein Weisungsrecht des AG, keine Handlungsbefugnis; müssen miteinander und dem Betriebsrat zusammenarbeiten

Arbeitsschutzausschuss bei mehr als 20 AN
2015 Herbst Aufg.5 |2017 Früh Aufg.4
Aufgabe: Unterstützung und Beratung

Rechtsfolgen bei Verstößen und Ordnungswidrigkeiten ergeben sich aus dem ArbSchG
2012 Früh Aufg.8 | 2014 Früh Aufg.6

Für Arbeitnehmer Bußgelder bis 5.000 €, für AG Bußgelder bis 25.000 €.
Bei beharrlicher Wiederholung oder Gefährdung von Personen auch Freiheitsstrafe
Aus dem ASiG: Geldbuße für AG bis zu 25.000 € wegen Zuwiderhandlung gegen Anordnung/Verweigerung Besichtigung oder von Auskunft

4.5 Arbeitsstättenverordnung

Ziel: Sicherheit am Arbeitsplatz

Arbeitsstätten = alle Orte auf dem Gelände eines Betriebes mit Zugang während der Arbeit
Arbeitsplätze = Aufenthaltsbereich der Arbeitnehmer
Arbeitsräume = Räume mit dauerhaft eingerichteten Arbeitsplätzen

Mittel: Bauvorschriften, Einrichtungsvorschriften, Betriebsvorschriften.
Konkretisierung der Arbeitsstättenverordnung durch Arbeitsstättenrichtlinien

4.6 Gesetz für technische Arbeitsmittel, Gerätesicherheitsgesetz

ProduktsicherheitsG (früher: Gerätesicherheitsgesetz)
2009 Herbst Aufg.8
Produkt darf nur auf dem Markt bereitgestellt werden, wenn es
1. die vorgesehenen Anforderungen erfüllt und
2. die Sicherheit und Gesundheit von Personen bei bestimmungsgemäßer oder vorhersehbarer Verwendung nicht gefährdet.

Gesetz für technische Arbeitsmittel:
- zum Schutz der Arbeitnehmer bei ordnungsgemäßer Benutzung
- sicherer Betrieb von Anlagen

4.7 Berufsgenossenschaften, Immissions- und Arbeitsschutz, Überwachungsverein

Betriebsexterne Überwachung - Berufsgenossenschaften
2021 Herbst Aufg.6
Körperschaften des öffentlichen Rechts aus Arbeitnehmer und Arbeitgeber
Träger der gesetzlichen Unfallversicherung
Geschäftsführung und Vertretung durch den Vorstand
Entscheidungsfindung über Vertreterversammlung
Laufende Verwaltungsgeschäfte führt Hauptgeschäftsführer
Aufgaben - Unfallverhütung und Gesundheitsvorsorge, Rehabilitation nach Versicherungsfall
Leistungen - Unfallverhütungsvorschriften, § 15 SGB VII (vorrangiges Mittel zur Vermeidung von Versicherungsfällen); medizinische, berufliche und soziale Rehabilitation (nach Eintritt Versicherungsfall)

Gewerbeaufsicht
Ordnungsaufgaben - von Begutachtung über Prüfung bis Überwachung
Mittel - Anordnungen mit Frist zur Umsetzung oder können für sofort vollziehbar erklärt werden
Gewerbeaufsicht ist eigene Widerspruchsbehörde
bei Zuwiderhandlungen – Ordnungswidrigkeitsverfahren (z.B. Bußgelder); beharrlich wiederholte Zuwiderhandlungen - Strafverfahren

Technische Überwachungsvereine
Juristische Personen
Externe Überwachung mit technischem Know-how
Zusammenarbeit mit weiteren Behörden
betriebsinterne Überwachung
Sicherheitsbeauftragte *siehe 1.3.7*
Betriebsarzt *siehe 4.1.4*
Sicherheitsfachkraft *siehe 4.1.4*
Betriebsrat *siehe 1.2.1* (Mitbestimmungsrechte) und *1.2.2* (Aufgabe der Überwachung Einhaltung (Arbeitsschutz-)Gesetze
Arbeitsschutzausschuss (auch als Sicherheitsausschuss bezeichnet) *siehe 4.1.4*

5. Umweltrecht

2013 Früh Aufg.8 | 2013 Herbst Aufg.9 | 2019 Herbst Aufg.8|2020 Herbst Aufg.7

5.1 Ziel und Aufgaben

Folgen bei Verstößen: zivilrechtliche Haftung, strafrechtlich Bestrafung

Umweltschutzrechtliche Prinzipien:
2010 Herbst Aufg.2 | 2011 Früh Aufg.1 | 2014 Herbst Aufg.7 | 2015 Früh Aufg.6 | 2016 Herbst Aufg.7 |2017 Früh Aufg.5 | 2017 Herbst Aufg.6a | 2018 Früh Aufg.7 | 2018 Herbst Aufg.8| 2021 Früh Aufg.7 | 2023 Früh Aufg.6 | 2023 Herbst Aufg.7
Vorsorgeprinzip: Einsatz von Maßnahmen zur Vorbeugung und gegen das Auftreten von Umweltschäden.
Verursacherprinzip: Kosten für die Beseitigung von Umweltschäden sind von dem zu tragen, der für den Schaden verantwortlich zu machen ist.
Gemeinlastprinzip: Wenn das Verursacherprinzip nicht greift (Verursacher nicht feststellbar; nicht mehr rechtlich existent), muss die Allgemeinheit die Kosten der Beseitigung von Umweltschäden tragen.
Kooperationsprinzip: Mitwirkung aller Betroffenen (öffentliche Hand, Unternehmen, Einwohner) bei Entscheidungen und Maßnahmen zum Schutz der Umwelt.

Beauftragte: *2021 Früh Aufg.7*
Immissionsschutzbeauftragter, Störfallbeauftragter, Strahlenschutzbeauftragter, Abfallbeauftragter, Gewässerschutzbeauftragter

5.2 Wichtige Gesetze und Verordnungen zum Umweltschutz

2019 Herbst Aufg.8| 2021 Früh Aufg.7 | 2022 Früh Aufg.6 | 2022 Herbst Aufg.6 | 2023 Früh Aufg.6

Wasserhaushaltsgesetz – *2017 Herbst Aufg.6b| 2021 Herbst Aufg.7*
Einleitung von Abwässern ist erlaubnispflichtig

Gewässerarten: oberirdische Gewässer, Grundwasser, Küstengewässer
Abwasserverordnung – regelt die Voraussetzung für Einleiten
Abwasserabgabengesetz – regelt die Kosten
Gefährdungsklassen geregelt in Allgemeiner Verwaltungsvorschrift in drei Klassen.
1) = schwach wassergefährdend;
2) = deutlich wassergefährdend;
3) = stark wassergefährdend.

Bodenschutzgesetz – Sicherung des Bodens
Pflicht Gefahrenabwehr; Beseitigung Altlasten

Luft
2017 Früh Aufg.5 |2020 Früh Aufg.7 | 2022 Früh Aufg.7 | 2022 Herbst Aufg.6
Bundesimmissionsschutzgesetz – Schutz vor Einwirkungen durch Anlagen
Emissionen: ausgehende Beeinträchtigung
Immissionen: einwirkende Beeinträchtigung
2011 Früh Aufg.1|2020 Herbst Aufg.7
Kündigungsschutz Immissionsschutzbeauftragter
2014 Herbst Aufg.7

Kreislaufwirtschafts- und **Abfall**gesetz – umweltverträgliche Abfallbeseitigung und Produktverantwortung
2012 Früh Aufg.9 | 2015 Früh Aufg.6 | 2015 Herbst Aufg.7 | 2022 Herbst Aufg.6
Aufgaben der Abfallvermeidung nach § 6 Abfallhierarchie im Kreislaufwirtschaftsgesetz (und in dieser Reihenfolge zu beachten):

Maßnahmen der Vermeidung und der Abfallbewirtschaftung stehen in folgender Rangfolge:
1. Vermeidung,
2. Vorbereitung zur Wiederverwendung,
3. Recycling,
4. sonstige Verwertung, insbesondere energetische Verwertung und Verfüllung,
5. Beseitigung.

2009 Früh Aufg.8 | 2012 Herbst Aufg.8 | 2015 Herbst Aufg.7
Erlass von Rücknahmeverordnungen (Verpackungen, Batterien, Altöl etc.)

Chemikaliengesetz – Schutz Mensch und Umwelt; Regelungen Umgang und Inverkehrbringen gefährliche Stoffe
Umweltschutz, Arbeitsschutz, Gesundheits- und Verbraucherschutz

Gefahrstoffverordnung – Schutz vor stoffbedingten Schädigungen
Gefahrstoffe und Definitionen
Verpflichtungen Arbeitgeber, insbesondere schriftliche Gefährdungsbeurteilung
vgl. ArbSchG

6. Produkthaftung und Datenschutz

6.1 Bestimmungen des Produkthaftungsgesetzes

Vertragliche Haftung, § 280 BGB
2011 Früh Aufg.3 | 2013 Früh Aufg.2
Voraussetzung 280 BGB:
- Vertrag (z.B. Arbeitsvertrag, Werkvertrag etc.)
- Pflichtverletzung
- Verschulden (eigenes Verschulden - fahrlässig oder vorsätzlich; für Erfüllungsgehilfen - wie eigenes Verschulden; Mitverschulden des Geschädigten)
- Schaden (Sach- oder Personenschaden)

Rechtsfolge: Schadensersatz (in Geld)

Gesetzliche Haftung, § 823 BGB
2011 Früh Aufg.3 | 2013 Früh Aufg.2 | 2016 Früh Aufg.6
Voraussetzung 823 BGB:
- Rechtsgut (z.B. Eigentum, körperliche Unversehrtheit)
- Rechtsgutverletzung
- Verschulden (eigenes Verschulden - fahrlässig oder vorsätzlich; für Verrichtungsgehilfen - wie eigenes Verschulden, außer wenn sorgfältig ausgewählt; Mitverschulden des Geschädigten)
- Schaden (Sach- oder Personenschaden)

Rechtsfolge: Schadensersatz (durch Wiederherstellung ursprünglichen Zustands, sonst in Geld)

Besonderheiten im **Arbeitsrecht**:
1. Innerbetrieblicher Schadensausgleich (gesetzlich nicht geregelt → auswendig lernen)

Voraussetzung: betriebliche veranlasste Tätigkeit
Rechtsfolge: Haftungsteilung zwischen Arbeitnehmer und AG
Leicht fahrlässige Pflicht-/Rechtsgutverletzung – AG haftet allein
Mittlere Fahrlässigkeit – Haftung wird geteilt
Grobe Fahrlässigkeit/Vorsatz – Arbeitnehmer haftet selbst

2. bei Personenschäden → gesetzliche Unfallversicherung SGB VII (Sozialgesetzbuch)
Voraussetzung: Arbeitsunfall, Wegeunfall
Arbeitsunfall = Unfall bei versicherter Tätigkeit.
Wegeunfall = Unfall auf direktem / kürzestem Arbeitsweg; Ausnahmen: Mitfahrgelegenheit, Kinderbetreuung.
Rechtsfolge: keine Haftung des AG oder Kollegen, Ausnahme bei Vorsatz
Gesetzliche Unfallversicherung (meist BG - Berufsgenossenschaft) zahlt
Regress gegen den Schädiger bei grober Fahrlässigkeit oder Vorsatz
Leistung der gesetzlichen Unfallversicherung: Kosten Heilbehandlung, Verletztengeld, Rehamaßnahmen, Verletztenrente, Sterbegeld, Überführungskosten, Hinterbliebenenrente

Voraussetzung Produkthaftungsgesetz:
2009 Herbst Aufg.8 | 2012 Herbst Aufg.9 | 2014 Früh Aufg.7 | 2016 Früh Aufg.6 |2017 Früh Aufg.6 | 2022 Herbst Aufg.7 | 2023 Früh Aufg.8
Voraussetzungen: Produkt (bewegliche Sache); Fehler (Produkt ist nicht sicher).
Schaden (Personenschaden, Sachschaden nur bei privatem Gebrauch und andere als Produkt selbst)
Rechtsfolge: Haftung des Herstellers/Importeurs auf Schadensersatz §§ 7 ff ProdHaftG (auch Schmerzensgeld, § 8)
Besonderheiten:
verschuldensunabhängig;
Haftungsgrenzen: 500 € Selbstbeteiligung bei Sachschäden, max. 85 Mio. € bei Personenschäden

6.2 Notwendigkeit und Zielsetzung des Datenschutzes

Schutz vor dem „gläsernen Menschen", Persönlichkeitsschutz.
Voraussetzung: Notwendigkeit, Daten zu speichern, Informationsinfrastruktur und Technik
2009 Früh Aufg.9 | 2009 Herbst Aufg.9 | 2016 Früh Aufg.4 | 2019 Früh Aufg.7 | 2019 Herbst Aufg.7 |2020 Früh Aufg.8| 2021 Früh Aufg.8| 2021 Herbst Aufg.8

Rechtsquellen
2019 Früh Aufg.7 | 2019 Herbst Aufg.7
EU-DSGVO (Datenschutzgrundverordnung), Bundesdatenschutzgesetz, Länderdatenschutzgesetze, Bereichsspezifische Gesetze (z.B. für Telekommunikation oder Medien), Datenschutzverordnungen der Regierungen (z.B. bei Polizei und Sicherheit), Sozialrechtlicher Datenschutz (im SGB)

Begriffe des Datenschutzes
2018 Früh Aufg.8| 2021 Früh Aufg.8
Verantwortliche Stelle = jeweilige Behörde oder Person, die Daten verarbeitet
Betroffener = natürliche Person
Datenverarbeitungsphasen = erheben, speichern, verändern, übermitteln, sperren, löschen, nutzen
Personenbezogene Daten = Einzelangaben über persönliche oder sachliche Verhältnisse einer bestimmten oder bestimmbaren Person

Grundsätze Art.5 EU-DSGVO

2020 Herbst Aufg.8| 2021 Herbst Aufg.8
Datenminimierung (nur die erforderlichen Daten dürfen erhoben werden)
Transparenzprinzip (informationelle Selbstbestimmung, ich weiß, wer was wie wo ... speichert)
Zweckbindung
Richtigkeit
Speicherbegrenzung
Integrität und Vertraulichkeit
Rechenschaftspflicht

Rechte des Betroffenen
(Anspruch auf lediglich zulässige Speicherung richtiger Daten),
2012 Früh Aufg.10 | 2012 Herbst Aufg.10 | 2016 Früh Aufg.4 | 2019 Früh Aufg.7| 2021 Herbst Aufg.8 | 2023 Herbst Aufg.8
Information
Auskunftsanspruch (Verarbeitungszwecke, Kategorien, Empfänger, Dauer, Rechte, Beschwerdemöglichkeit, Herkunft)
Berichtigungsrecht – wenn Daten unrichtig
Löschungsanspruch – wenn unrechtmäßig gespeichert oder Einwilligung fehlt
Einschränkungsanspruch – wenn rechtmäßig, aber Aufbewahrungspflicht oder unrichtig, aber nicht nachweisbar

Zulässige Verarbeitung (§ 22 BDSG):
2009 Herbst Aufg.9 | 2010 Früh Aufg.6 | 2011 Früh Aufg.3 | 2012 Früh Aufg.10 |2015 Früh Aufg.5 | 2015 Herbst Aufg.4 | 2016 Früh Aufg.4a | 2017 Herbst Aufg.7 | 2018 Früh Aufg.8|2020 Herbst Aufg.8| 2021 Früh Aufg.8 | 2023 Herbst Aufg.8
Einwilligung, oder andere Rechtsvorschrift (z.B. Aufbewahrungspflichten Handelsrecht) oder Geltendmachung, Ausübung, Verteidigung zivilrechtlicher Ansprüche oder erforderlich zur Gefahrenabwehr / Strafverfolgung oder Interessenabwägung
Bei **Arbeitsverhältnissen** ausdrücklich zugelassen (§26 BDSG) ist die Speicherung der für Durchführung und Beendigung des Arbeitsverhältnisses erforderlichen Daten, z.B. Name, Anschrift, Familienstand, Geburtsdatum.

Folgen bei **Verstoß** gegen Datenschutz (*2020 Herbst Aufg.8):*
Schadensersatz
Schmerzensgeld
Geldstrafe/Freiheitsstrafe gegen Verantwortlichen
Geldstrafe gegen Unternehmen
Unterlassungs-/Beseitigungsansprüche

Bewerbungsunterlagen abgelehnter Bewerber müssen nach Abschluss des Verfahrens zurückgegeben bzw. gelöscht werden, sofern nicht eine schriftliche Einwilligung zur Aufbewahrung vorliegt.

Fotos auf Internetseite – *2022 Herbst Aufg.8*
Einzelfotos sind bei Widerruf der Einwilligung oder Beendigung des arbeitsverhältnisses zu löschen; Gruppenfotos dienen der Illustration, daher kein Löschungsanspruch.

Datenschutzbeauftragter, § 5 BDSG:
2009 Früh Aufg.9 | 2014 Herbst Aufg.9 | 2018 Herbst Aufg.7
Weisungsfrei, dem Leiter direkt unterstellt.
Aufgaben, § 7 BDSG (Einhaltung der Datenschutzvorschriften, Überwachung, Anweisung etc.)
Kündigungsschutz, § 6 BDSG

Teil B – Betriebswirtschaft

Die 2.Klausur am ersten Prüfungstag mit **90 Minuten** Bearbeitungszeit.

Gestellt wurden in den letzten Jahren meist 8 oder 9 Fragen. Der Stoff umfasst eine große Bandbreite: volkswirtschaftliche Grundkenntnisse, Unternehmensrechtsformen und Unternehmensorganisation, die betrieblichen Funktionen, Entlohnungssysteme, Grundbegriffe von Beschaffung und Logistik, Rechnungswesen, insbesondere Kalkulations- und Teilkostenrechnung – bis hin zur Investitionsvergleichsrechnung.

Bei dieser Bandbreite ist es besonders wichtig, aber auch besonders schwierig, Schwerpunkte zu setzen. Deshalb wurden bei den entsprechenden Themen *kursiv* die bisher dazu gestellten Klausurfragen angegeben, so dass man sofort erkennt, wonach häufig gefragt wird. Die Spitzenreiter in der Häufigkeit der Nennungen sind die Entlohnungssysteme und die Deckungsbeitragsrechnung. – Die Punkte sollen in der Klausur etwa wie folgt auf die Kapitel verteilt werden:

Kap.	Thema	Punkte
1	Volkswirtschaft	15
2	Organisation	30
3	Org.entwicklung	10
4	Entgeltfindung	5
5	Kostenrechnung	40

1 Ökonomische Zusammenhänge

Betrieb: produktionswirtschaftliche Einheit in technischer Hinsicht
Unternehmung: produktionswirtschaftliche Einheit in rechtlicher Hinsicht
Firma („Firmierung"): Name, unter dem ein Unternehmen bzw. ein Kaufmann geschäftlich auftritt.

1.1 Unternehmensformen – Konzentration - Globalisierung

Unternehmensformen
2013 Herbst Aufg.1 | 2016 Früh Aufg.1a | 2017 Früh Aufg.1a | 2018 Früh Aufg.1a | 2018 Herbst Aufg.1b | 2019 Früh Aufg.1 | 2022 Herbst Aufg.1 | 2023 Früh Aufg.1a
Zu unterscheiden sind
- Einzelunternehmen nur eines persönlich haftenden Gewerbetreibenden;
- Personengesellschaften mit mehreren Gesellschaftern;
- Kapitalgesellschaften, die eigene juristische Personen sind.

Die einzelnen Rechtsformen unterscheiden sich u.a. nach:
- Haftung der Gesellschafter;
- Mindestkapital;
- Geschäftsführung;
- Außenvertretung.

Einzelunternehmen – Formen sind:
Kleingewerbetreibender
Einzelkaufmann
Selbständiger
Personengesellschaften
2008 Früh Aufg.1a | 2014 Früh Aufg.1b | 2015 Herbst Aufg.1a
Kein Mindestkapital erforderlich wegen persönlicher Haftung. Formen:
- Gesellschaft bürgerlichen Rechts (GbR)
- Offene Handelsgesellschaft (oHG)
- Kommanditgesellschaft (KG)

Kapitalgesellschaften
2008 Früh Aufg.1b | 2014 Früh Aufg.1b | 2015 Herbst Aufg.1a | 2020 Früh Aufg.1
Juristische Personen, deshalb „Organe“ (z.B. Geschäftsführung) zur Abgabe von Willenserklärungen erforderlich; Mindestkapital erforderlich, da Haftung nur mit dem Gesellschaftsvermögen. - Formen:
- Gesellschaft mit beschränkter Haftung (GmbH)
- Unternehmergesellschaft (UG)
- Aktiengesellschaft (AG)
- Kommanditgesellschaft auf Aktien (KGaA)

Gemischte Rechtsformen:
GmbH & Co KG
stille Gesellschaft

Entscheidungskriterien bei der Wahl der Rechtsform:
Kosten
Haftung
Gründungsaufwand
Transparenz (Publizitätspflichten)
Finanzierungsmöglichkeiten
Flexibilität
Steuern
Auflagen (Buchführungspflichten)

Einzelunternehmen

2014 Früh Aufg.1a | 2018 Herbst Aufg.1a
Nur EIN Betriebsinhaber; Gründung durch Geschäftsaufnahme ohne weitere Formalitäten möglich.
Kleingewerbetreibender:
Umsätze und Geschäftsverkehr erfordern keine kaufmännischen Einrichtungen; es gilt nur das BGB.

„**Freiberufler**“ (Selbständiger): Nur für bestimmte Berufsgruppen (z.B. beratende, publizistische, unterrichtende Tätigkeiten); Katalog der freien Berufe enthalten im EStG, daher auch als „**Katalogberufe**“ bezeichnet; keine Gewerbetreibende i.S.d. HGB.

Einzelkaufmann: Eintrag ins Handelsregister; unterliegt handels- und steuerrechtlichen Vorschriften. Zusatz „e. K." (eingetragener Kaufmann) verpflichtend.
Kaufmannseigenschaft
Voraussetzung: gewerbliche Tätigkeit, die nach Art und/oder Umfang einen in kaufmännischer Weise eingerichteten Geschäftsbetrieb benötigt.

Personengesellschaften

2015 Herbst Aufg.1b
Zwei oder mehr Personen schließen sich zur Verfolgung eines gemeinsamen wirtschaftlichen Zwecks zusammen.
Vorteile gegenüber Einzelunternehmer:
Teilung des Haftungsrisikos
Zusätzliche Ideen und Initiative
Höhere Kreditwürdigkeit
Entscheidungen besser geprüft
Entlastung
Mehr Kompetenzen

Partnergesellschaft –Zusammenschluss von „Freiberuflern" (siehe oben).

Gesellschaft bürgerlichen Rechts (GbR) –
Gründung durch formfreien Vertrag. Rechtsgrundlage: §§ 705 ff BGB.
Vorteile: einfach; geringer Aufwand.
Nachteil: persönliche unbeschränkte solidarische Haftung

Offene Handelsgesellschaft (oHG)
Handelsgewerbe, bei dem die Gesellschafter persönlich unbeschränkt haften – bis fünf Jahre nach dem Ausscheiden; Gründung durch formfreien Vertrag. Eintragung ins Handelsregister erforderlich. -Vorteile: geringe Kosten; hohe Kreditwürdigkeit; kein Grundkapital. - Nachteil: persönliche Haftung, auch nach Ausscheiden noch fünf Jahre.

Kommanditgesellschaft (KG)
2009 Herbst Aufg.1 | 2012 Früh Aufg.1 | 2014 Herbst Aufg.1c | 2016 Früh Aufg.1b | 2018 Früh Aufg.1b
Handelsgewerbe, bei dem mindestens ein Gesellschafter als **Komplementär** voll haftet, während die anderen als **Kommanditisten** nur bis Höhe ihrer Einlage haften. Geschäftsführung durch den Komplementär, Kommanditisten von Geschäftsführung ausgeschlossen. Eintrag im Handelsregister, Abt. A.
Vorteil: flexible Kapitalbeschaffung
Nachteil: persönliche Haftung des Komplementärs

Kapitalgesellschaften *2015 Herbst Aufg.1b*
Juristische Personen mit festem Nominalkapital; vor allem Aktiengesellschaften und Gesellschaften mit beschränkter Haftung.

Gesellschaft mit beschränkter Haftung (GmbH)
2008 Herbst Aufg.1 | 2012 Früh Aufg.1 | 2014 Herbst Aufg.1 | 2015 Früh Aufg.1a | 2016 Früh Aufg.1b+c | 2017 Herbst Aufg.1a | 2018 Früh Aufg.1c | 2020 Früh Aufg.1 |2023 Früh Aufg.1b
Kann auch von nur einem Gesellschafter gegründet werden. Es gelten HGB und GmbH-Gesetz. Gründung erfordert notariell beurkundeten Gesellschaftsvertrag und Eintragung ins Handelsregister. Mindeststammkapital: 25.000 €. Haftung nur mit Einlage, solange die Mindesteinlage noch nicht erbracht ist jedoch auch mit dem Privatvermögen.
Organe: Geschäftsführer, Gesellschafterversammlung; ab 500 Mitarbeitern Aufsichtsrat. -Vorteile: eingeschränkte Haftung;
Nachteile: hohe Gründungskosten; Grundkapital

Unternehmergesellschaft (UG haftungsbeschränkt)
2010 Früh Aufg.1 | 2015 Früh Aufg.1b | 2017 Früh Aufg.1 | 2017 Herbst Aufg.1b
Sog. Mini-GmbH, die mit einem Stammkapital von 1 € gegründet werden kann; bis zum Erreichen des Stammkapitals von 25.000 € müssen jährlich 25 % der Gewinne für Rückstellungen verwendet werden („Thesaurierungszwang"). - Zweck: Erleichterung der Gründung einer Kapitalgesellschaft in Abgrenzung zur Limited (nach britischem Recht). - Vorteile: Haftung beschränkt; kaum Mindestkapital. - Nachteil: begrenzte Kreditwürdigkeit; keine nennenswerte Kapitalausstattung.

Aktiengesellschaft (AG)

2008 Herbst Aufg.1 | 2013 Früh Aufg.1 | 2018 Früh Aufg.1b | 2020 Früh Aufg.1 | 2020 Herbst Aufg.1 |2023 Früh Aufg.1b+c

Rechtsgrundlage Aktiengesetz, das u.a. besondere Publizitätspflichten vorsieht. Gründung durch notarielle Beurkundung und Eintragung ins Handelsregister; Mindestkapital 50.000 €. Die Gründer müssen alle Aktien gegen Einlage übernehmen. -

Organe: Vorstand; Aufsichtsrat (aus Vertretern der Anteilseigner und der Arbeitnehmer; kontrolliert Vorstand); Hauptversammlung (entlastet Vorstand; entscheidet über Gewinnverwendung; wählt Anteilseignervertreter für den Aufsichtsrat). – **Aktienwert**: Nennwert = Anteil der Aktie am Grundkapital; Kurswert: Tagespreis an der Börse

Societas Europaea („Europa-AG“)

Abk. SE, Gesellschaft Europas; Aktiengesellschaft nach europäischem Recht, vereinfacht auch „Europa-AG“ genannt.

Diese Rechtsform erfüllt die Zulassungsvorschriften in allen Ländern der EU und erspart damit in mehreren dieser Länder tätigen Aktiengesellschaften die Gründung mehrerer nationaler Gesellschaften nach jeweiligem Recht. – **Mindestkapital**: 120.000 €

Kommanditgesellschaft auf Aktien (KGaA): neben dem persönlich haftenden Gesellschafter sind die übrigen Gesellschafter mit in Aktien zerlegten Anteilen am Grundkapital beteiligt und haften nur mit ihrer Einlage. Mindestkapital 50.000 €. Es gelten Aktiengesetz und HGB. Organe: persönlich haftender Gesellschafter, Aufsichtsrat, Hauptversammlung.

„gemischte“ Rechtsformen

GmbH & Co. KG

2014 Herbst Aufg.1c | 2015 Früh Aufg.1c | 2017 Herbst Aufg.1c | 2021 Früh Aufg.1

Kommanditgesellschaft = Kommanditisten haften nur mit Vermögenseinlage; der Komplementär haftet „unbeschränkt“ – ist aber eine GmbH.

Stille Gesellschaft: Beteiligung eines Kapitalgebers gegen Anteil am Gewinn; von Geschäftsführung und Vertretung ist der stille Gesellschafter ausgeschlossen.

Konzentration - *2011 Herbst Aufg.2 | 2016 Herbst Aufg.1a | 2018 Herbst Aufg.2 | 2023 Herbst Aufg.1*

Konzentration kann **nach Wirtschaftsstufen**, auf denen die beteiligten Unternehmen tätig sind, unterschieden werden in:

horizontale = gleiche Wirtschaftsstufen (z.B. zwei Sägewerke); Vorteil: größere Marktmacht.

vertikale = unterschiedliche, meist unmittelbar aufeinanderfolgende Wirtschaftsstufen (z.B. Sägewerk und Palettenfabrik); Vorteil: größerer Anteil an der Wertschöpfungskette.

diagonale (laterale, konglomerate, anorganische) = keine Verbindung zwischen den Wirtschaftsstufen (z.B. Sägewerk und Pizza-Service); Vorteil: Streuung von Risiken.

Vorteile durch / **Gründe** für Konzentration

2011 Früh Aufg.1 | 2013 Früh Aufg.6 | 2019 Herbst Aufg.1a | 2023 Herbst Aufg.1a

Bessere Konditionen im Einkauf durch Bündelung der Nachfrage;
größerer Einfluss auf Lieferanten durch Marktmacht;
Kosteneinsparungen durch Zusammenlegen von Bereichen und durch Synergieeffekte;
Erhöhung des Marktanteils;
höhere Kundenbindung durch breitere Produktpallette;
Marktpräsenz größer durch mehr Kundenkontakte;
stärkere Finanzkraft für Forschung.

Fusion

Zusammenschluss (Verschmelzung) von bisher selbstständigen Unternehmen unter Aufgabe der rechtlichen und wirtschaftlichen Selbstständigkeit. Kann geschehen durch:

Aufnahme = nur das aufnehmende Unternehmen existiert weiter, nachdem das andere alle Vermögenswerte und Rechte übertragen hat;

Verschmelzung = alle beteiligten Unternehmen gehen in einem neu gegründeten Unternehmen auf.

Konzern - *2021 Herbst Aufg.1a*

Die beteiligten Unternehmen bleiben rechtlich selbstständig, verlieren jedoch wesentliche Teile ihrer wirtschaftlichen Selbstständigkeit durch organisatorische

Unterstellung unter eine Gesamtleitung des Konzerns. Unterscheidung der Konzernstruktur nach Tätigkeit der beteiligten Unternehmen auf Wirtschaftsstufen in horizontal, vertikal, diagonal (**Mischkonzern**) wie bei Kooperation und Konzentration.

Prüfschema nach Formen der Zusammenarbeit

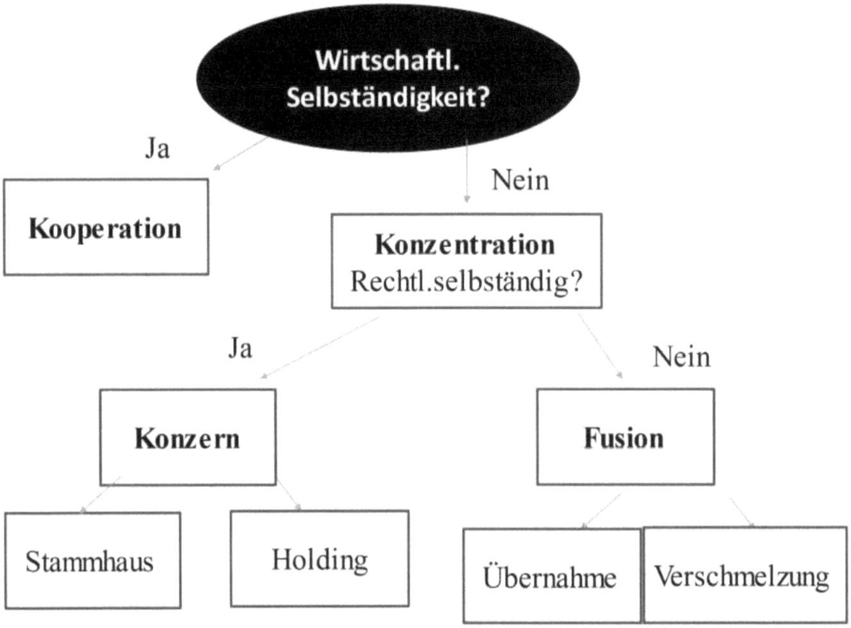

Kooperation

Kooperation kann **nach Wirtschaftsstufen**, auf denen die beteiligten Unternehmen tätig sind, unterschieden werden in:

horizontale = gleiche Wirtschaftsstufen (z.B. zwei Sägewerke); Vorteil: größere Marktmacht.

vertikale = unterschiedliche, meist unmittelbar aufeinanderfolgende Wirtschaftsstufen (z.B. Sägewerk und Palettenfabrik); Vorteil: größerer Anteil an der Wertschöpfungskette.

diagonale = keine Verbindung zwischen den Wirtschaftsstufen (z.B. Sägewerk und Pizza-Service); Vorteil: Streuung von Risiken.

Kooperation kann **nach Art der Zusammenarbeit** unterschieden werden in:
Joint Venture = gemeinschaftliche Gründung einer rechtlich selbstständigen Geschäftseinheit.
Arbeitsgemeinschaften („Arge") = zur Durchführung eines gemeinsamen Auftrages vereinbarte und auf diesen Auftrag beschränkte Zusammenarbeit selbständiger Unternehmen, meist in Form einer GbR.
Konsortium = etwa den Arbeitsgemeinschaften entsprechende Zusammenarbeit mehrerer Banken, z.B. zur Durchführung eines Börsengangs oder einer Finanzierung, deren Volumen die Möglichkeiten einer einzelnen Bank übersteigt.

Interessengemeinschaft = von mehreren Unternehmen gebildete Gesellschaft zur Verfolgung gemeinsamer Ziele; Verteilung erzielter Gewinne auf die beteiligten Unternehmen; z.B. Einkaufs-Gemeinschaft.

Kartelle *2016 Herbst Aufg.1b+c | 2021 Herbst Aufg.1a*
Zusammenschluss mehrerer Unternehmen bei Erhalt der rechtlichen Selbstständigkeit und Verzicht nur auf den Teil der wirtschaftlichen Selbständigkeit, der Gegenstand der Kartellvereinbarung ist.
Zuständige Behörde für die Prüfung der Zulässigkeit: **Bundeskartellamt.** - Je nach dem Ausmaß der Wettbewerbsbeschränkung kann unterschieden werden in:
anmeldepflichtige = Normen-/Typen-Kartelle (Z. B. Vereinbarung technischer Standards); Konditionen-Kartelle (Vereinbarung gleicher Rabattstaffeln oder Geschäftsbedingungen für eine Branche)
genehmigungspflichtige = Strukturkrisen-Kartelle, die wie z. B. in der Stahlindustrie bei Verlust der Wettbewerbsfähigkeit auf dem Weltmarkt vorübergehend zur gemeinsamen Bewältigung des Strukturwandels gestattet werden können.
verbotene = alle Formen von Preis-, Quoten-, Gebiets-Kartellen, die darauf abzielen, durch gegenseitige Absprachen den Wettbewerb einzuschränken, um sich Vorteile zulasten nicht beteiligter Wettbewerber und/oder der Nachfrager zu verschaffen.

Erlaubt sind nach EG-Recht solche Kartelle, bei denen Verbesserungen in der Warenerzeugung oder Warenverteilung oder der Entwicklung von Technologien angestrebt werden, wenn sie zur angemessenen Beteiligung der Verbraucher an den entstehenden Gewinnen beitragen und wenn dadurch keine Möglichkeit entsteht, den Wettbewerb auszuschalten.

Kooperationsziele - *| 2021 Herbst Aufg.1b*
- Stärkung der Marktposition;
- Kosteneinsparungen;
- optimierte Kapazitätsauslastung;
- intensivere Bearbeitung bestehender und Erschließung neuer Märkte;
- Anpassung an geänderte Anforderungen von Technik oder Kunden;
- forcierte Entwicklung gemeinsam nutzbarer Technologien;
- Teilung von Risiken;
- Verteidigung der Selbstständigkeit gegenüber einem größeren Marktführer.

Globalisierung
2008 Früh Aufg.2 | 2013 Früh Aufg.2 – fast identisch
Weltweiter Austausch von Gütern, Dienstleistungen und Kapital. Bewirkt verstärkten Wettbewerb um Marktanteile und Ressourcen, größere Auswahlfreiheit und Marktübersicht für Anbieter und Nachfrager.
Probleme / Aufgaben für Unternehmen (u.a. bei Produktionsverlagerung):
- Anpassung an fremde Wertvorstellungen und Verhaltensweisen;
- Kosten der Verlagerung;
- Schulung der Mitarbeiter;
- Berücksichtigung spezieller Gesetze, Vorschriften und Normen. *– s. auch Kap.3*

1.2 Hauptfunktionen im Unternehmen

Betriebliche Funktionen
2011 Herbst Aufg.1a / 2012 Herbst Aufg.1
Hauptfunktionsbereiche u.a.:

- Leitung
- Verwaltung
- Beschaffung / Einkauf
- Entwicklung
- Logistik („Lagerung")
- Produktion („Fertigung")
- Marketing („Absatz")
- Rechnungswesen

primäre Aufgaben = direkt am betrieblichen Wertschöpfungsprozess beteiligt (z.B. Beschaffung, Produktion, Absatz); **sekundäre** Aufgaben = Hilfsfunktionen; nur mittelbar am Wertschöpfungsprozess beteiligt (z.B. Leitung, Rechnungswesen, Personalführung, Controlling).

Leitung –Aufgaben:
Zielsetzung und Planung
Erfüllung der Pläne
Entscheidungen
Organisation und Disposition
Mitarbeiterführung und -kontrolle
Information
Entwicklung (Weiterentwicklung vorhandener sowie Schaffung neuer Produkte. – Stufen: Erprobungsmuster – Prototyp – Vorserie – Serie – Weiterentwicklung).

Logistik
Aufgabe der **Beschaffung**slogistik: die für die betriebliche Leistungserstellung nötigen Inputfaktoren kostenoptimal und zur richtigen Zeit zu beschaffen, um Störungen des Betriebsprozesses (Stillstandszeiten) zu vermeiden.
Aufgabe des **Lagers** *(2010 Herbst Aufg.1)*: Sicherung der Lieferbereitschaft; Vermeidung von Stillstandszeiten; minimale Lagerkosten, insbes. minimale Kapitalbindung.

Aufgabe der **Absatz**logistik**:** die Ergebnisse des betrieblichen Leistungsprozesses kostenoptimal und zur richtigen Zeit zum Kunden zu bringen.

Produktion (Fertigung)
Erstellung der betrieblichen Leistung, incl. Dienstleistungen. Be- und Verarbeitung nur zur Herstellung von Sach-Gütern = **Fertigung. -** Aufgaben des **Produktionsmanagements**: Kombination und Einsatz der Produktionsfaktoren zur Herstellung der Produkte in erforderlicher Menge bei erforderlicher Qualität zum gewünschten Zeitpunkt nach dem ökonomischen Prinzip.

Absatz / Marketing

Marktforschung : Gewinnung von Marktinformationen als Grundlage für zielgerichteten Einsatz der Marketing-Instrumente. Sekundäre Marktforschung („desk research“) = Verwendung vorhandener Daten; primäre Marktforschung („field research“) = Gewinnung neuer Daten.
Felder (Instrumente) des Marketing (der Absatzpolitik):
Produktpolitik: Festlegung, Entwicklung und Gestaltung der Ergebnisse des betrieblichen Leistungsprozesses als Angebot auf den Märkten, inkl. Service.
Kontrahierungspolitik (Preispolitik): Festlegung von Preisen, Rabatten, Boni, Zahlungsbedingungen.

Distributionspolitik: Festlegung der Absatz- und Vertriebswege, Wahl der Absatzmittler bzw. (bei Ausschaltung von Absatzmittlern) direkter Vertrieb.
Kommunikationspolitik: alle Maßnahmen zur Außendarstellung, von der direkten Verkaufsförderung über klassische Werbung bis hin zur Öffentlichkeitsarbeit.
Marketing-Mix: der aufeinander abgestimmte Einsatz der Instrumente aus diesen Feldern.
Vertrieb (Absatz im engeren Sinne): Verwertung der Ergebnisse des betrieblichen Leistungsprozesses auf den Märkten; damit Beschaffung der Umsatzerlöse.

Rechnungswesen

Teil der Verwaltung; systematische Erfassung, Ordnung und Auswertung aller betrieblichen Geld- und Leistungsströme. Dient damit der (gesetzlich vorgeschriebenen) vollständigen Dokumentation und liefert die Voraussetzungen für Besteuerungsgrundlagen, Unternehmensbewertung, Gewinnausschüttungen, Erfüllung von Publizitätspflichten.

Finanzierung = Beschaffung finanzieller Mittel.
Innenfinanzierung: selbst erwirtschaftete Mittel aus einbehaltenen Gewinnen (**Selbstfinanzierung**), Abschreibungen oder Auflösung von Rückstellungen.
Außenfinanzierung: Mittel aus externen Quellen entweder als **Fremdfinanzierung** durch Aufnahme von Darlehen (Kreditfinanzierung) oder als **Eigenfinanzierung** durch Einlagen neuer Gesellschafter oder Erhöhung der Einlagen der Gesellschafter.

Verwaltung
Umfasst Rechnungswesen (siehe oben); Buchhaltung, EDV; Personalabteilung.

1.3 Produktionsfaktor Arbeit

Unterscheidung u.a. in:
- Manuelle (körperliche) /geistige Arbeit
- Dispositive (mit dem Treffen von Entscheidungen verbundene) / operative (ausführende) Arbeit
- Selbstständige/unselbstständige Arbeit

Bedingungen der menschlichen Arbeitsleistung und deren Einflussfaktoren:
subjektive Arbeitsbedingungen = Leistungsfähigkeit; Leistungsbereitschaft;
objektive Arbeitsbedingungen = Arbeitsverfahren; Arbeitsbedingungen; Arbeitszeit

Systeme in Bezug auf die menschliche Arbeit
System = Gesamtheit der durch Zweckbestimmung miteinander verbundenen Elemente und deren wechselseitige Beziehungen und Abhängigkeiten. - **Arten** von Systemen:
- technische (Maschinen)
- soziale (Menschen)
- sozio-technische (Mensch-Maschinen)

Leistungsgrad
2008 Herbst Aufg.4a | 2009 Früh Aufg.1 | 2012 Früh Aufg.2 | 2013 Herbst Aufg.2 | 2015 Herbst Aufg.4 | 2020 Früh Aufg.4 | 2023 Früh Aufg.4b+c
Quantitativ = Arbeits**produktivität** = Ausbringungsmenge im Verhältnis zur Arbeitszeit. Bei Vorgabe einer „**Normal-Leistung**" ist Leistungsgrad das prozentuale Verhältnis der festgestellten Ist-Leistung zu dieser Normal-Leistung. Die **Vorgabezeit** ist die Summe des festgelegten Zeitbedarfs für alle Tätigkeitsschritte. **Zeitgrad** (durchschnittliche Arbeitsleistung) = Vorgabezeit / Istauftragszeit x 100. – Entsprechend: **Istauftragszeit** = (Vorgabezeit x Stückzahl) / Zeitgrad.

1.4 Produktionsfaktor Betriebsmittel

Alle für die Leistungserbringung erforderlichen **Investitionsgüter**:
- Grundstücke
- Gebäude
- Maschinen
- Einrichtung
- Fahrzeuge
- Werkzeuge

Investitionsanlässe:
- Ersatz (einfacher Austausch)
- Rationalisierung (geringere Stückkosten)
- Erweiterung (der Kapazität)
- Modernisierung (Anpassung an neue Anforderungen)

Gründe für Neuanschaffungen können außerdem sein:
- geänderte Kundenansprüche an Qualität;
- Erreichen der Kapazitätsgrenze;
- Verfügbarkeit anderer Materialien;
- geänderte Anforderungen an Gestaltung.

Investitionsobjekte
Sachinvestitionen (Betriebsmittel; Umlaufvermögen)
Finanzinvestitionen (Forderungsrechte; Beteiligungsrechte)
Immaterielle Investitionen (Aus- und Fortbildung; Forschung und Entwicklung)
Auswirkungen von Investitionen
Bei Rationalisierungsinvestitionen Ersatz von Arbeit durch Betriebsmittel; bei Erweiterungsinvestitionen Erhöhung des Fixkosten-Sockels; bei Fremdfinanzierung Verringerung des Eigenkapital-Anteils. - *Investitionsrechnung siehe Kap.5.11*
Kapazitätsauslastung
2010 Früh Aufg.2 | 2010 Herbst Aufg.2
Quantitativ: Maximalkapazität = technische Obergrenze der Leistungsabgabe; Minimalkapazität = technische Mindestleistungsabgabe bei Betrieb
Qualitativ:
„Maximalkapazität“ = größtmögliche Güte der Durchführung.

Nichtausnutzung vorhandener Kapazitäten => Kostensteigerung, weil sich der Fixkostenanteil der Betriebsmittel auf eine geringere Stückzahl verteilt.

Einsatzbereitschaft der Betriebsmittel
Sicherung durch Wartung, vorbeugenden Austausch von Verschleißteilen, schonenden / bestimmungsgemäßen Einsatz.

Kapazitätsbedarf - *2020 Früh Aufg.3a*
Ermittlung der erforderlichen Auslastungszeit der Betriebsmittel für einen Auftrag bzw. einen gegebenen Auftragsbestand. – Stückzahl x Zeitbedarf pro Stück + Rüstzeit.
- *siehe auch Kap.5.9 Beschäftigungsgrad*

1.5 Produktionsfaktor Werkstoffe

Rohstoffe – Hauptbestandteil des zu fertigenden Erzeugnisses, das unmittelbar in dieses eingeht
Hilfsstoffe – wie Rohstoffe, jedoch geringer mengen- und wertmäßiger Anteil
Betriebsstoffe – werden bei der Fertigung verbraucht ohne in das Erzeugnis einzugehen

Waren – nicht selbst hergestellte Fertigprodukte zur Ergänzung des Verkaufsprogramms
Teile – fremdgefertigte Güter hohen Reifegrades (Zulieferteile, Zukaufteile, Halbprodukte)
Verschleißwerkzeuge – Betriebsstoffen vergleichbare Werkzeuge
Verpackungsmaterial

Materialwirtschaft = Deckung des betrieblichen Bedarfs an Werkstoffen; Aufgaben:

- Bedarfsermittlung
- Beschaffung
- Lagerung
- Verteilung
- Verwendung
- Entsorgung

2 Aufbau- und Ablauf-Organisation

Anforderungen an Organisation:
- Zweckmäßigkeit (ergebnisorientiert)
- Wirtschaftlichkeit (sparsam)
- Übersichtlichkeit (knapp, präzise)
- Dauerhaftigkeit (verlässlich)
- Flexibilität (anpassungsfähig)

Definition
Organisation bezeichnet im betrieblichen Zusammenhang ein System von möglichst dauerhaften, zugleich aber flexiblen Regelungen, die auf möglichst wirtschaftliche Weise eine effektive Durchführung der Aufgaben sichern sollen.

Grundbegriffe

2009 Früh Aufg.3 | 2014 Herbst Aufg.2c
Organisation legt Strukturen und Prozesse eindeutig fest.
Disposition =kurzfristige Anpassung an konkrete Verhältnisse
innerhalb der Organisation.
Improvisation: kurzfristige Lösung unvorhergesehener Probleme unabhängig von Organisation.
Unterorganisation = Mangel an organisatorischen Regelungen; Folgen: uneinheitliche Abläufe; Wiederholung von Fehlern; Kompetenzstreitigkeiten; Doppelarbeiten.
Überorganisation = zu viele / detaillierte Regelungen; Folgen: fehlende Dispositionsfreiheit; Inflexibilität; sachfremde Entscheidungen; Demotivation der Mitarbeiter; Verärgerung von Kunden; keine Anpassung an Wandel.

2.1 Grundstrukturen

2012 Herbst Aufg.4 | 2015 Herbst Aufg.2 | | 2018 Herbst Aufg.5 | 2020 Herbst Aufg.4 | 2021 Früh Aufg.2

Aufbauorganisation

Themen:
Regelung von Hierarchien und Funktionen
Aufgaben nach Zuständigkeitsbereichen
Entscheidungs- und Anweisungsbefugnisse
Über- und Unterstellung
Zusammenarbeit, Vertretung
Stellenbeschreibung
Mittel:
Organigramme; Stellenbeschreibungen; Stellenpläne; Arbeitsanweisungen; Regelwerke.

Ablauforganisation

Themen
Regelung der **Prozesse** innerhalb der Aufbauorganisation durch Festlegungen für das Zusammenwirken von:
- verschiedenen Menschen mit
- erforderlichen Sachmitteln
- im zeitlichen Ablauf
- ergebnisorientiert und nach dem
- „ökonomischen Prinzip"

Optimierung von Kosten und Durchlaufzeiten durch Automatisierung, Umstellung von seriellen Arbeitsabläufen auf parallele Abwicklung; Vereinfachung und Beschleunigung des Informationsflusses
Mittel:
Balkendiagramme; Flussdiagramme; Netzpläne; Projektstrukturpläne.

2.2 Organisationssysteme

2008 Herbst Aufg.5a | 2018 Früh Aufg.3a

Gliederungsprinzipien

- nach Tätigkeitsbereichen = **funktionale Gliederung**
- nach Gleichartigkeit der „Objekte" (Kundengruppen; Produktgruppen; Regionen) = **objektbezogene Gliederung**.

Die Benennung erfolgt normalerweise nach dem Prinzip, das auf der 2. Hierarchie-Ebene, also der 1. unterhalb der Geschäftsführung angewendet wird.
Bei Gliederung nach Objekten mit ein oder zwei verbleibenden zentralen Funktionsbereichen: Spartenorganisation – s.u.
Bei gleichzeitiger Anwendung beider Prinzipien: Matrixorganisation - s.u.

Organigramm - *2010 Herbst Aufg.3*

Grafische Darstellung des organisatorischen Aufbaus des Unternehmens, bei der Stellen als Rechtecke und Unter- und Überstellungen durch Linien abgebildet werden. – Einbezogene Informationen können außerdem sein: Name des aktuellen Stelleninhabers; Zuordnung zu Kostenstelle; bei Abteilungen Anzahl der Mitarbeiter

Liniensysteme

2009 Herbst Aufg.2 | 2011 Herbst Aufg,1b | 2012 Herbst Aufg.2 | 2014 Herbst Aufg.2a+b | 2016 Früh Aufg.2 | 2017 Herbst Aufg.3 | 2020 Früh Aufg.2 | 2023 Herbst Aufg.2

Einliniensystem

Hauptfunktionsbereiche bilden die übergeordneten Abteilungen. - Für jede Stelle gibt es nur einen disziplinarischen und fachlichen Vorgesetzten („Einheitlichkeit der Unterstellung").

Vorteile: Klare Weisungsbefugnisse und Zuständigkeiten; Transparenz für Mitarbeiter

Nachteile: Bei vielen Stufen Schwerfälligkeit; Informationsverlust durch lange Kommunikationswege; Problem der „Kontrollspanne" für obere Stufen.

Stabliniensystem

2017 Herbst Aufg.3 | 2019 Herbst Aufg.2 c| 2020 Früh Aufg.2 | 2023 Früh Aufg.2

Integration von Stellen mit bes. Fachkompetenz. Zuordnung dieser Stellen als „Stab“ zu Führungsstellen mit beratender und unterstützender Aufgabe. - **Vorteile:** Entlastung oberer Instanzen; bessere Fundierung von Entscheidungen; **Nachteile:** unklare Kompetenzverteilung zwischen Stab und Linie; inoffizielle Macht der Experten; Interessenkollisionen zwischen Linie und Stab; zusätzliche Kosten.
Hinweis: Die Vor- und Nachteile des Ein-Linien-Systems bleiben erhalten, gelten also ebenfalls!

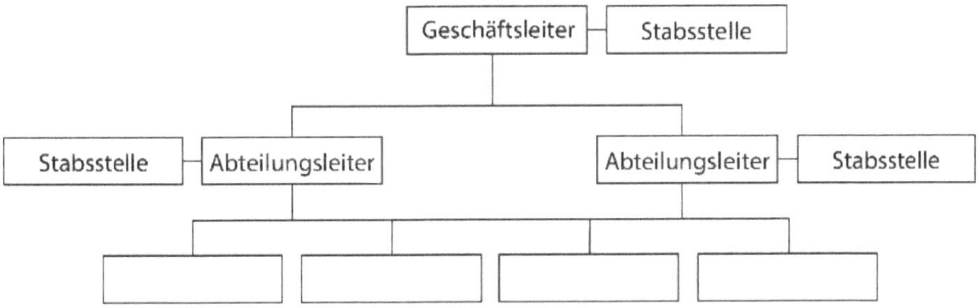

Stabliniensystem

Mehrliniensystem
Anweisungen durch jeweils sachlich zuständige Stelle.
Vorteile: Wegfall bzw. Kürzung des Instanzenweges; kompetentere Entscheidungen; schnellerer Informationsfluss.
Nachteile: Gefahr von Kompetenzüberschneidungen; Interessenkonflikte zwischen Führungskräften; Überforderung der mehrfach unterstellten Mitarbeiter; Loyalitätskonflikte.

Spartenorganisation
2010 Früh Aufg.3 | 2012 Früh Aufg.4b | 2016 Herbst Aufg.3 | 2018 Früh Aufg.3b+c
Gliederung des Unternehmens nach Objekten (Produktgruppen; Kundengruppen; Märkten) in wirtschaftlich weitgehend selbständige Geschäftsbereiche (Sparten; divisions), wobei meist einige funktionale Zentralbereiche (EDV; Einkauf) erhalten bleiben oder auch als mit ihren Dienstleistungen selbständig agierende Einheiten geführt werden, die ihre Leistungen an die anderen Sparten

verrechnen. Ziel: bessere Marktnähe und Kundenorientierung, flexiblere und kompetentere Entscheidungen.

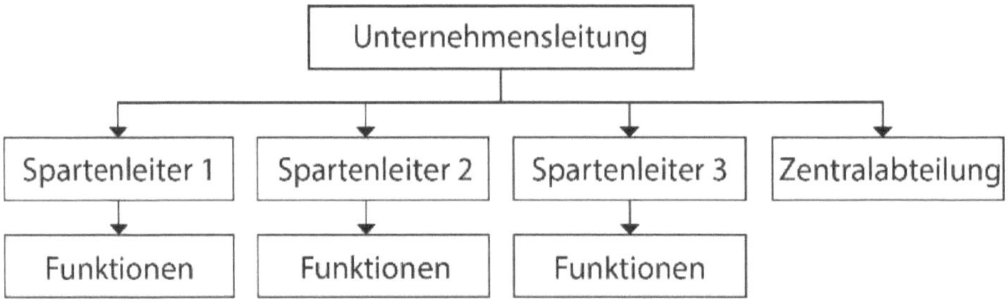

Spartenorganisation

Matrixorganisation

2012 Früh Aufg.4a | 2012 Herbst Aufg.2 | 2013 Herbst Auf.3 | 2015 Früh Aufg.2 | 2017 Herbst Aufg.3 | 2019 Früh Aufg.2 | 2020 Früh Aufg.2

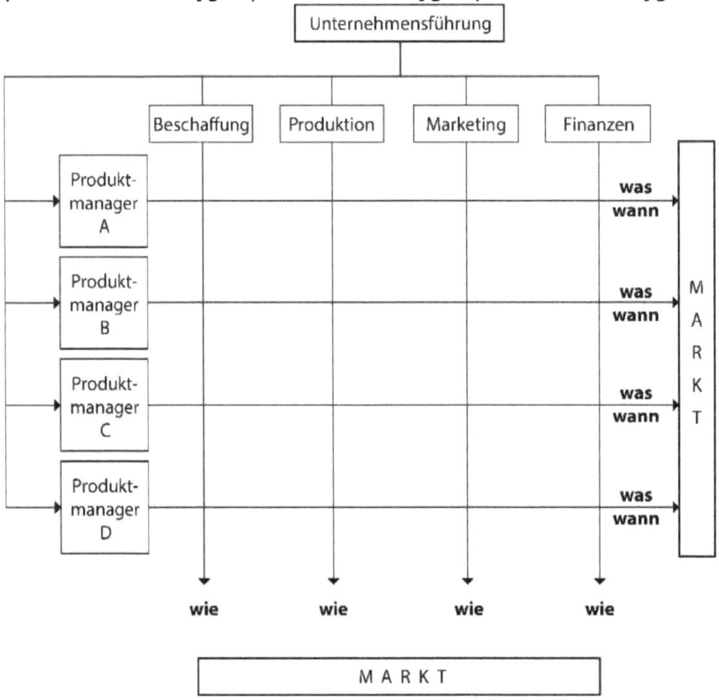

Gleichzeitige Strukturierung des Unternehmens nach funktionaler Gliederung und nach Objekten (s.o.) Meist disziplinarische Zuordnung in der funktionalen Linie; fachliche Zuordnung (auch) nach Objekt.
Vorteile: Flexibilität; kompetentere Entscheidungen; größere Markt- / Kundennähe.
Nachteile: Gefahr von Kompetenzüberschneidungen; Interessenkonflikte zwischen beteiligten Führungskräften; Überforderung der mehrfach unterstellten Mitarbeiter; Loyalitätskonflikte.

Cost-Center: Geschäftsbereich oder Unternehmenseinheit mit eigener Kostenverantwortung.
Profit-Center: Geschäftsbereich oder organisatorische Unternehmenseinheit mit eigener Ergebnisverantwortung; bedeutet hohes Maß an Selbständigkeit bzw. setzt dies voraus.

2.3 Entwicklung der Aufbauorganisation

Aufgabenteilung

Als **Mengenteilung**: Jeder alle Tätigkeiten, Aufteilung nach Volumen.
Als **Artteilung**: Jeder einen Teilabschnitt des Gesamtprozesses, Aufteilung nach Tätigkeiten. - **Folgen** Artteilung:
- Höhere Spezialisierung
- größerer Koordinationsaufwand
- Entfremdung, geringere Identifikation.

Grundlage für die Organisation des Aufbaus ist die Bildung von Stellen. Mittel der Stellenbildung ist die Aufgabenanalyse.

Zentralisierung

Zusammenfassung von Aufgaben nach Tätigkeit oder Objekt oder erforderlicher Entscheidungsgewalt. - **Vorteile**: Höhere Spezialisierung; Rationalisierungspotential; besserer Überblick der Geschäftsführung; einheitliche Entscheidungen; klarer Entscheidungsprozess. - **Nachteile**: Geringere Flexibilität; größerer Zeitbedarf; höherer Kommunikationsaufwand; geringere Detailkenntnisse; Demotivation dezentraler Entscheidungsträger.

Optimierung („lean-management“) - *2009 Herbst Aufg.4 | 2012 Früh Aufg.5*
Abbau von Hierarchie-Ebenen; out-sourcing nicht-zentraler Aufgaben; Integration oder out-sourcing von Stabsstellen. - *siehe Teil D, Kap.3.1*

Aufgabenanalyse - *2011 Herbst Aufg.3*

Die Aufgabenanalyse ermittelt alle tatsächlich ausgeübten bzw. erforderlichen Verrichtungen und Tätigkeiten. Dabei erfasst sie zu jeder Tätigkeit eine Reihe von Merkmalen, die für die Zuordnung der Tätigkeiten zu Stellen wichtig sein könnten. - **Merkmale**:
- Objekt (auf welche Produkt- oder Kundengruppe bezieht sich die Tätigkeit)
- Hilfsmittel (was ist zur Ausführung der Tätigkeit erforderlich)
- Ort (wo ist die Tätigkeit auszuüben)
- Rang (mehr ausführend oder anordnend; zur Erledigung erforderliche Stellung in der Hierarchie)
- Phase (wann in einer Abfolge von Tätigkeiten)
- Zweck (direkter oder indirekter Bezug zur Hauptaufgabe)

Untersuchungsablauf
1. Analyse des Ist-Zustandes
2. Auswertung des Ergebnisses
3. Verbesserungsvorschläge
4. Implementierung
5. Erfolgskontrolle

Methoden
Zeitstudie
Mengenstudien
Multimomentverfahren
Frequenzstudien
Arbeitsverteilungsstudie
Arbeitsablaufstudie

Informationsbeschaffung

Zur Feststellung des Ist-Zustandes bei den Mitarbeitern können (entsprechend den Methoden in der Primärforschung) eingesetzt werden:
Fragebogen: leicht durchführbar; geringer Zeitbedarf für Durchführung; Rücklauf muss kontrolliert werden; Gefahr von Missverständnissen der Fragen; Situation bei Beantwortung der Fragen unbekannt.
Interview: Erläuterung von Fragestellung möglich; direkter Rücklauf; Risiko einer Beeinflussung durch Interviewer; zeitaufwendig.
Beobachtung: Erfassung von Ereignissen in einem Untersuchungsbereich zum Zeitpunkt ihres Geschehens. - Vorteile: unabhängig von Auskunftsbereitschaft; unabhängig von Ausdrucksvermögen; Ermittlung auch unbewusster Sachverhalte. - Nachteile: Nicht auf alle Sachverhalte anwendbar; Fehlinterpretationen möglich; Situation nicht wiederholbar.

Aufgabensynthese

= Zusammenfassung von Teilaufgaben nach den bei der Analyse festgestellten Merkmalen zu Stellen.
Orientierung des Umfangs der Aufgaben an dem, was ein durchschnittlicher Stelleninhaber zu leisten vermag.
Die Stellenbildung sollte prinzipiell **sachbezogen** erfolgen. Eine **personenbezogene** Organisation stellt ab auf die speziellen Möglichkeiten einer bestimmten Person.

Stellen - Kompetenzen (=Befugnisse)
1. Ausführungskompetenz
2. Verfügungskompetenz
3. Antragskompetenz
4. Entscheidungskompetenz
5. Anordnungs- (=Weisungs-) Kompetenz
6. Mitsprachekompetenz
7. Stellvertretungskompetenz

Instanzen (= **Leitungsstellen**)
2019 Herbst Aufg.2c | 2022 Früh Aufg.2b | 2023 Früh Aufg.2a
sind übergeordnete Stellen mit Entscheidungs- und Weisungskompetenz.
Kontrollspanne (Leitungskapazität) = Anzahl der nachgeordneten Stellen, die von einer Instanz angeleitet und geführt werden kann.

Stellenbeschreibung
2010 Früh Aufg.4 | 2010 Herbst Aufg.3c | 2019 Herbst Aufg.2a+b
Gliederung und Inhalt der Stellenbeschreibung sind nicht genormt. Enthalten sollte sie:
- Stellenbezeichnung
- Ziel als allg. Handlungsanweisung
- Grundlegende Aufgabenstellungen
- Über-/Unter-Stellung
- Entscheidungsbefugnisse
- Gegenseitige Stellvertretungen
- Kooperationspflichten
- Anforderungen an Stelleninhaber (fachliche, z.B. bestimmte Abschlüsse und/oder persönliche, z.B. Verschwiegenheit)

Beigefügt oder integriert werden können Organigramm des Unternehmens, Merkmale der für diese Stelle gültigen Tarifgruppe.
Zweck bzw. Vorteil von Stellenbeschreibungen kann sein:
Grundlage für Eingruppierungen; Vermeidung sowohl von Kompetenzüberschreitung als auch von Drückebergerei; Transparenz der Zuständigkeiten; Grundlage für Personalbeurteilung; Basis für Personalentwicklung.

2.4 Unternehmensplanung Produktion

Aufgaben:
Festlegung des Produktionsvolumens;
Festlegung des Produktionsprogramms und -ablaufs

Fertigungsplanung

Umfasst im Einzelnen:
- Arbeitsplanung (Arbeitsplan, Stückliste);
- Arbeitsfolgeplanung;
- Transportplanung;
- Informationsplanung.

Arbeitsplanung
Ermitteln und Strukturieren aller für eine Fertigung erforderlichen Aufgaben, einschließlich der detaillierten Auflistung aller erforderlichen Teile (Stückliste).
Arbeitsfolgeplanung
Der im Ergebnis der Arbeitsplanung festgelegte (zeitliche) Ablauf der Arbeitsschritte.
Transportplanung
Ermitteln und Organisieren der sich aus Arbeitsplanung und Arbeitsfolgeplanung ergebenden Anforderungen an das Zuliefern von Material und die räumliche Verlagerung von Werkstücken und Halbfertigprodukten zwischen den Arbeitsschritten.
Informationsplanung
Vorbereitung für das Feststellen, Sammeln und Weitergeben der sich im Zuge der Arbeit ergebenden Daten und Fakten, die für die Fertigungssteuerung im Interesse eines optimalen Fertigungsablaufs erforderlich sind.

Fertigungstiefe - *2013 Früh Aufg.5 | | 2019 Früh Aufg.3*

Anteil der eigenen Herstellung am Wertschöpfungsprozess; als Quote der Anteil von Eigenfertigung an Gesamtfertigung. Damit Fertigungstiefe von 0 = keine Fertigung (z.B. Handel); z.B. in der Automobilindustrie unter 25%.
Vorteile von Eigenfertigung / höherer Fertigungstiefe:
- Unabhängigkeit von Lieferanten;
- eigene Kontrolle von Termin- und Qualitätsrisiko;

- Kapazitätsauslastung;
- perfekte Anpassung der Schritte im Fertigungsprozess;
- Gewinn und Erhalt von Sachkenntnis.

Nachteile von Eigenfertigung / höherer Fertigungstiefe:
- hoher Fixkostensockel;
- höhere Lagerkosten;
- geringerer Spielraum für Kapazitätsanpassungen;
- evtl. höhere Kosten;
- evtl. schlechtere Qualität wegen geringerer Spezialisierung.

2.5 Ablaufplanung

Regelung des Zusammenwirkens
- verschiedener Menschen
- mit verschiedenen Betriebsmitteln und den
- erforderlichen Werkstoffen
- im zeitlichen Ablauf

Arbeitsteilung

Mengenteilung: Jeder alle Tätigkeiten; Aufteilung nach Volumen. – **Artteilung:** Jeder einen Teilabschnitt des Gesamtprozesses; Aufteilung nach Tätigkeiten.
Folgen der Artteilung:
- höhere Spezialisierung;
- größerer Koordinationsaufwand;
- geringere Identifikation.

Material- und Werkstofffluss -*2009 Früh Aufg.2*
Durchlauf von Werkstoffen und Teilen entlang der Fertigungsschritte, damit stark abhängig von Fertigungsverfahren:
- bei Fließfertigung effektiv, da die Schritte selbst am Fluss ausgerichtet sind;
- bei Werkstattfertigung länger, da der Fluss sich dem Verrichtungsprinzip anpassen muss.

Durchlaufzeit = Summe aus Rüstzeit plus Bearbeitungszeit (Durchführungszeit) plus Warte- und Transportzeiten (Zwischenzeiten); als „Durchlaufzeitfaktor“ das Verhältnis von planmäßiger Durchlaufzeit zur Durchführungszeit (je höher desto geringer der Anteil der wertschöpfenden Bearbeitungszeit).

Optimierung

2011 Früh Aufg.2 | 2012 Früh Aufg.5 | 2013 Früh Aufg.3
Verkürzen von Durchlaufzeiten durch Reduzierung von Schnittstellen, Automatisierung von Informationswegen, Abbau von Stillstandszeiten, optimierte Kapazitätsausnutzung.

Kanban (= „Karten“)
Steuerung der Lieferkette nach dem Pull-Prinzip als Bedarfsmeldung an vorgelagerte Stufen, in Japan umgesetzt über Karten, die von der Verbrauchsstelle ausgefüllt an den Transportbehältern zurückgeschickt werden.

2.6 Elemente des Arbeitsplans

Grundlagen werden geschaffen durch:

- Konstruktionszeichnungen;
- Stücklisten;
- Festlegung des Fertigungsverfahrens;
- Bestimmung der Fertigungsmittel;
- Erarbeitung von Fertigungs- bzw. Montage-Plänen;
- Beschreibung der Arbeitsvorgänge

Erforderliche **Daten** von:

- Arbeitsplatz (welche Kostenstelle? welche Maschine?)
- Betriebs- und Hilfsmittel
- Lohngruppen der eingesetzten Mitarbeiter;
- Rüst- und Vorgabezeiten;
- Daten zu Werkstück und Material;
- Auftragsmengen und Endtermine.

2.7 Gestaltung des Arbeitsvorgangs

Elemente sind:
- Arbeitsbedingungen
-- Arbeitsgestaltung
-- Arbeitsplatzgestaltung
-- Entgeltdifferenzierung
- **Arbeitsmethoden** (Soll-Ablauf)
- **Arbeitsweisen** (ist-Ablauf)
- **Arbeitsverfahren**
- **Arbeitsplatztypen**
-- ortsgebundene
-- ortsveränderliche

Fertigungsverfahren - *2018 Früh Aufg.6*
Nach Häufigkeit der Wiederholung; mit dafür geeignetem Kalkulationsverfahren
Massenfertigung: Das gleiche Produkt im gleichen Verfahren in großer Stückzahl. - Divisionskalkulation
Serienfertigung: Das gleiche Produkt in begrenzter Anzahl; Großserien grenzen an Massenfertigung, Kleinserien an Einzelfertigung (Problem: Rüstkosten - Losgröße). - Zuschlagskalkulation
Sortenfertigung: Fertigung eines im Kern gleichen Produkts in unterschiedlichen Varianten. – Äquivalenzziffernkalkulation.
Einzelfertigung: Fertigung EINES Produkts für EINEN bestimmten Auftrag. - Zuschlagskalkulation

Fließfertigung (auch: Fließbandfertigung)
2016 Herbst Aufg.2
Wiederholung gleicher Arbeitsgänge in gleicher Folge auf einer nach dem Produktionsprozess ausgerichteten Apparatur bzw. Organisation; nur sinnvoll bei Massenfertigung.

Vorteile: hohe Produktivität durch Routine; geringe Einarbeitungszeit; kurze Durchlaufzeit; geringe Kapitalbindung.
Nachteile: Eintönigkeit; Störanfälligkeit; unflexibel.

Weitere Fertigungsverfahren

2020 Herbst Aufg.3

Reihenfertigung: Fließfertigung ohne Taktzwang bei Produkten mit unterschiedlichem Arbeitsdurchlauf; z.B. bei Sortenfertigung.

Linienfertigung: Sonderform der Reihenfertigung mit Anordnung der Arbeitsplätze nach der Arbeitsfolge.

Inselfertigung: vollständige Bearbeitung eines Teils durch eine selbständige Arbeitsgruppe.

Werkstattfertigung: Konzentration von Maschinen gleichen Typs und Arbeitsplätzen gleicher Verrichtung in einer Werkstatt.

Gruppenfertigung: Zusammenfassung verschiedener Verrichtungen am selben Objekt in einer Arbeitsgruppe.

2.8 Bedarfsplanung Personal

Kennziffern

2008 Früh Aufg.3 – s. auch Kap.1.3

Produktivität = Ausbringungsmenge / Einsatzmenge; bei Arbeits-P.: Ausbringungsmenge / Arbeitszeit

Leistungsgrad = Istleistung/Normalleistung x 100

Zeitgrad (durchschnittliche Arbeitsleistung) = Vorgabezeit / Istauftragszeit x 100

Ist-Zeit = Sollzeit / Zeitgrad x 100

Ist-Menge = Sollmenge x Leistungsgrad

Planungsfaktor = (Arbeitszeit – Ausfallzeit) / Arbeitszeit

Personalbedarf

Arten und Beispiele

Ersatz-B. – wegen Ausscheiden von Mitarbeitern

Neu-B. – wegen neuer Aufgaben, Anforderungen

Mehr-B. – wegen Arbeitszeitverkürzungen

Reserve-B. – wegen krankheitsbedingter Ausfälle

Nachhol-B. – wegen zuvor nicht besetzter Stellen

Zusatz-B. – wegen kurzfristig steigenden Arbeitsanfalls

Einflussfaktoren auf Personalbedarf

2011 Früh Aufg.3

Intern:

Qualifikation der Mitarbeiter;

Motivation;

Fluktuation;

Produktivität;

technische Ausstattung;

Organisation der Prozesse.

Extern:

Marktlage (Nachfrage; Konkurrenzsituation);

Konjunkturdaten

Demografische Entwicklung

Rechtliche Vorschriften, Gesetzesänderungen

Berechnung Personalbedarf:
Soll-Stellen + neue Bedarfsstellen – entfallende Stellen
= Bruttopersonalbedarf
Ist-Personalstand + Zugänge – Abgänge
= fortgeschriebener **Personalbestand**
Bruttopersonalbedarf – Personalbestand = **Nettopersonalbedarf.**

Qualitative Personalplanung:
Personaleinsatzplanung (Personaldisposition) = Zuordnung der Mitarbeiter zu Stellen und Aufgaben; je nach Planungshorizont zu unterscheiden in kurz-, mittel- und langfristige Planung.

Quantitative Personalplanung (siehe auch oben „Kennziffern"):
Kapazitätsbedarf
2010 Herbst Aufg.4 | 2011 Herbst Aufg.4 | 2015 Früh Aufg.3 | 2017 Früh Aufg.2 | 2017 Herbst Aufg.2 | 2018 Herbst Aufg.4 | 2019 Herbst Aufg.4 | 2021 Herbst Aufg.2
Kapazitätsbedarf **T** wird errechnet aus
- geforderte Menge in gegebener Periode **x;**
- Zeit je Einheit $\mathbf{T_e}$
- Rüstzeit $\mathbf{T_f}$

$T = T_f + x\,T_e$

Bei Angabe von Losgrößen muss mit Menge / Losgröße die Anzahl der Lose ermittelt und für jedes Los die Rüstzeit berücksichtigt werden.
Zur Ermittlung des Personalbedarfs ist der Kapazitätsbedarf noch mit dem Störfaktor zu multiplizieren.
Kapazitätsbestand als Produkt aus Arbeitszeit pro Tag mit Arbeitstagen in Periode ist zusätzlich zu korrigieren mit einem Planungsfaktor, der v.a. urlaubs- und krankheitsbedingte Fehlzeiten berücksichtigt.
Weitere Korrekturfaktoren zur Ermittlung des Personalbedarfs ergeben sich aus dem Verhältnis von (tatsächlicher) Ist-Zeit zu (vorgegebener) Normalzeit. Der **Leistungsgrad** ist das Verhältnis Ist/Normal, der **Zeitgrad** umgekehrt das Verhältnis Normal/Ist. Bei Ermittlung des Personalbedarfs aus Kapazitätsbedarf / Kapazitätsbestand korrigiert folglich der Leistungsgrad den Zähler, der Zeitgrad den Nenner.

2.9 Produktionsplanung

Siehe auch Kap.2.4!

Produktionswirtschaft
Grundsatzfragen:
Eigenfertigung vs. Fremdbezug von Teilen
Wahl des Fertigungstyps:
Einzel-, Serien-, Sorten-, Massenfertigung.

Anlagenplanung
Quantitativ: Anzahl – Zeitpunkt - Einsatzdauer
Qualitativ: Technische Kapazität - Ergonomische Gestaltung

Produktionsmittelplanung – Themen:
Fertigungsmittel
Fördermittel
Mess- und Prüfmittel
Gebäude
Nutzflächen
Materialien
Abgleich des Bedarfs an Betriebsmitteln mit dem Bestand an Betriebsmitteln

Kennziffern
2008 Herbst Aufg.2 | 2014 Früh Aufg.2
Kapazitätsbedarf (in Std.) = geforderte Stückzahl x Zeitbedarf pro Stück (in Min.) / 60
Kapazitätsauslastung = Kapazitätsbedarf/Kapazitätsbestand x 100

2.10 Materialdisposition und Bedarf

Themen:
- Materialbeschaffung
- Bereitstellungsprinzipien
- Sicherheitsbestand
- Beschaffungszeitraum
- Beschaffungsmenge

Beschaffungsplan

Welche **Güter** in welcher
Qualität in welcher
Menge zu welchem
Zeitpunkt an welchem
Ort zu welchem
Preis von welchem
Lieferanten.

Beschaffungsstrategien

2014 Früh Aufg.3 | 2015 Herbst Aufg.3 | 2017 Herbst Aufg.4

Einzelbeschaffung: Einkauf durch einen einmaligen einzelnen Bestellvorgang, meist wegen eines konkreten Auftrages zur Einzelfertigung.

Fertigungssynchrone Beschaffung („just-in-time"): Abstimmung des Lieferzeitpunktes mit dem Fertigungsprogramm in der Weise, dass das Material direkt ohne zwischengeschaltete Lagerung verarbeitet werden kann.

Vorratsbeschaffung: Einkauf des voraussichtlichen Bedarfs für einen bestimmten Zeitraum zur Einlagerung.

Vor- und Nachteile: Die Vorratsbeschaffung verringert die Gefahr von Stillstandszeiten wegen Lieferausfällen, führt aber zu höheren Lagerkosten. Die fertigungssynchrone Beschaffung optimiert zwar diese Lagerkosten, erhöht aber wiederum die Risiken durch Lieferverzögerungen.

Sourcing-Konzepte

Allgemein die Beschaffungsstrategie eines Unternehmens im Hinblick auf die Lieferquellen. Unterscheidungen

- nach Anzahl der Quellen in Single- und Multi-Sourcing;
- nach geographischer Lage in **local** und **global**;
- nach Komplexität der Teile in **unit** und **modular**;
- nach Hersteller in Eigen- und Fremdfertigung.

Single- / Multi-Sourcing

Art	Vorteile	Nachteile
Single	Routine; Rabatte	Abhängigkeit
Multi	Flexibilität; Preis-Wettbewerb	Bestellaufwand; Bestellmengen

Global Sourcing

Weltweite Beschaffung; Vorteile: niedrigere Preise (Lohnkosten), größere Auswahl, Zugang zu neuen Produkten / Materialien, evtl. Währungsvorteile.

Unit – modular

„unit“ = Beschaffung der einzelnen Teile; „modular“ = Beschaffung komplexer Teile.

Zielsetzungen *2012 Herbst Aufg.3a*

- ✓ Liefer- und Servicebereitschaft
- ✓ Minimierung der Lagerkosten
- ✓ geringe Transportzeiten und -kosten
- ✓ geringe Stillstandszeiten
- ✓ niedrige Fehlmengenkosten
- ✓ Flexibilität durch ständige Lieferbereitschaft

Material: Kennziffern

2008 Früh Aufg.4 a+c | 2013 Herbst Aufg.4 | 2014 Herbst Aufg.3 | 2016 Früh Aufg.3b | 2016 Herbst Aufg.4 | 2017 Früh Aufg.3 | 2018 Früh Aufg.2b-d | | 2018 Herbst Aufg.3 | 2020 Herbst Aufg.2 | 2021 Früh Aufg.3 | 2021 Herbst Aufg.4 | 2022 Früh Aufg.3 | 2023 Früh Aufg.3b | 2023 Herbst Aufg.3

Lagerumschlag
= Verbrauch / durchschnittlicher Lagerbestand
Lagerdauer
= Lagertage / Lagerumschlag
Lagerbestand (Grobrechnung) = (Anfangsbestand + Endbestand) / 2; Lagerbestand (Feinrechnung) = (Anfangsbestand + Summe Monatsendbestände) / 13
Umschlaghäufigkeit = Materialverbrauch / Durchschnitt Lagerbestand

Bedarfsermittlung - deterministisch (programmgesteuerte; plangesteuerte; bedarfsgesteuerte) – **Push-Prinzip**:
2010 Früh Aufg.6 | 2011 Früh Aufg.4
Primärbedarf = Bedarf an verkaufsfähigen Einheiten
= Kunden– plus Lageraufträge;
Konkretisierung / Detaillierung über Stücklisten der Teile, aus denen die Einheiten des Primärbedarfs bestehen = **Sekundärbedarf** (Hilfs- und Betriebsstoffe werden als Tertiärbedarf bezeichnet). - Plus Zusatzbedarf für Mehrverbrauch = **Bruttobedarf** minus Bestände plus Reservierungen = **Nettobedarf.**

Bedarfsermittlung - stochastisch (verbrauchsgesteuerte) – Pull-Prinzip:
Bestellvorgang ausgelöst durch Erreichen definierter Vorratsgrenze. Anwendungsfälle Verzahnung des Logistikprozesses zwischen Lieferanten und Kunden, aber auch u.a. bei Bestellung von **Tertiärbedarf** (=Hilfsstoffe u.ä., die nicht in den Stücklisten enthalten sind); Extrapolation („Hochrechnung") von Vergangenheitswerten.

Bedarfsermittlung - heuristisch (geschätzte)
Bei Fehlen von Daten sowohl aus Planung als auch aus Vergangenheitswerten Schätzung des Bedarfs:
- **analog** = in teilweiser Anlehnung an artgleiche Produkte
- **intuitiv** = Schätzung ohne jegliche Anhaltspunkte.

Bedarfsprognosen

Mittelwert = „Durchschnitt"; Summe der Verbrauchswerte der Vorperioden dividiert durch die Anzahl der Vorperioden.

Gleitender Mittelwert = Summe der Verbrauchswerte einer bestimmten Anzahl von Vorperioden dividiert durch diese Anzahl; nach jeder Periode Aktualisierung: Ersetzen des Wertes der ältesten Periode durch den Wert der unmittelbar abgeschlossenen Periode.
Gewogener Mittelwert = stärkere Gewichtung jüngerer Daten.

Exponentielle Glättung
Ermittlung des Vorhersagewerts für die kommende Periode V_{i+1} aus dem Vorhersagewert der alten Periode V_i plus der um einen Faktor ⍰ gewichteten Differenz zwischen tatsächlichem Verbrauchswert X_i und altem Vorhersagewert.
$V_{i+1} = V_i +$ ⍰ $(X_i - V_i)$

Bestandsrechnung - Erforderlich zur Ermittlung des Netto (Bestell –) Bedarfs *(siehe oben)*:
Vormerkbestand: für vorliegenden Auftrag reservierte, also nicht frei verfügbare Bestände;
Bestellbestand: noch nicht ausgelieferte Bestellungen;
Werkstattbestand: zwischengelagerte Halbfertigerzeugnisse; normalerweise fest reserviert

Optimale Bestellmenge

2008 Früh Aufg.4b+d | 2010 Früh Aufg.5 | 2012 Herbst Aufg.3b | 2014 Herbst Aufg.3d | 2022 Früh Aufg.3d | 2023 Früh Aufg.3a+c
Minimum aus Kosten der Beschaffung und der Lagerhaltung. **Zielkonflikt**: Große Bestellmengen reduzieren die Anzahl der Bestellvorgänge und damit die Beschaffungskosten, erhöhen aber die Kosten der Lagerhaltung.
Faktoren für Festlegung der Bestellmenge *2013 Früh Aufg.4*
Auf der Basis des Nettobedarfs sind vom Einkauf zusätzlich zu berücksichtigen:
- Lagerpolitik;
- Marktsituation (Preisentwicklung; Lieferfähigkeit);
- Beschaffungszeit;
- Mindestbestellmengen;
- Packungsgrößen;
- Lagerkapazitäten;
- Transportkapazitäten.

Beschaffungskosten
Mengenabhängige Kosten aus Einstandspreis x Menge (weitere Kosten: evtl. Mindermengenzuschläge, Fracht, Versicherung, Verpackung) plus die durchschnittlichen (mengenunabhängigen) Bestellkosten (in der Praxis zwischen 30 – 125 €). - **Bestandteile**: Personal - und Sachkosten des Einkaufs, der Material - und Rechnungsprüfung, der Organisation.

Lagerhaltungskosten
Kosten der Kapitalbindung plus Anteil an den Lagerbetriebskosten (Abschreibungen auf Gebäude und technisches Gerät, Personalkosten, Heizung, Versicherungen etc.)

Berechnung Andler´sche Formel
2010 Früh Aufg.5 | 2012 Früh Aufg.3b | 2016 Früh Aufg.3a+c | 2018 Früh Aufg.2a | | 2018 Herbst Aufg.3d
Optimale Bestellmenge x_{opt} = Wurzel aus dem doppelten Produkt aus Bestellkosten kB mal Jahresbedarf x_{ges} geteilt durch Einstandspreis EP mal Lagerhaltungskostensatz i_L (wobei $0 < i_L < 1$)

$$x_{opt} = \sqrt{\frac{2 \times k_B \times x_{ges}}{EP \times i_L}}$$

(Schreibweise wie in der DIHK-Formelsammlung; in Textbänden meist 200 statt 2; dann wird aber als iL der Lagerhaltungskostensatz in Prozentpunkten eingesetzt statt wie hier als Dezimalwert, was zum gleichen Ergebnis führt)

Beispiel: Jahresbedarf 24.000 Stück – Kosten pro Bestellung 60 € - Einstandspreis 50 € - Lagerhaltungskostensatz 25%.
1. Schritt: 2 x 60 x 24.000 = 2.880.000
2. Schritt: 50 x 0,25 = 12,5
3. Schritt: 2.880.000 / 12,5 = 230.400
4. Schritt: Quadratwurzel aus 230.400 = 480

Bestellhäufigkeit
Anzahl der Bestellungen in einem definierten Zeitraum (meist ein Jahr); Berechnung der optimalen Bestellhäufigkeit: Division der Bedarfsmenge durch optimale Bestellmenge.

Sicherheitsbestand („eiserne Reserve"; Mindestbestand)
2009 Herbst Aufg.3 | 2014 Herbst Aufg.3e
Langfristiger Vorrat zur Vorbeugung gegen Versorgungsrisiken, der nicht bzw. nur in Notfällen angegriffen werden darf. Diese Risiken bestehen bei:
- Lieferung (abweichende Lieferzeit);
- Bestand (nicht erfasster Schwund);
- Bedarf (Differenz zwischen errechnetem und tatsächlichem Verbrauch);
- Qualität (fehlerhafte Teile der Lieferung).

Meldebestand
2009 Herbst Aufg.3 | 2012 Früh Aufg.3a | 2014 Herbst Aufg.3a | 2018 Herbst Aufg.3a
Die Bestandshöhe, bei der der Bestellvorgang ausgelöst werden muss, um bis zum Eintreffen der Lieferung den Sicherheitsbestand nicht zu unterschreiten. Sie ergibt sich damit aus dem Sicherheitsbestand plus dem Produkt aus durchschnittlicher Beschaffungszeit in Tagen mal Durchschnittsverbrauch pro Tag.

3 Organisationsentwicklung

Organisationsentwicklung: Gründe und Ziele
2008 Herbst Aufg.3 | 2014 Früh Aufg.4 | 2015 Früh Aufg.4a

Einflussfaktoren: Kundenanforderungen; Marktentwicklung; Konkurrenzsituation; Kostendruck; Änderung der Rechtsform.
Anlässe: Wandel auf Märkten (Kundenerwartungen; Konkurrenzsituation); Änderung technischer Möglichkeiten, Automatisierung und Rationalisierung; Optimierung von Prozessen; Zusammenschluss mit anderem Unternehmen; Globalisierung.

Globalisierung: Folgen
2009 Früh Aufg.4 | 2010 Herbst Aufg.5 | 2019 Herbst Aufg.3
Verschärfter Wettbewerb um Kunden, Absatzmärkte, Lieferquellen;
verstärkte internationale Arbeitsteilung;
zunehmende Bedeutung von out-sourcing, Logistik, Schnittstellen und Prozessoptimierung;
erhöhter Kostendruck bei gleichzeitig neuen Möglichkeiten der Kostenersparnis.
Notwendige **Maßnahmen** zur Sicherung internationaler Wettbewerbsfähigkeit können u.a. sein:

- Automatisierung zur Steigerung der Produktivität;
- Nischenstrategie im Sinne der Spezialisierung auf High-Tech-Produkte;
- Standortoptimierung zur Kostensenkung;
- Optimierung der Logistik und/oder out-sourcing.

3.1 Change-Management

Die bewusst gewollte und gestaltete nachhaltige Veränderung von Strukturen und Prozessen in Organisationen einschließlich der damit verbundenen Verhaltensweisen und Wertvorstellungen.

Lernende Organisation - Ziele
Veränderungs-/ Verbesserungsbereitschaft aller Mitarbeiter
Kritikfähigkeit und Objektivität auf allen Ebenen
Hohe Lernbereitschaft
Offene sachliche Kommunikation
Systematische Erfassung und Weitergabe von Wissen
Stete Motivation zur Optimierung von Prozessen

Gegenstrom-Verfahren
2011 Herbst Aufg.5 | 2015 Früh Aufg.4c
Zur besseren Verbindung vorgegebener Ziele der Führungsebene („top-down") mit Erfahrungen nachgeordneter Instanzen durch entsprechende Rückmeldung („bottom-up").

Ursachen für Widerstände
2008 Herbst Aufg.5b
Angst vor Unbekanntem
Sorge um Arbeitsplatz
Erwartung zunehmender Arbeitsbelastung
Furcht vor Überforderung
Vorbeugung gegen Widerstände
Frühzeitige **Information** und Einbeziehung der Mitarbeiter.
Vorteile: höhere Akzeptanz; Nutzen der Erfahrung und Detailkenntnisse der Mitarbeiter; frühzeitige Umstellung.
Nachteile: Zeitaufwand; Überforderung

Rollen („Typen") von Mitarbeitern in Veränderungsprozessen
Mitläufer – leisten weder Widerstand noch einen eigenständigen Beitrag;
Emigranten – ziehen den Wechsel der Firma der Anpassung an eine Veränderung vor;

Opportunisten – sind zu aktiver Mitwirkung bereit, soweit sie daraus einen unmittelbaren Vorteil oder zumindest das Vermeiden eines drohenden Nachteils für sich erkennen können;
Missionare – sind von der Richtigkeit des Prozesses überzeugt (intrinsisch motiviert) und suchen andere ebenfalls zu überzeugen;
Saboteure – streben an, den Wandel zu verhindern durch das Herbeiführen von Problemen;
Verweigerer – versuchen in einer Art passivem Widerstand, alte Prozesse beizubehalten.

3.2 Organisationsentwicklung

Phasen der Organisationsentwicklung (nach Lewin):
1. **Unfreezing** ("Auftauen"):
Durch ständige Wiederholung selbstverständlich gewordene Abläufe werden zuerst bewusst gemacht, dann in Frage gestellt. Aus Analyse dieser Ist-Situation werden neue Soll-Zustände erarbeitet und durch argumentative Information die Bereitschaft zur Veränderung geweckt.
2. **Moving** („Bewegen")
Herausbildung neuer Verhaltensweisen und Abläufe. Zunächst Absinken der Produktivität durch Unsicherheit und mangelnde Routine. Einsicht und Akzeptanz wachsen mit.
3. **Refreezing** („Einfrieren")
Die Neuerungen werden selbstverständlich. Mit der Neugewinnung von Routine erreicht die Effizienz ein höheres Niveau als zu Beginn der Organisationsentwicklung.

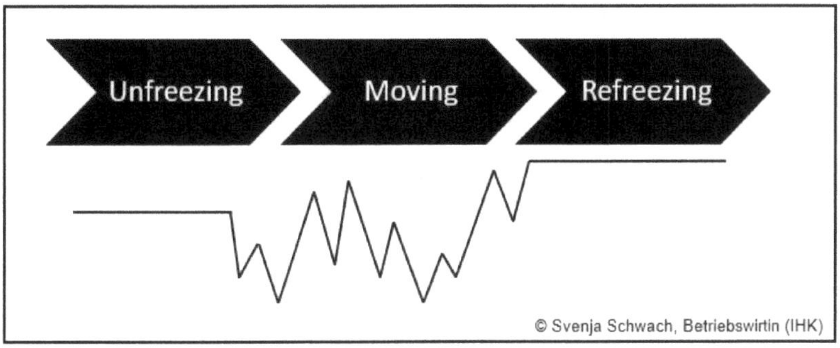

Change-Management
Zusammenfassende Bezeichnung für die Organisation gewollter und gestalteter nachhaltiger Veränderungen von Strukturen und Prozessen in Organisationen einschließlich der damit verbundenen Verhaltensweisen und Wertvorstellungen.

Lernende Organisation
Unternehmen, das kontinuierlich aus den Erfahrungen sämtlicher Mitarbeiter und auch der Kunden, Lieferanten und Märkte nachhaltig dazu lernt, und umgehend Konsequenzen für die eigene Arbeit zieht und verallgemeinert.
Voraussetzungen:
- Veränderung-/Verbesserungsbereitschaft aller Mitarbeiter;
- Kritikfähigkeit und Objektivität auf allen Hierarchie-Ebenen;
- hohe Lernbereitschaft;
- offene sachliche Kommunikation;
- systematische Erfassung und Weitergabe von Wissen;

Managementregelkreis (Organisationszyklus) - *2015 Früh Aufg.4b*
Abfolge von Aufgaben der Unternehmensführung, insbesondere bei wichtigen Änderungen der Organisation; unterschiedliche Definitionen der einzelnen Schritte, meist 5 oder 7 Phasen. Allen gemeinsam ist die Rückkopplung zum Anfang des Prozesses (daher Regel-KREIS).
Beispiel für eine ausführliche Darstellung:
1. Grobziel – Vision, Leitbild eines erstrebenswerten Zustands
2. Ist-Analyse – Untersuchung der Machbarkeit und der Ausgangslage
3. Zieldefinition – Formulierung des Ziels (SMART-Methode)
4. Strategie – Erarbeitung und Festlegung des generellen Wegs zum Ziel
5. Planung – Umsetzung der Strategie in Teilabschnitte mit jeweils zugehörigen taktischen Maßnahmen
6. Umsetzung – Abarbeitung der erforderlichen operativen Schritte
7. Soll-Ist-Vergleich – Analyse der Übereinstimmung von angestrebtem und erreichtem Zustand
8. Rückkopplung – Schlussfolgerungen aus Soll-Ist-Vergleich

PDCA-Zyklus
Durch stete Rückkopplung und zyklischen Charakter gekennzeichnete Methode für einen Prozess kontinuierlicher Verbesserung; sie kann damit dazu beitragen, Erstarrung und Festhalten an nicht mehr effektiven Regelungen zu verhindern.
Plan einer Verbesserung;
Durchführung;
Check = Erfolgskontrolle
ACT! = Fixierung und Auswertung für einen neuen Plan.

4 Entgeltfindung und betriebliche Verbesserung

4.1 Formen der Entgeltfindung

Entgeltformen

Zeitlohn - *2016 Früh Aufg.4 | 2016 Herbst Aufg.5b*
Entgeltzahlung nach Zeitdauer (bei Arbeitern Tag, Schicht, Woche; bei Angestellten meist Monat) mit gleichbleibendem Betrag pro Zeiteinheit. Leistungszulagen und leistungsabhängige (Natural-)Komponenten möglich. Anwendung auf Tätigkeiten mit nicht vorbestimmbarem Zeitaufwand, nicht individuell zurechenbarem Zeitbedarf, besonderen Anforderungen an Qualität und Sorgfalt. – Vorteile sind die einfache Ermittlung und die Kalkulierbarkeit, Nachteile der fehlende Bezug zur Leistung.

Leistungslohn (bei Arbeitern auch **Akkordlohn**): Entgelt in direkter Abhängigkeit von mengenmäßiger Leistung, was Zählbarkeit der Leistung und bekannte Abläufe voraussetzt.

Lohnform	Vorteile	Nachteile	
Zeit	Einfach; stressfrei	Nicht motivierend; ungerecht	
Leistung	Motivierend; gerecht	Belastend; evtl. Qualitätsmängel	

Akkordlohn
2008 Herbst Aufg.4 | 2009 Früh Aufg.5 | 2012 Herbst Aufg.5 | 2013 Früh Aufg.7 | 2013 Herbst Aufg.5 | 2014 Früh Aufg.5 | 2014 Herbst Aufg.4 | 2016 Herbst Aufg.5a | 2017 Früh Aufg.4 | 2017 Herbst Aufg.5 | 2018 Früh Aufg.4 | 2019 Früh Aufg.4 | 2020 Früh Aufg.4 | 2021 Früh Aufg.4 | 2021 Herbst Aufg.3 | 2023 Früh Aufg.4 | 2023 Herbst Aufg.4
In die Berechnung geht außer Zeit (in Stunden) und Akkordrichtsatz (in € pro Std.; tariflicher Grundlohn + Akkordzuschlag) als weiterer Faktor der Zeitgrad (Vorgabezeit / Istauftragszeit) ein; Akkordlohn pro Std. = Akkordrichtsatz x

Zeitgradfaktor. Berechnung über Stück (Istleistung x Stückakkordsatz) oder Zeit (Istleistung x Vorgabezeit x Minutenfaktor) führt zum gleichen Ergebnis; kann an Tarifänderungen durch Änderung des Minutenfaktors leichter angepasst werden.

Anforderungsabhängige Entgeltdifferenzierung - *2009 Herbst Aufg.5*
Grundlage für die Entlohnung ist eine Bewertung, welche Anforderungen der Arbeitsplatz an den Mitarbeiter stellt.

Prämienlohn *2011 Früh Aufg.5 | 2016 Herbst Aufg.5b*
Auf einen Grundlohn aufsetzende Prämie, deren Auszahlung bzw. Umfang an das Erreichen von Zielen gebunden wird.
Ziele können sein: Erreichen einer bestimmten Fertigungsmenge; Erfüllen von Qualitätszielen; Materialersparnis.

Erfolgsbeteiligung
2012 Früh Aufg.6 | | 2021 Herbst Aufg.3d
An die Gewinnentwicklung des Unternehmens gekoppelte Zusatzzahlung, die damit eine Interessenübereinstimmung zwischen Einkommensinteresse der Mitarbeiter und Gewinninteresse des Unternehmens herbeiführt.
Besondere **Entgeltbestandteile**: Weihnachtsgeld; Urlaubsgeld; Provisionen; Sachleistungen

Betriebliche Zusatzleistungen - *2020 Früh Aufg.3*
Angebote an die Mitarbeiter für Teilnahme an sportlichen Aktivitäten und/oder Nutzung von Gesundheitsprogrammen mit dem Ziel, über die Reduzierung von Fehlzeiten hinaus durch gemeinsame Tätigkeiten den Zusammenhalt („Kohäsion") in der Belegschaft zu erhöhen.

Freiwillige soziale Leistungen: Verpflegung der Mitarbeiter, Betriebskantine, Sport- und Freizeiteinrichtungen, Kinderbetreuung. – **Sonderformen:**
Prämien = zusätzliche Zahlungen für den Verkauf bestimmter Artikel oder das Erreichen vereinbarter Ziele
Umsatzprovision = Sonderzahlung im Verhältnis zum Umsatz (des Mitarbeiters; der Gruppe; des Unternehmens).
Cafeteriasysteme = individuelle Auswahlmöglichkeit aus einem Paket angebotener Sozialleistungen des Unternehmens.

4.2 Innovation und KVP

KVP = **K**ontinuierlicher **V**erbesserungs-**P**rozess
2011 Herbst Aufg.6
Weiterentwicklung bzw. Adaption von KaiZen. Ziel ist eine permanente (nicht nur schubweise) Optimierung aller Prozesse durch Verbesserung der Qualität, Effizienzsteigerung des Prozesses selbst und höhere Motivation und Qualifikation der Mitarbeiter.
Ziele bzw. Methode können z.B. sein:
Qualitätskontrolle - Qualitätszirkel – Automatisierung - Produktionskontrolle – Kleingruppenarbeit - Produktivitätssteigerung - Vorschlagswesen

Maßnahmen zur Förderung der Akzeptanz von KVP
2008 Früh Aufg.5 | 2010 Früh Aufg.7
Argumentativer Verweis auf die eigenen Interessen der Mitarbeiter (Sicherung des Arbeitsplatzes; reibungslose Arbeitsabläufe);
Installation eines KVP-Beauftragten und/oder eines Qualitätszirkels zur zügigen Bearbeitung von Mitarbeiter-Vorschlägen;
Vorbildfunktion der Vorgesetzten;
Einbeziehung der Mitarbeiter in Arbeitsgruppen;
Organisation und Implementierung eines transparenten und effektiven Prozesses der Umsetzung von Verbesserungen;
Nachvollziehbares und attraktives System von Prämien für die Umsetzung von Verbesserungsvorschlägen.

Qualitätszirkel
Arbeitskreise aus Mitarbeitern verschiedener Organisationseinheiten, die gemeinsam zu einem Thema, insbesondere einem Prozess, an dem alle beteiligt sind, regelmäßig auf Grundlage und durch Analyse gesammelter Erfahrungen nach Optimierungsmöglichkeiten suchen.

4.3 Bewertung von Verbesserungsvorschlägen

Verbesserungsvorschlag
Eine von einem Arbeitnehmer geäußerte konkrete Idee zur positiven Änderung eines bestehenden Zustands oder Ablaufs; „positiv“ ist diese Idee, wenn sie auf einen effektiveren Einsatz betrieblicher Produktionsfaktoren zielt.

Bewertungsfaktoren
Neuartigkeit der Idee
Umsetzbarkeit
Kosten – Nutzen – Verhältnis

Prüfungsablauf
Einreichen der Idee (standardisierte Form: Vordruck)
Formale Bearbeitung durch Beauftragten für BVW
Inhaltliche Prüfung durch Gutachter
  Bei Ablehnung: Information des Mitarbeiters
Prüfung und Festlegung der Prämienhöhe durch Kommission
Rückmeldung an BVW-Beauftragten
Information des Mitarbeiters

5 Kostenarten – Kostenstellen- Kostenträger

5.1 Grundlagen des Rechnungswesens

Grundbegriffe

Auszahlung:
Abgang liquider Mittel; z.B. Bezahlen einer Rechnung durch Überweisung
Ausgabe:
Veränderung des Werts aller zugegangenen Güter und Dienstleistungen durch Ankauf; Entstehen einer Verbindlichkeit, die (später) zu Auszahlung führt
Aufwand:
Veränderung des Werts aller verbrauchten Güter und Dienstleistungen;
Kosten:
Werteverzehr durch Leistungserstellung

Einzahlung:
Zugang liquider Mittel; z.B. Bezahlen einer Rechnung durch Überweisung
Einnahme:
Veränderung des Werts aller abgegangenen Güter und Dienstleistungen durch Verkauf; Entstehen einer Forderung, die (später) zu Einzahlung führt
Ertrag:
Veränderung des Werts aller erbrachten Leistungen;
Leistungen:
Wertezuwachs durch Leistungsverwertung

Bereiche des Rechnungswesens

2011 Früh Aufg.6
Extern:
FiBu = Finanzbuchhaltung (Buchführung / Bilanz / G + V)
Intern:
Kosten- und Leistungsrechnung (Kostenrechnung nach Arten / Stellen / Trägern)
Statistik
Planung

Gesamtzusammenhang

Buchführung zeichnet alle Geschäftsvorfälle im Unternehmen in einem bestimmten Zeitraum chronologisch und sachlich geordnet auf. Sie dokumentiert die Veränderung aller Vermögensgegenstände, der Schulden und des Eigenkapitals.
Die Bestände an Vermögen, Schulden und Eigenkapital werden zum Abschlussstichtag in der **Bilanz** gegenübergestellt. Sie zeichnet in einer gesonderten Rechnung alle Aufwendungen und Erträge auf und stellt diese zum Abschlussstichtag in der **Gewinn- und Verlustrechnung** gegenüber.
Dabei unterliegt die Buchführung einer Vielzahl von gesetzlichen Vorschriften, die im Handelsgesetzbuch HGB und den Steuergesetzen mit deren Durchführungsverordnungen zu finden sind. Die Buchführung liefert das Zahlenmaterial für alle weiterführenden Bereiche des Rechnungswesens.

Kosten- und Leistungsrechnung: wird für rein innerbetriebliche Zwecke freiwillig durchgeführt; unterliegt grundsätzlich keinen gesetzlichen Vorschriften.
Die KLR ermittelt die **Selbstkosten** und kalkuliert die Verkaufspreise (Stückrechnung). Sie überwacht damit die Wirtschaftlichkeit des Betriebes.
Grundlage bildet das Zahlenmaterial der Buchführung. Die KLR arbeitet nur mit denjenigen Aufwendungen und Erträgen aus der Buchführung, die dem unmittelbaren Betriebszweck zugerechnet werden können.
Unter diesen betrieblichen Aufwendungen gibt es solche, die in die KLR in gleicher Höhe übernommen werden (**Kosten**), solche, die aus betriebswirtschaftlich sinnvollen Gründen in anderer Höhe angesetzt werden (**Anderskosten**) und Kosten, die in der Buchführung überhaupt nicht vorhanden sind (**Zusatzkosten**), weil ihr Ansatz dort steuerrechtlich verboten, für Zwecke der Kosten- und Leistungsrechnung aber betriebswirtschaftlich sinnvoll ist. – *siehe auch Kap. 5.3*

Die **Statistik** bereitet die Zahlen der Buchführung und KLR auf, um das Betriebsgeschehen zu überwachen und künftig sinnvolle Entscheidungen treffen zu können.
Mit den statistisch aufbereiteten Zahlen kann der Unternehmer sowohl einen innerbetrieblichen Vergleich seiner Kosten und Umsätze im Verlauf der Jahre anstellen (Zeitvergleich) als auch einen externen Betriebsvergleich mit Firmen der gleichen Branche durchführen, um Schwachpunkte in seiner Kostenstruktur aufzudecken.

Die **Planung** sammelt alle durch Buchführung, KLR und Statistik bereitgestellten Daten und Auswertungen und erstellt die Pläne für die zukünftige Entwicklung des Unternehmens (Vorschaurechnung).
Man unterscheidet z. B. zwischen Investitionsplan, Finanzierungsplan, Beschaffungsplan und Absatzplan.

Buchführung - Wesen und Aufgaben:
Zeitrechnung:
Alle Aufwendungen und Erträge sowie alle Bestände der Vermögens- und Kapitalteile werden für eine bestimmte Periode erfasst
Dokumentation:
Aufzeichnung aller Geschäftsfälle nach Belegen; liefert die Daten für die anderen Bereiche des Rechnungswesens
Rechenschaftslegung:
Darlegung der Veränderung an Vermögen und Kapital sowie des Unternehmenserfolgs nach Abschluss einer Periode.

Grundsätze ordnungsgemäßer Buchführung - *2009 Herbst Aufg.6a*
Definition (§ 238 I HGB; § 145 AO):
Überblick für einen sachverständigen Dritten über Geschäftsfälle und Unternehmenslage in angemessener Zeit.
Daraus abgeleitete Anforderungen:
Verständlichkeit
Kopien auch von abgesandten „Handelsbriefen"
Sprache = „lebende Sprache"
Vollständigkeit
Korrekturen nur über Buchungen; kein Unkenntlichmachen
Aufbewahrung
10 Jahre Inventare, Bilanzen, Rechnungen, Buchungsbelege
6 Jahre Handelsbriefe
Belegprinzip = keine Buchung ohne Beleg
Klarheit und **Übersichtlichkeit:**
Die Umsetzung dieses Grundsatzes bedingt eine sachgerechte und überschaubare Organisation der Buchführung, eine übersichtliche Gliederung der Bilanz und der Gewinn- und Verlustrechnung, die Leserlichkeit aller Eintragungen u.a.

Keine Buchung ohne Beleg:
Jeder Geschäftsvorfall muss anhand von Belegen fortlaufend und vollständig, sachlich richtig und zeitgerecht erfasst und dokumentiert werden, damit alle Buchungen jederzeit nachprüfbar sind.

Aufzeichnung
Kasseneinnahmen und -ausgaben müssen täglich aufgezeichnet werden. Bei den Aufzeichnungen in der Buchführung hat sich der Kaufmann einer lebenden Sprache zu bedienen.
Richtigkeit und Willkürfreiheit:
Die Aufzeichnungen in den Handelsbüchern (Journal, Hauptbuch, Inventar, Wareneingang, Warenausgang u.a.) müssen sachlich und rechnerisch richtig sein und nach einheitlichen Grundsätzen gemacht werden. Abkürzungen, Ziffern und Buchstaben müssen in ihrer Bedeutung eindeutig festliegen.
Vollständigkeit und Nachprüfbarkeit:
Die Aufzeichnungen in den Handelsbüchern müssen hinsichtlich der Geschäftsvorfälle und des Inventars vollständig und anhand von Belegen und Inventuraufzeichnungen jederzeit nachprüfbar sein. Der Jahresabschluss (Bilanz, Gewinn- und Verlustrechnung) muss in deutscher Sprache und ab dem Jahre **2002 in Euro** durchgeführt werden.
Ordnungsgemäße Aufbewahrung der Buchführungsunterlagen:
Handelsbücher und sonstige Aufzeichnungen der Buchführung, Buchungsbelege und Buchführungsprogramme, Inventare und Jahresabschlüsse sind
10 Jahre, Handels- und Geschäftsbriefe sind **6 Jahre** ordnungsgemäß aufzubewahren.
Alle auf Datenträgern gespeicherten Buchungen und Aufzeichnungen müssen auf Anforderung jederzeit in Klarschrift leserlich gemacht werden können.

Inventur

2009 Herbst Aufg.6b
Inventur = körperliche Bestandsaufnahme zur mengen- und wertmäßigen Erfassung aller Vermögensteile und Schulden.
Mengenermittlung durch Wiegen, Zählen, Messen, Schätzen.
Wertermittlung durch Bewertung. - „**Buchinventur**“ bei „nichtkörperlichen Vermögensteilen“ anhand von Belegen.

Stichtagsinventur = Bestandsaufnahme im Zeitraum von 10 Tagen vor oder nach dem Abschlussstichtag.
Verlegte Inventur = Bestandsaufnahme innerhalb drei Monaten vor und zwei Monaten nach Abschlussstichtag.
Permanente Inventur = kontinuierliche Fortschreibung des Bestandes anhand der Lagerkartei ohne körperliche Bestandsaufnahme.
Stichprobeninventur = unvollständige Bestandsaufnahme, wobei die Größe der Stichprobe einen Sicherheitsgrad von 95% ergeben muss.

Inventar: Zusammenfassung der Ergebnisse der Inventur.
Bestandsverzeichnis aller Vermögensteile und Schulden

Bilanz

2008 Herbst Aufg.6 | 2012 Herbst Aufg.7a | 2013 Herbst Aufg.8 | 2018 Früh Aufg.5

Inhalt der Bilanz (§ 247 HGB):
„In der Bilanz sind das Anlage- und das Umlaufvermögen, das Eigenkapital, die Schulden sowie die Rechnungsabgrenzungsposten gesondert auszuweisen und hinreichend aufzugliedern. - Beim Anlagevermögen sind nur die Gegenstände auszuweisen, die bestimmt sind, dauernd dem Geschäftsbetrieb zu dienen."

Aktiv – /Passiv- Tausch / Mehrung - *2011 Herbst Aufg.9*

Aktivtausch:
Kunde zahlt Rechnung per Überweisung; Zunahme Bankguthaben, Abnahme Forderungen.
Passivtausch:
Umwandlung einer Verbindlichkeit in ein Darlehen; Zunahme Darlehen, Abnahme Verbindlichkeiten.
Aktiv-Passiv-Mehrung:
Anschaffung eines Schreibtischs mit Zahlungsziel; Zunahme Geschäftsausstattung, Zunahme Verbindlichkeiten.
Aktiv-Passiv-Minderung:
Überweisung der Rechnung für den Schreibtisch; Abnahme Bankguthaben, Abnahme Verbindlichkeiten.

Bilanzaufbau Beispiel:

Bilanz der Fachwirte-Prüfungs-GmbH zum 31.12. 2012

Aktiva	**Passiva**
I. Anlagevermögen	**I. Eigenkapital**
1. Grundstücke und Gebäude	
2. Maschinen	**II. Schulden**
3. Geschäftsausstattung	1. Hypotheken
II. Umlaufvermögen	2. Darlehen
1. Rohstoffe	3. Verbindlichkeiten aus Lieferungen und Leistungen
2. Hilfsstoffe	
3. Betriebsstoffe	
4. Unfertige Erzeugnisse	
5. Fertige Erzeugnisse	
6. Forderungen	
7. Kassenbestand	
8. Bankguthaben	
Summe Aktiva	**Summe Passiva**

Passiv-Tausch	Zunahme Schuldposten	Abnahme Schuldposten	unverändert
Aktiv-Passiv-Mehrung	Zunahme Vermögensposten	Zunahme Schuldposten	nimmt zu
Aktiv-Passiv-Minderung	Abnahme Vermögensposten	Abnahme Schuldposten	nimmt ab

Gewinn- und Verlustrechnung - *2012 Herbst Aufg.7b*

Gegenüberstellung von Aufwand und Ertrag zur Ermittlung des Unternehmenserfolgs in der zurückliegenden Periode.

Überschussermittlung
Betriebliche Erträge
./. Betriebliche Aufwendungen
= Betriebsergebnis
+ Finanzergebnis (Finanzerträge ./. Finanzaufwendungen)
= **Ergebnis aus gewöhnlicher Geschäftstätigkeit**
+ außerordentliches Ergebnis (a.o. Erträge ./.Aufwendungen)
./. Steuern
= Unternehmensergebnis (Überschuss bzw. Fehlbetrag)

Gewinnverwendung - *2012 Herbst Aufg.7c*
Gewinnausschüttung; Erhöhung Eigenkapital; Finanzierung von Investitionen.

GuV Gliederung
Zugelassen und detailliert hinsichtlich des Aufbaus in § 275 HGB geregelt sind zwei verschiedene Verfahren.
Gesamtkostenverfahren: Gegenüberstellung des gesamten Aufwandes und der gesamten Leistungen.
Umsatzkostenverfahren: Gegenüberstellung des für die abgesetzten Produkte entstandenen Aufwands und des Umsatzes.

Gliederung:

Soll	Haben
Wareneinsatz Personalkosten Mieten Steuern Energie Werbekosten Provisionen Betriebskosten Verwaltung Abschreibungen Zinsaufwendungen	Umsatzerlöse Außerordentliche Erträge Zuschüsse Zinserträge
Summe	Summe

Bewertung des Anlagevermögens (§ 253 HGB)
Vermögensgegenstände sind höchstens mit den Anschaffungs- oder Herstellungskosten vermindert um die Abschreibungen anzusetzen.
Anschaffungskosten = Anschaffungspreis plus Nebenkosten minus Preisminderung;
Herstellungskosten (NICHT = Herstellkosten der KLR!) vereinfacht = Materialkosten + Fertigungskosten + Abschreibungen.

Abschreibungen
„bilanzielle Abschreibungen“: Summe der Abschreibungsbeträge darf Anschaffungs-bzw. Herstellungskosten nicht überschreiten (im Unterschied zu kalkulatorischen A.).
Lineare = gleichmäßige Verteilung der Anschaffungskosten auf die Nutzungsdauer; **degressive** = gleicher Prozentsatz auf den jeweiligen Restwert (max. das Doppelte des Betrages bei linearer Abschreibung, max. 20 %)
außerplanmäßige Abschreibungen:
- bei außergewöhnlichen dauerhaften Wertminderungen;
- bei Wertminderungen von nicht abnutzbaren Anlagegütern.

Geringwertige Wirtschaftsgüter:
bei Anschaffungskosten bis 1000 € Teil eines Sammelpostens, abzuschreiben linear; bei Anschaffungskosten bis 150 € ohne Aktivierung als Aufwand zu buchen.

Bewertung des Anlagevermögens –
Niederstwertprinzip:
grundsätzlich Bewertung zu Anschaffungskosten; bei Sinken des Werts unter Anschaffungswert Bewertung zu dem niedrigeren Wert. Gilt nicht für abnutzbares Anlagevermögen bei zeitlich unbegrenzter Nutzung (Grundstücke; Beteiligungen).

Bewertung des Umlaufvermögens-
Niederstwertprinzip:
- Sammel-/Gruppenbewertung: Zusammenfassung;
- Festwert: Bewertung bei geringen Schwankungen im Bestand;
- Durchschnittsbewertung, wenn Anschaffungskosten nicht einwandfrei feststellbar sind

- Verbrauchsfolgeverfahren unterstellt, dass zuerst oder zuletzt angeschaffte Vermögensgegenstände zuerst verbraucht werden.

Bewertung von Forderungen
- einwandfreie: Bewertung zum Nennbetrag
- zweifelhafte: Bilanzierung mit dem wahrscheinlichen Wert
- uneinbringliche: Sofortabschreibung

Leasing

Nutzung von „gemieteten" Anlagen. Eine Leasinggesellschaft (**indirektes** L.) oder auch der Hersteller selbst (**direktes** L.) ist und bleibt wirtschaftlich und rechtlich Eigentümer der Anlagen. Der Leasingnehmer erhält für einen vereinbarten Zeitraum das Nutzungsrecht gegen Entgelt.
Vorteil: kein Kapital erforderlich; Leasingraten direkt voll steuerlicher Aufwand; zu Beginn geringerer Liquiditätsbedarf; Verbesserung von Bilanzkennzahlen (Deckungsgrad).
Nachteil: Summe der Kosten übersteigt Anschaffungskosten.

5.2 Kostenrechnung: Ziele und Aufgaben

Kostenstellen: 2011 Herbst Aufg,1b

Stück- und Zeitrechnung:
Kosten und Leistungen werden erfasst für eine bestimmte Periode (Zeitrechnung) und pro Kostenträger (Stückrechnung)
Überwachung der Wirtschaftlichkeit:
Betriebsergebnis wird ermittelt durch die Gegenüberstellung von Kosten und Leistungen und die Wirtschaftlichkeit in der Abrechnungsperiode beurteilt.
Kalkulation:
Verursachungsgerechte Zuordnung der Kosten auf Kostenträger zur Preiskalkulation.

5.3 Kosten- und Leistungsrechnung: Grundbegriffe

Hauptaufgaben
- Kalkulation und Preisbeurteilung
- Ermittlung der Selbstkosten als Grundlage für Verkaufspreise
- Kontrolle der Wirtschaftlichkeit
- Datengrundlagen für Überwachung der Kostenentwicklung - - Grundlage für Planungen und Entscheidungen
- Ermittlung der Selbstkosten
- Erfolgsermittlung und Bestandsbewertung

Kostenbegriffe - *2015 Herbst Aufg.7 (auch Kap. 5.6)*
Nach der Bewertungsgrundlage: **Pagatorische** = Zahlungsvorgänge; **wertmäßige** = Wertvorstellungen.
Nach dem Verhältnis zum Aufwand: **Grundkosten** (aufwandsgleich; z.B. Fertigungslöhne, Material), **Anderskosten** (aufwandsverschieden, z.B. in anderer Höhe für die Kostenrechnung berücksichtigte Abschreibungen, Zinsen), **Zusatzkosten** (aufwandslos; z.B. nur für die Kostenrechnung kalkulierter, nicht in der FiBu ausbezahlter Unternehmerlohn). Anderskosten und Zusatzkosten werden zusammenfassend als **kalkulatorische Kosten** bezeichnet.
Aus Sicht des Aufwands in der Finanzbuchhaltung: ein nicht mit der betrieblichen Leistungserstellung verbundener Aufwand (z.B. Spenden) wird in der Kostenrechnung nicht berücksichtigt, ist also „**neutraler Aufwand**"; ein mit dem gleichen Betrag in der Kostenrechnung berücksichtigter Aufwand (Fertigungslöhne; Material) ist **Zweckaufwand**.
Nach dem Verhältnis zur Ausbringungsmenge: **fixe** (mengenunabhängig), **variable** (mengenabhängig)
Nach der Zurechnung: **Einzelkosten** (direkt), **Gemeinkosten** (indirekt)
Nach dem Umfang der Zurechnung: **Vollkosten** (vollständige), **Teilkosten** (unvollständige)
Nach dem Zeitbezug: Plankosten (zukünftige), **Ist- / Normalkosten** (vergangene)

Leistung = in der KLR durch den Faktoreinsatz (Kosten) erzielte betriebliche Wertschöpfung. Bedeutet: die vom Betrieb hergestellten fertigen und unfertigen Erzeugnisse, Eigen- und Dienstleistungen (Erlöse aus dem Verkauf von Erzeugnissen; Mehrbestand von Fertigprodukten; eigene Herstellung von Werkzeug)

Ertrag für Leistungen in gleicher Höhe = **Zweckertrag** =Grundleistungen der KLR)
Ertrag ohne Leistungen (= nicht durch betriebl. Leistungserstellung entstandener, **neutraler Ertrag**); Arten: **betriebsfremder** Ertrag (z.B. Gewinne aus Devisengeschäften; Erträge aus Beteiligungen); betrieblich **außerordentlicher** Ertrag (z.B. durch Verkauf einer abgeschriebenen Maschine; aus der Auflösung von Rückstellungen); **periodenfremder** Ertrag (z.B. Steuerrückerstattung).
Andersleistungen = Differenz zwischen Erträgen und Leistungen (z.B. kalkulatorisch andere Bewertung von Lagerbeständen fertiger Erzeugnisse)
Zusatzleistungen = Leistungen ohne gegenüberstehenden Ertrag (z.B. ohne Berechnung abgegebene Erzeugnisse)

5.4 Kosten- und Leistungsrechnung: Aufbau

Teilbereiche der KLR

Kostenartenrechnung: Erfassung und Einteilung aller angefallenen Kosten; Frage: „Welche Kosten?". - Teilt Kosten auf ein Einzelkosten und Gemeinkosten. Letztere gehen ein in die
Kostenstellenrechnung: Zuordnung von (Gemein-)Kosten zu Abteilungen etc.; Frage: „Wo sind die Kosten entstanden?" – Diese gehen als Kalkulationssätze ein in die
Kostenträgerrechnung: Zuordnung von Kosten zu betrieblichen Erzeugnissen; Frage: „Wer hat die Kosten zu tragen?" – Ermittlung der Selbstkosten.

Vollkostenrechnung = alle Kosten (Variable und fixe) werden auf die Kostenträger verrechnet.
Teilkostenrechnung = nach Aufspaltung der Kosten in fixe und variable werden die fixen Kosten nicht oder nur teilweise berücksichtigt. – *s.u. Kap.5.10.*

5.5 Leistungs- und Kostendaten

Inhaltlich in den anderen Unter-Kapiteln behandelt

5.6 Kostenarten-, Kostenstellen-, Kostenträger-Rechnung

Kalkulatorische Kosten

2010 Herbst Aufg.6b | 2015 Herbst Aufg.7

Kalkulatorische Abschreibungen

Kosten, die die tatsächliche Wertminderung der Anlagen erfassen und in der Selbstkosten- und Betriebsergebnisrechnung verrechnet werden. Sofern sie über die Marktpreise abgegolten werden, beeinflussen sie das Gesamtergebnis positiv. - *Bilanzmäßige Abschreibungen* stellen dagegen Aufwand in der Gesamtergebnisrechnung der Finanzbuchhaltung dar und werden meist nach steuerlichen Gesichtspunkten bemessen. Sie beeinflussen die Wertansätze des Anlagevermögens in der Bilanz.

Kalkulatorische Zinsen

Kosten für die Nutzung des betriebsnotwendigen Kapitals. Ihre Verrechnung ermöglicht eine gleichmäßige Belastung der Abrechnungsperioden mit Zinskosten. In den Umsatzerlösen werden die Zinsen dem Unternehmen vergütet. - Die gezahlten *Fremdkapitalzinsen* stellen Aufwand dar. In der Abgrenzungsrechnung werden sie den verrechneten kalkulatorischen Zinsen gegenübergestellt

Kalkulatorische Wagnisse

Anstelle der tatsächlich eingetretenen Wagnisverluste werden in der Kosten- und Leistungsrechnung kalkulatorische Wagniszuschläge für die betreffenden Einzelrisiken ermittelt und verrechnet. Die Verrechnung von konstanten kalkulatorischen Wagniszuschlägen führt zu einer gleichmäßigen und anteiligen Belastung der Abrechnungsperioden mit Wagnisverlusten und eliminiert somit die Zufallseinflüsse aus der Selbstkosten- und Betriebsergebnisrechnung.

kalkulatorischer Unternehmerlohn - *2010 Herbst Aufg.6a*

Bei Personengesellschaften wird unabhängig vom Unternehmungsgewinn für die Arbeitskraft mitarbeitender Gesellschafter ein Unternehmerlohn angesetzt und in die Preise einkalkuliert. - In *Kapitalgesellschaften* werden Gehälter der Vorstandsmitglieder / Geschäftsführer in der FiBu als Aufwand gebucht; in die KLR gehen sie als Kosten ein.

Kostenarten – Gliederung
Nach der Art des Verbrauchs in:
- **Materialkosten** (Roh-, Hilfs- und Betriebsstoffe)
- **Personalkosten** (Löhne und Gehälter)
- **Abschreibungen** (auf Anlagen; Forderungen)
- **Dienstleistungskosten** (Transport- und Versicherungskosten; Rechts- und Beratungskosten)
- **Zwangsabgaben** (Steuern, Zölle, Gebühren).

Nach der Zurechnung zu Kostenträgern in
- **Einzelkosten** können direkt den Kostenträgern zugerechnet werden (Material)
- **Sondereinzelkosten** (z.B. Modelle)
- **Gemeinkosten** können nicht direkt den Kostenträgern zugerechnet werden.

Nach Verhältnis zur Ausbringungsmenge in
- variable Kosten
- fixe Kosten

Materialkosten – Abgrenzungen
Rohstoffe: Einzelkosten; werden Produktbestandteil
Hilfsstoffe: Gemeinkosten; werden Produktbestandteil
Betriebsstoffe: Gemeinkosten; werden kein Produktbestandteil.

Kostenstellenrechnung

Zuordnung von Gemeinkosten zu Abteilungen, Produktionsgruppen etc. nach der Frage „Wo sind die Kosten entstanden?"

Abgrenzung der Kostenstellen
funktional: Zusammenfassung gleichartiger Tätigkeiten, Aufgaben; **räumlich**: Zusammenfassung nach örtlicher Lage; **organisatorisch**: in Übereinstimmung mit den Elementen der Aufbauorganisation.

Gliederung der Kostenstellen
Hauptkostenstellen: unmittelbar an Leistungserstellung beteiligt; Verrechnung der Kosten mithilfe von Zuschlag setzen direkt auf Kostenträger. - **Hilfskostenstellen**: Stellen Leistungen anderen Kostenstellen zur Verfügung, indirekte Weitergabe der Kosten.

Betriebsabrechnungsbogen (BAB)

2009 Herbst Aufg.8 | 2015 Früh Aufg.5 | 2015 Herbst Aufg.5a | 2019 Früh Aufg.7 | 2020 Herbst Aufg.5 | 2023 Herbst Aufg.5

Bindeglied zwischen Kostenarten – und Kostenträgerrechnung für Gemeinkosten.

Unterscheidung der Gemeinkosten:

Kostenstelleneinzelkosten können auf Basis von Belegen den Kostenstellen direkt zugeordnet werden. – **Kostenstellengemeinkosten** werden über Verteilungsschlüssel aufgeteilt.

Primärkostenrechnung: Kostenstelleneinzelkosten (z. B. Material, Löhne) werden den Kostenstellen zugerechnet. – Kostenstellengemeinkosten (z. B. Gebäudekosten, Versicherungsprämien) werden aufgeteilt über Mengen- oder Wertschlüssel.

Beispiele für

- **Mengenschlüssel**: Raumfläche in Quadratmetern, Anzahl der Mitarbeiter;
- **Wertschlüssel**: Fertigungslöhne, Fertigungsmaterialkosten, Herstellkosten.

Sekundärkostenrechnung: innerbetriebliche Leistungszurechnung von Kostenstellen des allgemeinen Bereichs (Kantine, Rechenzentrum) oder Fertigungshilfskostenstellen (z.B. Instandhaltung).

Zuschlagsätze

2009 Früh Aufg.6a | 2011 Früh Aufg.8a+b | 2013 Herbst Aufg.6 | 2014 Herbst Aufg.7 | 2015 Herbst Aufg.5a | | 2018 Herbst Aufg.3 | 2021 Früh Aufg.5 | 2023 Herbst Aufg.5

prozentualer Aufschlag auf eine Bezugsgröße zur verursachungsgerechten Zurechnung der Gemeinkosten auf Kostenträger.

Bezugsgrößen

Materialgemeinkostenzuschlagssatz: Einzelkosten Fertigungsmaterial.
Fertigungsgemeinkostenzuschlagsatz: Fertigungslöhne (Fertigungsgemeinkosten)
Verwaltungsgemeinkostenzuschlagsatz: Herstellkosten der Produktion
Vertriebsgemeinkostenzuschlagssatz: Herstellkosten des Umsatzes.

Berechnungsschema
1: Material-Einzelkosten + Material-Gemeinkosten = **Materialkosten**
2: Fertigungslöhne + Fertigungsgemeinkosten + Sondereinzelkosten der Fertigung = **Fertigungskosten**

1 + 2 = **Herstellkosten**, Bezugsgröße für Verwaltungsgemeinkostenzuschlagsatz; ergibt **Verwaltungskosten**.

Herstellkosten der Produktion + Saldo der Bestandsveränderungen an unfertigen und fertigen Erzeugnissen + Sondereinzelkosten des Vertriebs = Herstellkosten des Umsatzes, Bezugsgröße für Vertriebsgemeinkostenzuschlagsatz;
ergibt **Vertriebskosten**.

Herstellkosten + Verwaltungskosten + Vertriebskosten = **Selbstkosten**

Beispiel:

Art	Leistung	In €	
Ek	Material	24,-	Material-K.
Gk	Material 12%	2,88	26,88 €
Ek	Löhne	4,20	Fertigungs-K.
Gk	Fertigung 250%	10,50	14,82
Ek	Sonderkosten	0,12	
	Herstellkosten:	26,88 + 14,82 = 41,70	
Gk	Verwaltung 10%	4,17	Verw.-+Vertr.-Gk
Gk	Vertrieb 20%	8,34	12,51 €

Die Summe von Herstellkosten + Verwaltungs- und Vertriebs-Gemeinkosten (41,70 + 12,51 = 54,21 €) ergibt die Selbstkosten. Die Differenzierung der Bezugsgrößen zwischen Verwaltungs- und Vertriebs-Gk wurde wie in den meisten Klausuren auch zur Vereinfachung der Tabelle nicht berücksichtigt.
Ist-Kostensatz: Zuordnung der tatsächlich entstandenen Kosten; **Normal-Kostensatz**: Zuordnung der Kosten nach dem Durchschnittswert vergangener Perioden zum Ausgleich von Schwankungen und/oder als Grundlage für Vorkalkulation. – Differenz der Normalkosten zu Istkosten ergibt Über-/Unter-Deckung.

Kostenträgerzeit- und Kostenträgerstückrechnung

Zuordnung von Kosten zu betrieblichen Erzeugnissen etc. nach der Frage „Wer hat die Kosten zu tragen?"

Kostenträgerzeitrechnung

Kurzfristige Erfolgsrechnung durch Verknüpfung von Kosten- und Leistungsrechnung.

Aufgaben:

- Ermittlung des Betriebsergebnisses
- Laufende Wirtschaftlichkeitskontrolle
- Ermittlung der Ergebnisbeiträge einzelner Kostenträger
- Überprüfung von Ergebniserwartungen und Entscheidungen

Kostenträgerblatt zur Ermittlung des Betriebsergebnisses gesamt und für einzelne Erzeugnisgruppen - Aufbau:

Herstellkosten der abgesetzten Erzeugnisse
+ Verwaltungsgemeinkosten
+ Vertriebsgemeinkosten
+ Sondereinzelkosten des Vertriebs
= Selbstkosten der abgesetzten Erzeugnisse

Bruttoerlöse - Erlösschmälerungen = Nettoerlöse
Nettoerlöse - Selbstkosten der abgesetzten Erzeugnisse = Betriebsergebnis

Kostenträgerstückrechnung: Ermittlung der Herstellkosten und der Selbstkosten eines Produktes mithilfe eines Kalkulationsschemas.

Aufgaben: - Bestimmung der Preisuntergrenze
- Ableitung der Preisobergrenzen
- Ermittlung interner Verrechnungspreise
- Bewertung der Lagerbestände

5.7 Kalkulationsverfahren

Kalkulationsarten nach Zeitpunkt:
Vorkalkulation – erfolgt vor der Leistungserstellung zur Planung des Produktions- und Absatzprogramms, zur Erstellung von Angeboten als Grundlage für die Preisbildung;
Zwischenkalkulation – erfolgt während der Leistungserstellung bei größeren Projekten zur Überwachung des Kostenrahmens;
Nachkalkulation - erfolgt nach der Leistungserstellung zur Feststellung der tatsächlich entstandenen Kosten, zur Analyse von Abweichungen.

Kalkulationsverfahren
Zuschlagskalkulation – Maschinenstundensatzkalkulation – Divisionskalkulation – Äquivalenzziffernkalkulation.

Zuschlagskalkulation

Die Kostenträgergemeinkosten werden indirekt über prozentuale Zuschlagssätze den Kostenträgern zugerechnet. - Unterschied zu Divisions- und Äquivalenzziffernkalkulation: Differenzierung zwischen Kostenträgereinzelkosten und Kostenträgergemeinkosten; setzt Differenzierung in der Kostenartenrechnung voraus. Die Kostenträgereinzelkosten dienen zugleich als Zuschlagsbasis für die Kostenträgergemeinkosten.

Zuschlagskalkulation: summarisch
Verzicht auf Kostenstellenrechnung; die Kostenträgergemeinkosten werden lediglich insgesamt für das ganze Unternehmen (kleinere Betriebe mit geringen Gemeinkosten) erfasst. Das Verfahren unterstellt für sämtliche Kostenträger und Unternehmensbereiche dieselbe proportionale Beziehung zwischen Kostenträgereinzel- und Kostenträgergemeinkosten. Kostenträgergemeinkosten werden in einer Summe auf eine bestimmte Zuschlagsbasis bezogen (i. d. R. Summe der Kostenträgereinzelkosten) und mit einem einheitlichen Zuschlagssatz verrechnet.

Zuschlagskalkulation: differenziert

2008 Früh Aufg.6 | **2009 Früh Aufg.6b |** *2010 Früh Aufg.8 | 2011 Herbst Aufg.8 | 2013 Früh Aufg.9 | 2014 Früh Aufg.6 | 2015 Herbst Aufg.5 | 2016 Früh Aufg.7 | 2016 Herbst Aufg.6 | 2017 Früh Aufg.7 | 2017 Herbst Aufg.6 | 2019 Früh Aufg.6 |2019 Herbst Aufg.5 | 2020 Früh Aufg.5 | 2021 Früh Aufg.6 | 2021 Herbst Aufg.6*

Kostenträgergemeinkosten werden m| 2023 Herbst Aufg.6it verschiedenen Zuschlagssätzen getrennt nach den Kostenbereichen Material, Fertigung, Verwaltung und Vertrieb (diese beiden werden in Klausuraufgaben oft zusammengefasst) verrechnet.

Schema *(s. auch Beispiel oben unter „Zuschlagsätze")*

<table>
<tr><td>Fertigungsmaterial (FM; Einzelkosten)</td><td rowspan="2">Material-kosten</td><td rowspan="5">Herstell-Kosten (HK)</td><td rowspan="8">Selbst-Kosten</td></tr>
<tr><td>Material-Gk (MGK; in % zu FM)</td></tr>
<tr><td>Fertigungslöhne (FL; Einzelkosten)</td><td rowspan="3">Fertigungs-kosten</td></tr>
<tr><td>Fertigungs-Gk (FGK; In % zu FL</td></tr>
<tr><td>Sonder-Ek Fertigung</td></tr>
<tr><td colspan="2">Verwaltungs-Gk (in % auf HK)</td><td rowspan="3">Verw.- und Vertriebs-K.</td></tr>
<tr><td colspan="2">Vertriebs-Gk (in % auf HK)</td></tr>
<tr><td colspan="2">Sonder-Ek des Vertriebs</td></tr>
</table>

Divisionskalkulation

Als **einstufige** D. vereinfachtes Verfahren: die Division aller angefallenen Kosten durch die Bezugsgröße / Ausbringungsmenge ergibt Kosten je Stück (**Stückselbstkosten**)

Auf die Anwendbarkeit wird in der Fragestellung der Klausur meist hingewiesen durch die Formulierung „In einem Einproduktunternehmen…"

Die **zweistufige** D. berücksichtigt nicht nur die produzierte Menge, sondern durch Einbeziehung der Bestandsveränderungen an fertigen Erzeugnissen auch die abgesetzte Menge. Die Herstellkosten werden durch die produzierte, die Verwaltungs- und Vertriebskostgen durch die abgesetzte Menge dividiert; die Summe ergibt wieder die **Stückselbstkosten.**

Die **mehrstufige** D. unterscheidet zusätzlich zwischen Herstellkosten und Produktionsmengen verschiedener Fertigungsstufen.

Äquivalenzziffernkalkulation

2012 Früh Aufg.7 | 2014 Herbst Aufg.5 | 2015 Früh Aufg.7
Verfeinerung der mehrstufigen Divisionskalkulation in Betrieben mit mehreren ähnlichen Produkten, aber unterschiedlichen Kosten. Die wichtigste Sorte wird als Bezugsgröße =1 gesetzt, den anderen Sorten im Verhältnis des Aufwandes abweichende Ziffern zugewiesen (z.B. bei 25% höheren Kosten die Äquivalenzziffer 1,25). Die jeweiligen Produktionsmengen werden mit diesen Äquivalenzziffern multipliziert zur Ermittlung einer „Einheitsmenge" mit rechnerisch gleichen Stückkosten einer „Einheitssorte". Diese Stückkosten werden berechnet durch Division der Gesamtkosten durch die gesamte Einheitsmenge. Die Multiplikation der Einheits-Stückkosten mit den Äquivalenzziffern ergibt die Stückkosten je Sorte.

5.8 Maschinenstundensatzrechnung

2010 Früh Aufg.8a | 2010 Herbst Aufg.8 | 2011 Früh Aufg.8c | 2016 Früh Aufg.5 | 2016 Herbst Aufg.6 | 2017 Früh Aufg.5 | | 2020 Früh Aufg.5+6 | 2020 Herbst Aufg.6 | 2023 Früh Aufg.5
Die Zuschlagskalkulation führt bei der Errechnung der Fertigungsgemeinkosten (FGK) zu ungenauen Ergebnissen. Der im Rahmen der Kostenstellenrechnung errechnete FGK-Zuschlagssatz wird gleichermaßen für alle Kostenträger herangezogen. Das führt zu einer unzutreffenden Belastung der Produkte, wenn
- die Erzeugnisse die Anlagen nicht gleichmäßig beanspruchen;
- die eingesetzten Maschinen unterschiedlich hohe Kosten auslösen.

Deshalb wird bei der Maschinenstundensatzrechnung die Zuschlagskalkulation verfeinert, indem die FGK getrennt werden in **Maschinenkosten** und Rest-FGK. Die Maschinenkosten werden auf der Basis von **Maschinenlaufstunden** zugerechnet. Dazu werden alle der Maschine zurechenbaren Kosten für den Zeitraum eines Jahres ermittelt und addiert und diese Summe durch die gesamte Laufzeit der Maschine in diesem Zeitraum in Stunden geteilt.

5.9 Erlöse, Kosten, Beschäftigungsgrad

Kapazitätsauslastung
2008 Herbst Aufg.7a | 2009 Früh Aufg.7 | 2010 Früh Aufg.9 | 2012 Herbst Aufg.8 | 2013 Früh Aufg.8 | 2013 Herbst Aufg.7 | 2020 Früh Aufg.3
Stückkosten sind am niedrigsten bei 100% Auslastung wegen der Stückkostendegression (=Verteilung der Fix-Kosten auf größere Ausbringungsmenge). Prozentuale Auslastung der Kapazität = **Beschäftigungsgrad**. Prozentuale Auslastung der Kapazität, bei der die Kosten gedeckt sind = **kritischer Beschäftigungsgrad;** multipliziert mit dem **Verkaufspreis** = kritischer Erlös (*s.oben Break-even*).
Jahresüberschuss - Bei Berechnung aus Bilanz-Vergleich: Veränderung des Eigenkapitals plus Privatentnahmen - eventueller neuer Einlagen. –
In der GuV Saldo aller Erträge und Aufwendungen.
Benchmarking
Gewinnung von Bezugsgrößen zur Beurteilung eigener Daten und Entwicklungen; extern: Orientierung an Daten von Mitbewerbern, Marktführer, Branchenwerten; intern: Vergangenheitswerte, Potentialschätzung, Entwicklungslinie.
Achtung: Im Marketing wird in letzter Zeit Benchmarking in eingeengter Bedeutung gleich gesetzt mit der Orientierung am Branchenführer

Kennzahlen

Anlagenintensität = Anlagevermögen / Gesamtvermögen
Umlaufintensität = Umlaufvermögen / Gesamtvermögen
Eigenkapitalquote = Eigenkapital / Gesamtkapital
Fremdkapitalquote = Fremdkapital / Gesamtkapital
Verschuldungskoeffizient = Fremdkapital / Eigenkapital
Eigenkapital-Rentabilität
= Jahresergebnis / Eigenkapital
Gesamtkapital-Rentabilität
= (Jahresergebnis + Fremdkapital-Zinsen) / Gesamtkapital
Umsatz-Rentabilität
= Jahresergebnis / Umsatz
Leverage-Effekt
Rechnerische Steigerung der Eigenkapital-R. durch Erhöhung des Fremdkapital-Anteils, wenn die Gesamtkapital-Rentabilität höher ist als die Fremdkapitalzinsen.

5.10 Deckungsbeitragsrechnung

Vollkosten- / Teilkostenrechnung
Vollkostenrechnung = alle Kosten (Variable und fixe) werden auf die Kostenträger verrechnet.
Probleme der Vollkostenrechnung: die Aufschlüsselung der Gemeinkosten ist nicht immer verursachungsgerecht; keine Unterscheidung zwischen beschäftigungsbedingten und beschäftigungsneutralen Kosten; keine Berücksichtigung von Fixkostendegression und Fixkostenremanenz.
Fixkostendegression: Sinken der Fixkosten pro Stück mit steigender Ausbringungsmenge.
Fixkostenremanenz: gleichbleibende Höhe des Fixkostensockels auch bei sinkender Kapazitätsauslastung.
Teilkostenrechnung = Aufschlüsselung nur eines Teils der Kosten, setzt Aufteilung in fixe und variable Bestandteile in der Kostenartenrechnung voraus. Produktkalkulation erfolgt ohne Fixkosten; ergibt variable Selbstkosten als kurzfristige Preisuntergrenze. Das übersteigende Ergebnis trägt zur Deckung der Fixkosten bei (Deckungsbeitragsrechnung).

Proportionale Kosten = Kosten, die bei steigender Stückzahl in einem festen Verhältnis zur Stückzahl ansteigen; bedeutet gleichbleibende variable Stückkosten pro Einheit unabhängig von der Ausbringungsmenge. Wird als Normalfall bei den variablen Kosten angenommen.
Schreibweisen in Formeln:
K = Gesamtkosten; k = Stückkosten; x = Menge; p = Stückpreis; U = Umsatz
Suffix $_f$ = fixe Kosten; Suffix $_v$ = variable Kosten.
Also: Gesamtkosten = Fixkosten + variable Kosten als Formel
$K = K_f + K_v$.
Gesamte variable Kosten $K_v = k_v\ x$

Deckungsbeitragsrechnung

2008 Früh Aufg.7 | 2010 Herbst Aufg.7 | 2011 Früh Aufg.7 | 2011 Herbst Aufg.7 | 2015 Früh Aufg.6 | 2016 Früh Aufg.6 | 2017 Früh Aufg.6 | 2021 Herbst Aufg.5a | 2021 Herbst Aufg.7
Der die variablen Kosten übersteigende Teil der Erlöse zur Deckung der Fixkosten. Die darüberhinausgehenden Erlöse liefern den Gewinn.

Einstufige DBR: Umsatz – variable Kosten = Deckungsbeitrag (DB); Summe aller Deckungsbeiträge – Fixkosten = Betriebsergebnis. – Im Formelschreibweise: U = x p; DB = x p – x k_v. Deckungsbeitrag pro Stück (db) = p – k_v
(mehrstufige DBR im RSP nicht gefordert und in den bisherigen Klausuren auch nicht gefragt)

Kritische Menge

2019 Herbst Aufg.6 | 2023 Früh Aufg.7
Allgemein wird als „kritische Menge" der Wert bezeichnet, an dem zwei verschiedene Reihen mit unterschiedlichen Ausgangspunkten und Steigungen gleich groß sind, sich also in der grafischen Darstellung kreuzen. Das setzt voraus, dass die Wertereihe mit der stärkeren Steigung den niedrigeren Ausgangspunkt hat. Die Break-eben-Analyse mit den Reihen für Umsatz und Kosten ist dafür ein Beispiel. Weitere Anwendungen in Klausuren sind z.B. der Vergleich zwischen zwei Produktionsverfahren, bei denen das mit den niedrigeren Fixkosten höhere variable Kosten verursacht. Die Berechnung erfolgt am einfachsten so, dass man die Differenz zwischen den Fixkosten dividiert durch die Differenz zwischen den variablen Kosten pro Einheit. Alternative ist der Weg über eine Gleichung mit der Menge als einer Unbekannten.

Break-even-Analyse

2008 Herbst Aufg.7 | 2009 Herbst Aufg.7 | 2012 Früh Aufg.8 | 2012 Herbst Aufg.6 | 2014 Früh Aufg.7 | 2014 Herbst Aufg.6 | 2015 Herbst Aufg.6 | 2016 Früh Aufg.6 | 2016 Herbst Aufg.7 | 2017 Herbst Aufg.7 | 2018 Früh Aufg.7 | 2018 Herbst Aufg.7 | 2019 Früh Aufg.5 | 2019 Herbst Aufg.7 | | 2020 Früh Aufg.7 | 2020 Herbst Aufg.7 | 2021 Früh Aufg.7 | 2021 Herbst Aufg.5b | 2022 Früh Aufg.7 | 2022 Herbst Aufg.5 | 2023 Früh Aufg.6 | 2023 Herbst Aufg.7
– siehe auch 5.9 Kapazitätsauslastung
Ermittlung der „**Gewinnschwelle**" als der Stückzahl, ab der Gewinn erzielt wird. Das ist die Ausbringungsmenge, ab der die Summe der Stückdeckungsbeiträge die Fixkosten deckt oder anders ausgedrückt die Menge, ab der der Umsatz die Gesamtkosten übersteigt. - In Formelschreibweise, wenn $p\,x = K_f + k_v\,x$.
Die häufig gestellte einfache Frage nach der Break-even-Menge bei gegebenen Daten für Fixkosten, Stückpreis und variablen Kosten lässt sich am einfachsten berechnen durch Division der Fixkosten durch die Differenz zwischen Stückpreis

und variablen Stückkosten; anders ausgedrückt: Fixkosten geteilt durch Stückdeckungsbeitrag.

Beispiel:
Ein Unternehmen verkauft das Produkt A zum Stückpreis von 4,50 €. Die Materialkosten pro Stück betragen 1,20 €, die Lohnkosten pro Stück 0,80 €. Bei welcher Menge sind die Fixkosten von 150.000 € gedeckt? Variable Kosten pro Stück = 1,20 + 0,80 = 2 €. Preis 4,50 € => 2,50 € Deckungsbeitrag pro Stück. 150.000 / 2,50 € = 60.000. – Ist nach dem Break-even-Umsatz gefragt, muss nur diese Menge mit dem Stückpreis multipliziert werden, also 60.000 mal 4,50 = 270.000 €

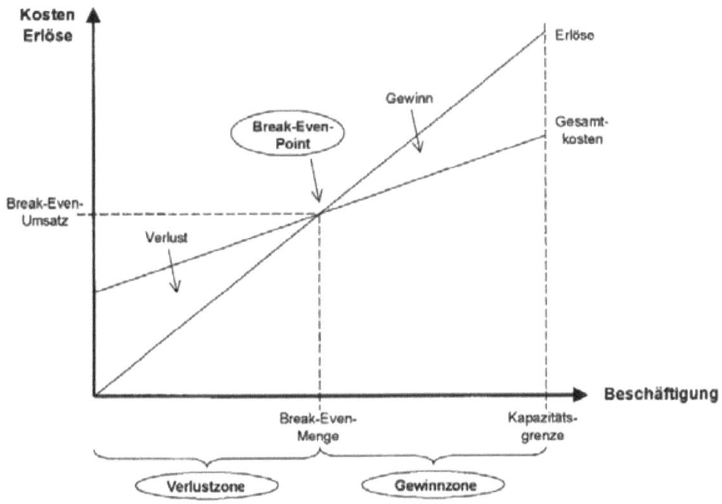

5.11 Statische Investitionsrechnung

2013 Früh Aufg.10

Investitionsgründe
Ersatz
Rationalisierung
Erweiterung
Modernisierung
s. auch Kap. 1.4

Investitionsrechnungen, statisch
Kostenvergleichsrechnung
Gewinnvergleichsrechnung
Amortisationsrechnung
Rentabilitätsvergleich

Kostenvergleichsrechnung
Gegenüberstellung der Kosten verschiedener Alternativen
2013 Früh Aufg.10
Gegeben sind meist Fixkosten und variable Kosten für alt und neu, wobei für „neu" die Fixkosten höher, die variablen Kosten niedriger sind. – Berechnung: 1. Differenz der Fixkosten; 2. Differenz der variablen Kosten; 3. Division des 1. Ergebnisses durch das 2. Ergebnis = Menge, ab der das neue Verfahren kostengünstiger ist.

Gewinnvergleichsrechnung = Gegenüberstellung der Gewinnerwartungen verschiedener Alternativen
- innerhalb eines definierten Zeitabschnitts, oder
- umgerechnet auf Stückkosten.

Amortisationsrechnung = Vergleich der für die Erwirtschaftung des investierten Kapitals erforderlichen Zeitdauer.

Rentabilitätsvergleich = Vergleich der Verzinsung des investierten Kapitals anhand des Verhältnisses von erwartetem Gewinn zu Kapitaleinsatz. Gegenüberstellung der (jährlichen) Kosten als Summe aus Betriebskosten + Abschreibungen + kalkulatorischen Zinsen.
(*Achtung*: Zinsberechnung bezogen auf die durchschnittliche Kapitalbindung während der Laufzeit, also zu berechnen auf die Hälfte von Anschaffungskosten abzüglich Restwert!). Bei unterschiedlichen Kapazitäten der zu vergleichenden alternativen Umlage der so ermittelten jährlichen Kosten auf die herstellbare Stückzahl per anno.

Dynamische Investitionsrechnung
Vergleich der Investitionsalternativen durch Betrachtung der Zahlungsströme unter Berücksichtigung der Ein- und Auszahlungszeitpunkte. Dabei wird entweder durch Abzinsung der erwarteten Ein- und Auszahlungen der Barwert zu Beginn der betrachteten Periode ermittelt oder durch Aufzinsung der Endwert am Ende der Periode.

5.12 Budgets

Budget
Planung erwarteter Einnahmen und/oder beabsichtigter Ausgaben.

Prozess
Ableitung aus Unternehmenszielen -> Strategien -> operativer Planung -> beschlossener Maßnahmen.

Arten
Nach Zeit: strategisches / operatives Budget
Nach Funktion: Beschaffungs- / Einkaufs-, Produktions-, Absatzbudget.
Nach Faktor: Investitions-, Material-, Personalbudget.

Funktionen:
Kontrolle durch Festsetzen der Sollzahlen zum Vergleich mit Ist-Daten;
Planung durch Notwendigkeit, Erwartungen zu konkretisieren und zu quantifizieren;
Motivation durch Vorgabe von Zielen;
Orientierung durch Festsetzen von Maßstäben für die Ermittlung des Grads der Zielerreichung.

Teil C – Information, Kommunikation, Planung

Die 3.Klausur des 1.Prüfungstages.
Die Bearbeitungszeit für die Klausur beträgt 90 Minuten.
Gestellt wurden in den letzten Jahren meist sieben Fragen.
Die Punkte sollen in der Klausur etwa wie folgt auf die Kapitel verteilt werden:

Kap.	Thema	Punkte
1	Prozess- und Produktionsdaten	20
2	Planungstechniken und Analyse-methoden	20
3	Präsentationstechniken	10
4	Techn.Unterlagen, Entwürfe, Statistiken	15
5	Projektmanagementmethoden	20
6	Informations- und Kommunikationsformen und -mittel	15

Die Spitzenreiter in der Häufigkeit der Fragen sind
- ABC-Analyse;
- Präsentationsvorbereitung;
- Gantt-Diagramm, Balkenplan;
- Unterweisungen;
- Datensicherheit.

1 Prozess- und Produktionsdaten

„Erfassen, Analysieren und Aufbereiten von Prozess- und Produktionsdaten mittels EDV-Systemen und Bewerten visualisierter Daten“

1.1 Informationsverarbeitung

Datenerfassung

2011 Herbst Aufg.1 | 2013 Früh Aufg.1a | 2013 Herbst Aufg.7 | 2017 Herbst Aufg.1 | 2018 Früh Aufg.1a | 2020 Früh Aufg.1 | 2021 Früh Aufg.1b | 2021 Herbst Aufg.1a+b

Einspeicherung von Daten in ein Computersystem (Datenbank). Sie kann entweder **manuell** (Eingabe durch Menschen mit Tastatur oder Touchscreen), **halbautomatisch** (Erfassung der Daten durch Menschen mit Hilfe einer Auslesetechnik wie Scanner) oder **automatisch** (durch Sensoren, smarte Zähler, Lichtschranken, RFID-Chip) erfolgen. Bei **manueller** Erfassung ist der Gefahr von Fehleingaben zu begegnen durch Plausibilitätsprüfungen (Vorgabe möglicher Eingaben; Begrenzung des zulässigen Datenbereichs, Abgleich von Prüfsummen).

Vorbereitung:

- ✓ Zuständigkeiten regeln;
- ✓ Voraussetzungen an Hard- und Software schaffen;
- ✓ Installation der Datenerfassungsgeräte *(siehe unten);*
- ✓ Organisation Backup;
- ✓ Regelung von Zugangs- und Zugriffskontrollen.

Anforderungen an Datenerfassungsgeräte

2016 Früh Aufg.1c

- technische Zuverlässigkeit;
- Robustheit gegenüber Umweltfaktoren;
- einfache und sichere Bedienung;
- Verständlichkeit und Eindeutigkeit;
- wartungsfreundlich.

Auswahlkriterien Anbieter

2013 Früh Aufg.1a | 2015 Herbst Aufg.1a

- Referenzen;
- Preis-Leistungs-Verhältnis;
- Service-Garantien;

- Reaktionszeit;
- zertifizierte Fachkompetenz
- Qualität.

Lastenheft – *siehe Kap. 4.1*

Vernetzung
2021 Früh Aufg.1a
Datenverbindung zwischen Maschinen, deren Daten automatisch erfasst werden, mit den Herstellern. Damit werden zeitnah möglich:
- Aktualisierung und Optimierung der Software;
- Verbesserung der Maschinenkonfiguration;
- Fernwartung bei Störungen
- Unterstützung bei Wartungsarbeiten.

Verfügbarkeit der Daten - *2023 Früh Aufg.1d*

Um ein hohes Maß an Datenverfügbarkeit sicher zu stellen können folgende Maßnahmen getroffen werden:
Organisatorisch:
- ✓ Wartungsverträge: Abschluss von Serviceverträgen mit IT-Dienstleistern, um regelmäßige Überprüfung und Wartung sicherzustellen.
- ✓ Mitarbeiterschulung: Kontinuierliche Schulung des Personals in der Nutzung und Pflege der ITSysteme und Datensicherheit.
- ✓ Rechteverwaltung: Systematische Vergabe und Überprüfung der Nutzerrechte in Übereinstimmung mit den jeweiligen Arbeitsaufgaben.
- ✓ Audits und Zertifizierungen: Einführung von regelmäßigen Sicherheitsaudits und Zertifizierungen zur Überprüfung der Datenverfügbarkeit und -sicherheit.
- ✓ Notfallplan: detaillierter Plan für den Umgang mit Ausfällen und anderen Notfällen zur Stärkung der organisatorischen Resilienz.

Technische Maßnahmen

- ✓ Firewalls: Einrichtung von Firewalls zum Schutz der Netzwerkperipherie und zur Überwachung des Datenverkehrs.
- ✓ Redundanz: Aufbau von redundanten Servern und Netzwerkkomponenten, um Ausfallzeiten zu minimieren.
- ✓ Backup-Konzept: Implementierung eines mehrstufigen Backup-Verfahrens, das lokal und extern gespeichert wird.
- ✓ Antivirensoftware: Installation und regelmäßiges Update von Antivirenprogrammen zur Erkennung und Abwehr von Schadsoftware.
- ✓ Monitoring: technische Systeme, um die Systemleistung zu überwachen und automatische Benachrichtigungen bei Ausfällen zu senden.
- ✓ Automatisierte Updates: bei Software-Lösungen, die automatisch Updates und Patches anwenden, um Sicherheitslücken zu schließen.

IT-Support

2012 Herbst Aufg.7 | 2015 Herbst Aufg.1b

Abteilung oder Gruppe innerhalb der IT-Organisationseinheit zur Unterstützung aller Mitarbeiter bei Umgang und Arbeit mit Hard- und Software. Bei out-sourcing externes Systemhaus. Zu den Aufgaben gehören u.a.:

- Wartung der Hardware incl. Austausch;
- Aktualisierung und ggf. Anpassung der Software;
- Schulungen;
- First-level-support bei Fehlern und Störungen;
- Gewährleistung von Datenschutz und Datensicherheit;
- Organisation der Verwaltung von Nutzerdaten und Berechtigungen. – *siehe auch Kap.1.3 Wartungsaufgaben.*

1.2 Prozessaufbereitung

Kernprozesse
Unmittelbar mit der betrieblichen Wertschöpfung verbundene Abläufe, Tätigkeiten im Bereich der primären Funktionen.
Hilfsprozesse („unterstützende Prozesse")
Tätigkeiten im Bereich der sekundären Funktionen, die auf die Unterstützung der Kernprozesse ausgerichtet sind.

Prozessanalyse
Zerlegung eines (komplexen) Ablaufs in einzelne Elemente und Schritte, meist mit dem Ziel, Optimierungspotential zu erkennen. Dabei wird u.a. betrachtet, wie weit festgestellte Tätigkeiten für den (Kern-)Prozess erforderlich sind, und der Übergang zwischen Prozessphasen („Schnittstellen", v.a. beim Übergang des Prozesses zwischen verschiedenen Einheiten der Aufbauorganisation) untersucht.

Netzwerk

2014 Herbst Aufg.3 | 2016 Herbst Aufg.2a
Zusammenschluss der elektronischen Systeme (neben Computern auch Sensoren und Aktoren – *siehe nächste Seite*) in einem Unternehmen, aber zunehmend auch unternehmensübergreifend entlang der Lieferkette mit Lieferfanten und Kunden.

Vorteile einer Vernetzung in der Lieferkette:
- schnellerer Informationsfluss;
- Fehlerreduktion dank authentischer Daten;
- Arbeitsersparnis durch Wegfall von Konvertierungen;
- flexiblere Reaktion.

1.3 Daten eines Prozesses

Dokumentation - *S.Kap.6.1 - Informationsaufbereitung*
Schriftliche Darstellung von Ereignissen und Vorgängen; Grundlage und Voraussetzung u.a. für Fehleranalyse, Auditierung, Qualitätsmanagement.

Techniken
Aktoren wandeln empfangene Signale in eine „Handlung“ (Bewegung; Druck) um, während **Sensoren** Messgrößen wie Temperatur, Druck erfassen und in ein Signal umwandeln.

Datenbank - *2018 Früh Aufg.1b*
Speicherung der erfassten Daten; Vorteile:
- Basis für Visualisierung und Auswertung;
- Transparenz der Daten;
- Datensicherheit;
- Prozessübergreifende Zugriffe und Auswertungen

Auswertungen - *2018 Früh Aufg.1c | 2020 Früh Aufg.1b*
Visualisierung: Veranschaulichung von Prozessen durch Darstellung mit Hilfe von Grafiken, insbes. Fluss-Diagrammen. – *Siehe Kap.4.3*
Tabellen: übersichtliche kompakte Darstellung von Daten in Zellen einer Matrix aus Spalten und Zeilen. – *s. Kap.4.2*
Kennziffern: Verdichtung von Daten durch Bildung von die Grundmenge charakterisierenden Parametern wie Mittelwerten, Abweichungen. - *s. Kap.4.2*

Wartungsaufgaben: Beobachtung der Leistungsdaten; Datensicherung; Datenschutz. Aktualisierung von Betriebssystem und Anwendungsprogrammen zur Beseitigung eventueller Sicherheitslücken, Verbesserung der Leistungsfähigkeit. *– siehe auch IT-Support, Kap.1.1*

1.4 Betriebssysteme

Hardware
Physikalische Bauteile, die in der Summe eine Maschine zur elektronischen Datenverarbeitung bilden.

Software
Programme und Daten in einem System zur elektronischen Datenverarbeitung.

Betriebssystem
System von Programmen zwischen Hard- und Software, das die Hardware verwaltet und den Zugriff der Software auf diese steuert, damit die Software keine exakte Kenntnis über die verwendete Hardware braucht. Dabei kann man unterscheiden zwischen „Echtzeitbetriebssystemen", die Daten unmittelbar verarbeiten und Stapelverarbeitung.
In Netzwerken *(siehe oben Kap.1.3)* werden Betriebssysteme eingesetzt, die den gleichzeitigen Zugriff mehrerer Nutzer verwalten können („multi-user") im Unterschied zu Einzelplatz-Systemen („single-user") – nicht zu verwechseln mit „multi-tasking", was die Fähigkeit eines Betriebssystems bedeutet, gleichzeitig mehrere Programme auszuführen.

Datensicherung
2016 Früh Aufg.1b
Regelmäßige manuelle oder automatisierte Sicherung der Daten auf ein zweites physikalisches Medium als Schutz gegen Datenverlust oder -fälschung.

1.5 Software

Software

Source-Code = Programm-Quelltext; Voraussetzung für Fehlerbeseitigung und Veränderung des Programms.
Open Source = offen vorliegender verfügbarer Quelltext.
Closed source = unter Verschluss gehaltener Quelltext.
Customizing = Anpassung der Software an spezifische Anforderungen des Kunden

Informationsspeicherung: Formate

proprietäre Formate = Spezialprogramme, deren Format bzw. Code nicht offengelegt ist; zum Datenaustausch mit anderen Programmen spezielle Konvertierungssoftware erforderlich.
Standardisierte Formate = als Open Source Software auf Grundlage einer übergeordneten Normierung entwickelte Programme.

1.6 Diagramme

Siehe Kap. 4.3

2. Planungstechniken und Analysemethoden

2.1 Persönliche und sachliche Voraussetzungen

Zeitmanagement

2011 Früh Aufg.2b | 2012 Herbst Aufg.1
Als zentraler Teil des Selbstmanagement der systematische Einsatz von Methoden, Vorgehensweisen und Mitteln, um Zeitverschwendung zu vermeiden, effektive Nutzung der zur Verfügung stehenden Zeit zu erreichen und letztlich alle Aufgaben, Arbeiten und Termine im erforderlichen Umfang rechtzeitig zu erledigen. Generelle Mittel sind Prioritätensetzung, Hierarchisierung der Aufgaben, Delegation, Bildung von Arbeitsblöcken.

Eisenhower-Prinzip – *2021 Früh Aufg.2a*

Aufgaben	**dringend**	**nicht dringend**
wichtig	sofort erledigen	einplanen
unwichtig	delegieren	vermeiden

Pareto-Prinzip (auch: 80/20-Regel)
Generell die Erkenntnis, dass ca. 80% aller Ereignisse aus 20% der Ursachen entspringen. Hier: 80% der Aufgaben werden in 20% der Arbeitszeit erledigt. Folgerung: Wege suchen, die 20% der Aufgaben mit 80% des Zeitbedarfs zu reduzieren.

ABC-Analyse *(siehe auch Kap.2.2)*
Erweiterung des Pareto-Prinzips auf drei Kategorien, z.B. A-, B- und C-Kunden. Mit unterschiedlichen Relationen verbunden: 20% der Kunden bringen 80% Umsatz, 30% weitere 15% und die restlichen 50% nur noch 5%. Hier: am Ergebnis gemessen bringen 15% der Arbeit 65 % des Ergebnisses (Kat. A), 20% weitere 20% (Kat. B) und die restlichen 65% nur 15% (Kat. C).

Folgerung:
A = sehr wichtig; erledigen
B = wichtig; zur Not delegieren und kontrollieren
C = unwichtig; delegieren, reduzieren.

ALPEN-Methode
Planung der Tagesaktivitäten in den Schritten:
A ktivitäten auflisten
L änge zeitlich abschätzen
P ufferzeiten einplanen
E ntscheidungen treffen
N achkontrollieren

Tagesplanung schriftlich

Vorteile einer schriftl. Tagesplanung sind u.a.:
Nachvollziehbarkeit auch im Nachhinein;
bessere Kontrolle noch offener Punkte;
Übersichtlichkeit;
höhere Verbindlichkeit;
Dokumentation der Aktivitäten, Archivierung.

Zeitdiebe/Zeitfresser

2023 Herbst Aufg.2b
Unterbrechungen, z.B. durch ankommende Telefonate, unangemeldete Besucher, eintreffende mails. – Maßnahme: Zeitblöcke bilden.
Besprechungen in unnötiger Länge. – Maßnahme: Tagesordnung und Beschlussvorlagen vorbereiten; Zeitlimit festlegen.
Beschäftigung mit Unwichtigem. – Maßnahme: feste Prioritätensetzung nach Dringend / Wichtig; Unwichtiges sofort entfernen.
Verschieben von Aufgaben. – Abfolge planen und einhalten.
Suche nach Unterlagen. – Maßnahme: Ablage-/Wiedervorlage-System optimieren.

Delegation - *2021 Früh Aufg.2d (Siehe auch „Zusammenarbeit im Betrieb", Kap. 5.2)*
Entlastung von Führungskräften durch Übertragen von Aufgaben bis hin zu kompletten Zuständigkeitsbereichen an Mitarbeiter zur weitgehend selbständigen Erledigung; Kern der Managementprinzipien von „Management by Objectives" und anderen. Dabei bleibt die Verantwortung der Führungskraft bestehen und muss vor der Delegation wahrgenommen werden durch Prüfung, ob die erforderlichen Voraussetzungen bestehen. – Leitfragen:
- Ist der Mitarbeiter fachlich ausreichend qualifiziert?
- Ist vorab eine Schulung oder sonstige Qualifizierungsmaßnahme erforderlich?
- Hat der Mitarbeiter noch ausreichend zeitliche Reserven oder muss er von anderen Aufgaben befreit werden?
- Ist der Mitarbeiter belastbar genug, um die mit der Aufgabe verbundene Verantwortung zu übernehmen?
- Müssen andere Stellen über die Delegation informiert werden?
- Rechtfertigt die Aufgabe eine damit verbundene Leistungszulage?
- Welche Informationen braucht der Mitarbeiter im Vorhinein?
- Ist die Aufgabe bisher von jemand anderem erledigt worden, der eine Dokumentation über die Tätigkeit erstellen sollte?
- Muss der Mitarbeiter in zusätzliche Informationswege eingebunden werden?
- Hat der Mitarbeiter alle erforderlichen technischen Voraussetzungen und Hilfsmittel für die Erfüllung der Aufgabe?
- Braucht der Mitarbeiter zusätzliche formale Kompetenzen?

2.2 Problemlösung und Entscheidungsfindung

Problemanalyse

2012 Herbst Aufg.4

Vorgehen:
Problemdefinition
Feststellen der Einflussfaktoren
Aufstellung potentieller Ursachen
Bewertung; Verbindung von Ursachen und Faktoren
Auswertung. - *Siehe auch 6-Stufen-Methode, Kap.2.4*

Ursache-Wirkungs-Diagramm (nach Ishikawa)
2011 Herbst Aufg.2 | 2015 Früh Aufg.3 | 2017 Früh Aufg.2 | 2019 Herbst Aufg:2
Wegen der Darstellung der Ursachen als Nebenlinien an einem Vorgangspfeil auch „Fischgräten-Diagramm" genannt. - Mögliche zu analysierende Ursachen:
Menschen: Kompetenz, Motivation, Qualifikation
Maschinen: Fehlfunktion
Material: Qualität, Eignung
Methoden: Abläufe, Prozessgestaltung
Milieu: nicht kalkulierte Umweltbedingungen
Messung: Zuverlässigkeit der Daten
Management: Entscheidungsgrundlagen, Beeinflussung

Fehler-Möglichkeiten-Einfluss-Analyse (FMEA)
Ermittlung einer Kennziffer für die Größe eines Risikos („Risikoprioritätszahl") aus der Kombination von Eintrittswahrscheinlichkeit des Fehlers, Bedeutung des Fehlers gemessen an seiner Wirkung, Entdeckungswahrscheinlichkeit als Chance, das Auftreten zu bemerken.

Ideenfindung

2018 Früh Aufg.2a+b | 2022 Herbst Aufg.2c | 2023 Früh Aufg.2a
Vorbereitung: alle relevanten Informationen und Dokumente an die Teilnehmer versenden für eine effiziente Diskussion und gemeinsamen Wissensstand.; klare Agenda zu erstellen.

Einführung und Zielsetzung: zu Beginn eines Meetings Ziele und erwarteten Output klar kommunizieren; einen strukturierten Rahmen für die Ideenfindung schaffen (Vorstellung des Themas).
Kreativitätstechniken: kreative Ideenfindung wie Brainstorming, Mindmapping oder strukturiertere Ansätze wie SWOT-Analysen.
Diskussion und Bewertung: Diskussion der gesammelten Ideen, Bewertung und Priorisierung; evtl. mit Kriterien wie Umsetzbarkeit, Kosten und erwarteter Nutzen.
Zusammenfassung und nächste Schritte: Dokumentation der Ergebnisse; klare Verantwortlichkeiten für die nächsten Schritte.

Brainstorming - *2018 Früh Aufg.2c | 2019 Herbst Aufg:2b*
Bekannteste Technik, die schöpferische Diskussion durch Vermeiden von Denk- und Sprech-Hemmungen ermöglichen soll.
Durchführung:
- Vorbereitung (Auswahl der max. 15 Beteiligten nach erforderlichen Kenntnissen; Bestimmen des Moderators; organisatorische Voraussetzungen für ungestörten Verlauf)
- Durchführung (max. 30 Minuten freier Austausch von Ideen ohne Kritik und Killerphrasen mit konstruktivem Aufgreifen und Weiterspinnen ohne Urheberansprüche)
- Auswertung (Abklopfen der gesammelten Ideen auf verwertbare oder ggf. weiter zu prüfende).

Brainwriting - *2021 Früh Aufg.6c*
Variante des Brainstorming, bei der die (meist max. 6) Teilnehmer ihre (möglichst 3) Vorschläge in Stichworten auf ein Formular schreiben, das sie (nach ca. 5 Minuten) im Uhrzeigersinn weitergeben, so dass jeder alle Vorschläge der anderen sieht. Wegen der genannten zahlenmäßigen Vorgaben auch „6-3-5-Methode" genannt.

Mindmapping
Visualisierung von Strukturen in einem meist baumförmigen Diagramm, das durch die flexible Sammlung und Zuordnung von Stichworten und Ideen auch die Darstellung komplexer Zusammenhänge ermöglicht.

Bionik
Verbindung von **Bio**logie und Tech**nik** durch Erschließen von in der Natur im Laufe der Evolution entstandenen Strukturen für eine technische Umsetzung.

Entscheidungstechniken – Prozessphasen
Problemdefinition
Entscheidungskriterien
Lösungsvarianten
Kriteriengewichtung /Ausschluss- („Killer-)Kriterien"?
Bewertung incl. Wahrscheinlichkeiten
Entscheidung

Entscheidungsverfahren *(2011 Früh Aufg.4a)*

Gemeinsamer Nenner ist die Absicht, objektive Verfahren zur Wahl des besten Weges unter Berücksichtigung ungewisser Bedingungen in der Zukunft zu entwickeln.

Entscheidungsmatrix
Darstellung aller Kombinationen aus den verschiedenen möglichen Strategien mit den für möglich gehaltenen (eventuell zusätzlich mit Eintrittswahrscheinlichkeiten gewichteten) Zuständen der Wirklichkeit (Ereignissen), wobei jede Kombination bewertet wird. Die Entscheidung kann nach dem Vorsichtsprinzip (MiniMax) für die Strategie getroffen werden, bei der der maximal mögliche Schaden am geringsten ist. -
Vereinfachtes Anwendungsbeispiel Parken:
Mögliche Strategien: Parkzettel für 5€ kaufen ja/nein
Mögliche Ereignisse: Kontrolle ja/nein (Strafzettel 20 €)

Gebühr/Kontrolle	ja	nein	Max
Ja	-5	-5	- 5
nein	-20	0	- 20

Ergebnis: Der maximale Schaden ist mit 5 € beim Zahlen der Parkgebühr geringer. Aber bei einer Wahrscheinlichkeit der Kontrolle von weniger als 25% und entsprechender Gewichtung ist es rational, keinen Parkzettel zu kaufen.

In vereinfachter Form auch als Bewertung mehrerer Alternativen nach einer Liste von Kriterien auf einer Skala mit Entscheidung durch Summenbildung.
Vereinfachtes Anwendungsbeispiel: Wahl zwischen drei Gymnasien

Aspekt/Gym	A	B	C
Fächer	4	2	3
Ausstattung	2	5	1
Schulweg	3	1	5
Kollegium	4	3	3
Ruf	3	5	2
Betreuung	2	4	3
Summe	18	20	17

Auch hier können zusätzlich die einzelnen Aspekte noch unterschiedlich gewichtet werden.

Nutzwertanalyse
2010 Herbst Aufg.6 | 2016 Früh Aufg.2 | 2016 Herbst Aufg.4 | 2018 Herbst 2b+c | 2020 Herbst Aufg.2 | 2023 Früh Aufg.2b
Vergleich von Entscheidungsvarianten durch Vergleich der bei den verschiedenen Kriterien entstehenden Nutzenwerte, meist verbunden mit einer Gewichtung der Kriterien nach ihrer Bedeutung für die Entscheidung. Problem ist damit, die Objektivität bei der Bestimmung von Nutzenwerten und Gewichtungen zu wahren, z.B. durch Beteiligung mehrerer, auch externer Fachleute.
Vorgehensweise:
- Festlegung der Kriterien;
- Bestimmen der Gewichtungen;
- Analyse der Alternativen für jedes Kriterium;
- Multiplikation der Nutzenwerte mit der Gewichtung;
- Summenbildungen für die Alternativen

Paarweiser Vergleich bei der Gewichtung von Kriterien Bestimmung der relativen Bedeutung der einzelnen Faktoren. Schritte:

✓ Auflistung der Kriterien

✓ Paarweiser Vergleich jeden Kriteriums mit jedem anderen und Bewertung, welches im jeweiligen Paar wichtiger ist.

✓ Erstellung einer Matrix mit den Ergebnissen des paarweisen Vergleichs; Zeilen und Spalten repräsentieren jeweils die Kriterien. In den Zellen stehen die ermittelten Gewichtungen.

✓ Berechnung der Gewichtungen durch Addition der Werte in jeder Zeile und Umrechnung in % der Summe aller Zeilenwerte

Vereinfachtes Beispiel für zwei Alternativen bei einer Nutzen-Skala N von 1-5 und Gewichtungsstufen X von 1-3 :

	Variante A			**Variante B**		
Krit.	N	X	Sum	N	X	Sum
Preis	4	3	12	2	3	6
Termin	2	1	2	5	1	5
Service	2	2	4	4	2	8
Leistung	5	3	15	3	3	9
Summe	(13)		33	(14)		28

Ohne Gewichtung wäre Variante B knapp vorne, nach Gewichtung ist Variante A eindeutig vorzuziehen.

Stärken-Schwächen-Matrix

2012 Früh Aufg.2

Übersicht verschiedener Alternativen (z.B. unterschiedlicher Angebote) in einem Koordinatensystem, das aus den beiden zentralen Beurteilungskriterien (z.B. Preis – Qualität) gebildet wird.

SWOT-Analyse

Kunstwort aus **S**trengths (Stärken), **W**eaknesses (Schwächen), **O**pportunities (Chancen), **T**hreats (Risiken). Zusammenfassende Betrachtung interner Fähigkeiten (Stärken und Schwächen) und externer Einflussfaktoren (Chancen und Risiken) zur Beurteilung von Strategien vor allem bei Expansionsplänen. Die Darstellung ergibt eine Vier-Felder-Matrix der möglichen Kombinationen dieser Merkmale. Die jeweils zugehörigen Strategien werden auch nach den Anfangsbuchstaben der Kombination benannt, z.B. ST-Strategie für das Vorgehen bei dem Zusammentreffen von internen Stärken mit externen Risiken.

ABC-Analyse

2009 Herbst Aufg.3 | 2010 Früh Aufg.1 | 2012 Herbst Aufg.2 | 2013 Früh Aufg.2 | 2015 Früh Aufg.6 |2015 Herbst Aufg.2 | 2021 Herbst Aufg.2a

Sortierung des Datenbestandes (Lieferanten; Warengruppen) absteigend nach quantitativer Bedeutung (Umsatz; Volumen) zur anschließenden Bildung von Gruppen, wobei etwa die größten A 20% ca. 80% des Volumens ausmachen (Pareto-Prinzip), die nächsten B 30% ca. 15% und die restlichen C 50% die restlichen 5%.

Konsequenzen der Analyse: Konzentration bei Mengenplanung und Lieferantenauswahl auf A-Artikel; bei C-Artikel wegen der geringeren Kapitalbindung eher höhere Bestände und weniger Bestellvorgänge.

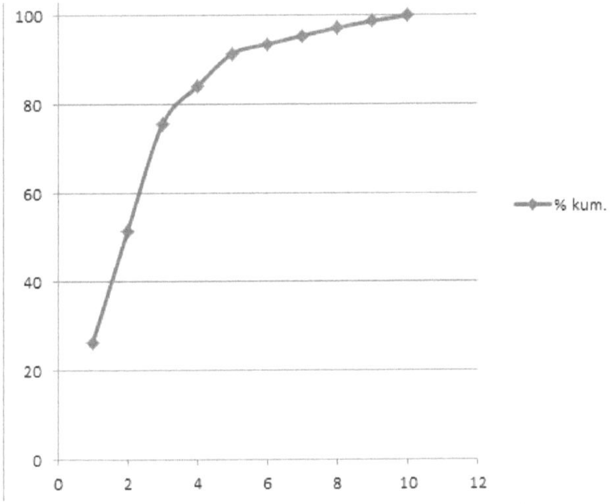

2.3 Planungsarten

Planungshorizonte und Beispiele:
strategisch = langfristige grundlegende Ziele (was soll erreicht werden?), die von der Geschäftsführung, dem top management vorgegeben werden; Zeitraum z.T. > 5 Jahre. Beispiele: Marktposition; Produktentwicklung; neue Märkte.
taktisch = mittelfristige Teilziele (in welchen Etappen soll es erreicht werden?), die vom Middle Management aus den langfristigen Zielen abgeleitet werden; Zeitraum z.T. ca. 2 – 5 Jahre. Beispiele: Marktforschung, Testmarkt; Werbeplan.
operativ = kurzfristige Maßnahmen, Prozess-Steuerung (wie soll es erreicht werden?) durch das Lower Management zur Umsetzung der Teilziele; Zeitraum von tagesaktuell bis 1 Jahr. Beispiele: Werbemaßnahmen; Druckaufträge; Schulungsmaßnahmen.

Strukturplanung
2009 Früh Aufg.6
Allgemein die Aufteilung eines Komplexes (z.B. eines umfangreichen Projekts) in aufeinander abgestimmte einzelne Elemente und Teilbereiche. – *siehe auch Kap.5.3 - Projektstrukturplanung*

2.4 Planungstechniken und Analysemethoden

Siehe auch Kap.2.2: ABC-Analyse

6-Stufen-Methode

2009 Früh Aufg.3

Modell für Abfolge von Planung und Organisation aus den Phasen:
1. Zielsetzung (z.B. Sachziel; Kostenziel; Terminziel)
2. Aufgabenabgrenzung (Umfang der Aufgabe; Mindestanforderungen; Adressaten)
3. Lösungssuche (Ermittlung aller denkbaren Problemlösungen)
4. Datensammlung (um Informationen für Bewertung der Lösungen nach Machbarkeit und Wirtschaftlichkeit zu gewinnen)
5. Lösungsauswahl (durch Ermittlung des optimalen Wegs unter Anwendung der Daten)
6. Einführung und Kontrolle (Implementierung der gewählten Lösung und Soll-Ist-Vergleich mit Zielsetzung)

Balken-Diagramm

2013 Herbst Aufg.2a – zur Darstellung siehe Kap.4.3 – GANTT-Diagramm

Netzplantechnik

2011 Früh Aufg.6 | 2014 Herbst Aufg.4a | 2017 Herbst Aufg.2 | 2020 Früh Aufg.2 | 2023 Herbst Aufg.2

Visualisierung eines kompletten Projektablaufs durch Darstellung aller Tätigkeiten in graphischem Symbol (Kreis oder Rechteck) und ihre Verbindung. Für jede Tätigkeit muss mindestens angegeben sein:
- laufende Nummer der Tätigkeit, normalerweise vergeben nach zeitlicher Folge der Starttermine, zur eindeutigen Identifikation, eventuell auch zum Auffinden in einer Legende der Erklärungen;
- frühester Starttermin, der sich aus Vorgängertätigkeiten oder auch der Verfügbarkeit von Ressourcen ergibt;
- spätester Starttermin, der sich aus Zeitbedarf für die Tätigkeit und dem Starttermin für nachfolgende Tätigkeiten ergibt;
- Zeitdauer der Tätigkeit

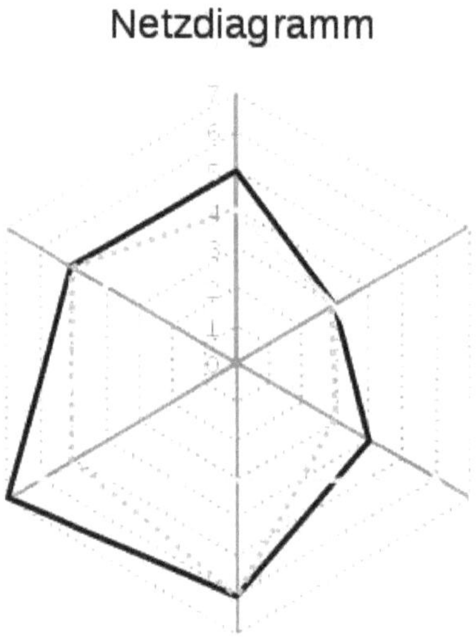

Bei gleichzeitigen Tätigkeiten ergibt sich für die von kürzerer Dauer ein Zeitpuffer. Die Abfolge der Tätigkeiten ohne Zeitpuffer ergibt den **kritischen Pfad:** jede Verschiebung verursacht auch eine Verschiebung des Endtermins.

Netzdiagramm (auch: Radardiagramm; Kiviat-Diagramm)
2017 Früh Aufg.4
Mittel zur Visualisierung, wie weit „etwas" (Produkt; Angebot; Mitarbeiter) verschiedenen Kriterien oder Anforderungen entspricht. Dazu wird in einem Kreis jedem (der normalerweise mindestens vier verschiedenen) Merkmale eine Achse zugeteilt. Die Achsen werden in gleicher Weise in Abschnitte unterteilt, die z.B. dem Grad der Erfüllung der Anforderung entsprechen können. Die Verbindung aller erreichten Werte durch eine Linie zeigt ein charakteristisches Bild, aus dem v.a. beim gleichzeitigen Eintrag mehrerer zu beurteilender Objekte die relativen Stärken und Schwächen zu ersehen sind.
Von Tubas - Eigenes Werk, Gemeinfrei, https://commons.wikimedia.org/w/index.php?curid=5950236

Wertanalyse - *2009 Herbst Aufg.2*
Untersuchung der Funktionen bzw. Bestandteile von Produkten oder Prozessen mit dem Ziel, sie nach ihrer Bedeutung für das angestrebte Ergebnis oder für die Kundenzufriedenheit einzuteilen in unverzichtbare Hauptfunktionen, weniger wichtige Nebenfunktionen und verzichtbare Funktionen. Daraus können dann z.B. Maßnahmen abgeleitet werden, durch Reduktion weniger wichtiger Funktionen Produktionskosten im Rahmen von „target costing" zu reduzieren oder den Zeitbedarf von Prozessen zu verkürzen.
Siehe zur Abgrenzung auch Kap.2.2: Nutzwertanalyse

3 Präsentationstechniken

2013 Herbst Aufg.3

3.1 Aufgaben der Präsentation

Ziele

Darstellung eines Themas in einem durch optische Hilfsmittel unterstützten kurzen Vortrag. Dabei wird der Ausdruck „Präsentation" auch verkürzt verwendet für die dabei eingesetzte Unterlage / Datei. Abgesehen von dem speziellen Zweck der „Verkaufspräsentation" dienen Präsentationen der komprimierten Weitergabe von Informationen im Rahmen von Kongressen, Konferenzen, Schulungen. – *siehe z.B. auch „Unterweisungen", Kap.6.2*

Gestaltungsmittel

- Text (lesbar, knapp, verständlich, strukturiert)
- Grafiken (zum Unterstreichen oder Hervorheben der Aussage; keine Ablenkungen)
- Diagramme (grafische Darstellung von Statistiken zur Verdeutlichung von Kernentwicklungen; Ablaufdiagramme).

3.2 Planung und Vorbereitung einer Präsentation

Technische Voraussetzungen
2019 Herbst Aufg:3
✓ Hardware (PC; Notebook; Tablet);
✓ Software (PowerPoint; Präsentationsprogramm);
✓ Beamer;
✓ Stromanschlüsse;
✓ Kabel mit geeigneten Adaptern (HDMI, VGA)
✓ Evtl. Mikrofon und Lautsprecher
✓ Evtl. Jalousien zur Abdunkelung oder Dimmer

Inhaltliche Vorbereitung der Präsentation
2011 Früh Aufg.4 | 2012 Früh Aufg.1b | 2012 Herbst Aufg.3b | 2014 Früh Aufg.1 | 2015 Früh Aufg.4 | 2016 Herbst Aufg.1
1. Sammeln und übersichtliches Auflisten aller relevanten Informationen;
2. Analyse dieser Informationen auf Struktur und gemeinsame Merkmale durch Sortieren;
3. Gliederung des Stoffs unter Straffung auf einen „roten Faden";
4. kritische Durchsicht und Überarbeitung auf Stringenz der Darlegung und Zeitbedarf, Vorbereitung von Handouts;
5. Notizen als Gedankenstützen und für den Vortrag belebende Beispiele, Bonmots etc.

Grundsätzliches **Vorgehen**
2015 Herbst Aufg.3 | 2016 Früh Aufg.3 | 2016 Herbst Aufg.1 | 2017 Früh Aufg.3
Organisation: Termin und Zeitraum; Raumreservierung; rechtzeitige vollständige Einladung; Präsentationstechnik; Unterlagen für Teilnehmer, evtl. incl. Bewertungsformulare; Bewirtung; Beteiligte incl. Begrüßung und Schlusswort.
Zielgruppenanalyse - *2020 Früh Aufg.3a*
Beschaffen und Auswerten von Informationen über Alter, Herkunft, Interessenlage, Vorbildung, Hierarchiegrad, Zeitbudget und Anzahl der Teilnehmer.

Präsentation – Struktur
Einleitung mit aufmerksamkeitsstarker These; Hauptteil mit Visualisierung der Struktur des Vortrags; sparsame (graphische) Verwendung von Zahlen; Zusammenfassung als Pointierung im Hinblick auf anschießende Fragen, Diskussion

Online-Präsentationen

2021 Herbst Aufg.3 | 2023 Früh Aufg.3
Für Präsentationen innerhalb einer Videokonferenz muss den veränderten Kommunikationsmöglichkeiten Rechnung getragen werden. Das verwendete System sollte u.a. folgende zu nutzende Möglichkeiten für Administrator, Moderator und Teilnehmer zur Verfügung stellen:
- Textfenster für Teilnehmerfragen und direkt zugeordnete Felder für die Antworten, inkl. Wahlmöglichkeit für die Sichtbarkeit individuell oder an alle;
- Teilnehmerliste mit Spalten für das Einsetzen von Piktogrammen (Handzeichen; Pausenwunsch; kurze Abwesenheit);
- Abstimmungen bzw. Umfragen mit unmittelbarer Anzeige von Beteiligung und Ergebnis.

Fehlerquellen:
- Fehlende technische Vorbereitung (kein Testlauf der Technik; unbekannte Software; schlechte Audio-/Videoqualität
- Fehlende Interaktion (kein Einbeziehen des Publikums; Ignorieren von Fragen oder Kommentaren im Chat);
- Unstrukturierte Inhalte (keine klare Agenda; sprunghafte Themenwechsel; fehlender roter Faden)
- Ablenkende Elemente (unpassende oder übermäßige Animationen; zu viel Text; Hintergrundgeräusche
- Unangemessenes Zeitmanagement (Überziehung der vorgegebenen Zeit; zu schnelle oder zu langsame Sprechgeschwindigkeit; fehlende Pausen für Fragen oder Diskussion)

3.3 Durchführung einer Präsentation

Siehe auch „Besprechungen" im Kap.6.2
2019 Früh Aufg.3

Struktur der Präsentation im Einzelnen
2014 Herbst Aufg.1a
Einleitung: max. 15% des Umfangs; kann je nach Anlass und Zielgruppe enthalten:
- Begrüßung (evtl. durch Vorgesetzten als Gastgeber);
- Selbstvorstellung (Name, Funktion, Verhältnis zum Thema)
- knappe Einstiegsthese oder Zitat oder Faktum, evtl. auch als rhetorische Frage zur Bindung der Aufmerksamkeit und Einbeziehung der Zuhörer;
- Formulierung des Themas, evtl. knappe Information über Struktur und Zeitdauer der Präsentation;
- inhaltliche Einführung, Darstellung der Ausgangslage als Hinführung zum Hauptteil.

Hauptteil: in erster Linie abhängig von der Themenstellung; z.B. Analyse des Ist-Zustands; Beschreibung eines Soll-Zustands; Gegenüberstellung von Entscheidungsalternativen: Begründung der Entscheidungskriterien, Erläuterung der Alternativen nach gleichem Schema; oder Vorstellung eines neuen Angebots: Darlegung von Grundnutzen des Angebots, Abgrenzung der Zielgruppe, Begründung von Zusatznutzen für diese Gruppe, Vergleich mit entsprechenden Eigenschaften des Angebots, Ableitung der Grundrichtungen im Marketing-Mix.
Schlussteil: Empfehlung; Zielformulierung; Leitmotto. Dank an die Teilnehmer. – Evtl. durch andere Person: Moderation einer Diskussion; Verabschiedung.

Regeln für Vortrag
2009 Früh Aufg.2 | 2012 Herbst Aufg.3a | 2021 Früh Aufg.3
Blickkontakt zum Publikum, nicht zu Folien / Leinwand;
Position seitlich von Leinwand;
Folieninhalt (Stichworte) durch Vortrag ergänzen und erläutern – nicht vorlesen;
Struktur des Vortrags („roter Faden“) deutlich machen;
Zeit einhalten.

Rhetorik - *2017 Herbst Aufg.3*
Regeln für den mündlichen Vortrag. Für eine dem Anlass und der Zielgruppe angemessene Sprechweise sind u.a. auf folgende Punkte zu achten:
Lautstärke;
Redetempo;
Modulation der Stimme nach Höhe und Lautstärke;
klare Satzstruktur;
einfach verständliche Ausdrucksweise, Wortwahl.

Austauschphasen – *2020 Früh Aufg.6*
Unterbrechung der Präsentation durch Integration von Gesprächen der Teilnehmer untereinander in Kleingruppen über die vermittelten Inhalte mit dem Ziel, gemeinsam Fragen zu entwickeln und anschließend im Plenum darüber zu Diskussion, Gedanken- und Erfahrungsaustausch zu kommen.

Unaufmerksamkeit - *2009 Früh Aufg.2 | 2012 Früh Aufg.1a*
Mögliche Ursachen u.a.:
- Desinteresse am Thema;
- Überforderung der Zuhörer;
- Rhetorische Schwächen;
- Ablenkung durch äußere Einflüsse.

Gegenmaßnahmen u.a.:
- Einbeziehen der Teilnehmer durch Fragen;
- Einbeziehen der Teilnehmer durch Gruppenarbeit;
- plötzliche Wechsel der Sprechlautstärke;
- Wechsel der Position, evtl. durch den Raum gehen.

Störungen

2009 Herbst Aufg.4 | 2013 Früh Aufg.3 | 2018 Früh Aufg.3

Mögliche Reaktionen auf Störungen:
- Unterbrechen des Vortrags, bis Ruhe eingekehrt ist;
- Aufforderung an Störenden, dem Nachbarn Gesagtes für alle zu wiederholen;
- Einlegen einer Pause von fünf Minuten zur Stillung des Kommunikationsbedarfs;
- Erläuterung an alle Teilnehmer über die Beeinträchtigung der Merkfähigkeit bei Störung durch Stimmen.

Mögliche vorbeugende Maßnahmen:
- Einleitende Erläuterung der Kommunikationsregeln;
- transparentes Zeitschema incl. Pausenzeiten;
- Einschieben von Fragerunden.

3.4 Nachbereitung einer Präsentation

Auswertung

2010 Früh Aufg.7 | 2020 Früh Aufg.3b | 2020 Herbst Aufg.3 | 2023 Herbst Aufg.3

Direkte Reaktion durch Applaus, Diskussionsbeteiligung.

Indirekte Reaktion durch spätere Nachfragen, Bestellungen, Kontakte.

Bewertungsbögen zur Beurteilung von Inhalt, Nutzen und Form der Präsentation mit Notenskala. - **Beurteilungskriterien**
- Informationsgehalt, Erkenntnisgewinn;
- Verständlichkeit und Praxisorientierung;
- Niveau der Antworten auf Teilnehmerfragen;
- Medieneinsatz;
- Rhetorik;
- Körpersprache;
- persönliche Überzeugungskraft.

4 Technische Unterlagen, Entwürfe, Statistiken...

Erstellen von technischen Unterlagen, Entwürfen, Statistiken, Tabellen und Diagrammen

4.1 Technische Unterlagen

Formen:
Anleitungen
Stücklisten
Zeichnungen
Normen
Checklisten

Anleitungen
2009 Früh Aufg.5 | 2010 Herbst Aufg.5
Handlungsbezogene Vorgaben für den Umgang mit technischen Anlagen und/oder die Vorgehensweise in bestimmten Situationen, insbesondere als:
- Bedienungsanleitung (umfassende Beschreibung für Umgang und Nutzung);
- Wartungsanleitung (Darstellung der in bestimmten zeitlichen Abständen erforderlichen Tätigkeiten und Prüfvorgänge zur Sicherstellung der Funktionsfähigkeit);
- Reparaturanleitung (systematisierte Schilderung der Reaktionsschritte bei auftretenden Fehlern oder Problemen).

Stücklisten
2009 Früh Aufg.7 | 2012 Früh Aufg.4 | 2013 Herbst Aufg.6 | 2016 Herbst Aufg.5 | 2020 Herbst Aufg.1
Meist tabellarische Übersicht aller erforderlichen Einzelteile, z.B. sämtlicher Bestandteile eines Produkts. Grundlage sowohl für Einkauf als auch für Lagerhaltung und Kostenrechnung. Dabei zu berücksichtigende Informationen sind u.a.:
- Artikel-Nummern, Material-Nummern;
- Kurzbezeichnung;

- übliche Mengeneinheiten;
- Menge (z.B. pro Stück des zu fertigenden Produkts);
- Lagerplatz.

Grafische Darstellung („Gozintograph“) durch Darstellung der Einzelteile als Kreise oder Rechtecke und der technischen Verbindung zwischen den Teilen durch Pfeile mit Mengenangaben.

Grundlagen für Ausschreibungen und Verträge:
2010 Früh Aufg.2 | 2012 Früh Aufg.3 | 2014 Herbst Aufg.3 | 2016 Herbst Aufg.2c | 2019 Früh Aufg.5
Lastenheft – erstellt der Auftraggeber
Pflichtenheft – erstellt meist der Auftragnehmer als Vertragsbestandteil.
Inhalte von Lasten-/Pflichten Heft
Anforderungen und Funktionen
- Zweckbestimmung
- Einsatzbereiche
- Qualitätsanforderungen
- Produktions-Umgebung und Schnittstellen
- Informationsfluss
- Ansprechpartner und Verantwortliche
- Termine; Meilensteine

4.2 Statistiken und Tabellen

Statistik
Bezeichnung sowohl für die meist in Form von Tabellen zusammengestellten Ergebnisse von zahlenmäßigen Erfassungen wirtschaftlicher, sozialer oder technischer Sachverhalte als auch für die mathematische Erfassung und nachfolgende Auswertung selbst. Aufgabe der Statistik ist es dabei, große Zahlenmengen durch Analyse und Darstellung von innewohnenden Gesetzmäßigkeiten und Merkmalen so aufzubereiten, dass sie als Grundlage für Einschätzungen und Entscheidungen geeignet sind.

Tabelle – *2018 Herbst Aufg.4a | 2019 Früh Aufg.4a | 2019 Herbst Aufg.4a | 2020 Früh Aufg.4 | 2021 Herbst Aufg.4*
In Zeilen und Spalten geordnete Zusammenstellung von Daten, die in den Feldern eingetragen werden, wobei jedes Feld durch die Kombination aus Zeile und Spalte eindeutig identifizierbar ist. In der oder den ersten Zeilen und Spalten („Vorzeilen" bzw. „Kopfspalten") werden die dargestellten Inhalte bezeichnet. Für die dabei zu beachtenden Regeln der Eindeutigkeit gilt die für Schreib- und Gestaltungsregeln festgelegte DIN 5008.

Statistische Merkmale zur Charakterisierung großer Datenmengen sind vor allem Mittelwerte und Streuungsmaße.
Mittelwerte:
- arithmetisches Mittel = Durchschnitt = Summe aller Werte / Anzahl der Werte;
- Median = Zentralwert = der bei Sortierung aller Werte nach Größe exakt in der Mitte liegende Wert.
- Modalwert = häufigster Wert = der am häufigsten auftretende Einzelwert.

Streuungsmaße zeigen an, wie stark die Daten um den Mittelwert streuen; dazu gehören u.a.:
- Spannweite = Bandbreite = Differenz zwischen größtem und kleinstem Wert;
- durchschnittliche Abweichung = arithmetisches Mittel aus den (absoluten = ohne Vorzeichen) Differenzen zum Mittelwert;
- Variationskoeffizient = durchschnittliche Abweichung in % des arithmetischen Mittels.

Fehlervermeidung

2023 Früh Aufg.1c

Plausibilitätskontrolle bei Dateneingabe: Verifizierung der Datengültigkeit direkt bei der Erfassung durch die Einrichtung von Filtern und Validierungsregeln.
Kontrolle auf "**Ausreißer**" in visualisierten Daten: Überprüfung visualisierter Daten auf Anomalien oder extreme Werte, die das Gesamtbild verzerren könnten.
Stichprobenprüfung der Datenerfassungsergebnisse: Auswahl und Überprüfung einer repräsentativen Stichprobe der erfassten Daten zur Qualitätssicherung.
Automatisierte **Fehlerberichte**: Einrichtung eines Systems automatischer Fehlermeldungen, die bei Inkonsistenzen oder anderen Problemen ausgelöst werden.
Vier-Augen-Prinzip für Ergebnisüberprüfung: Einsatz von mindestens zwei Personen für die Überprüfung der erfassten oder verarbeiteten Daten, um menschliche Fehler zu minimieren.
Software-Anwendungen: Verwendung von bewährten und sicherheitsgeprüften Programmen.
Versionierungssystem: Regelmäßige Sicherung der Daten, um zu früheren Zuständen zurückkehren zu können.
Personal: Regelmäßige Weiterbildung der Mitarbeiter im Umgang mit Daten und den eingesetzten Softwaretools.
Audit-Trails: Protokollierung aller Aktivitäten und Änderungen an den Daten, um im Nachhinein eventuelle Fehlerquellen identifizieren zu können

Maßzahlen - *2014 Früh Aufg.4 | | 2020 Früh Aufg.4 | 2020 Herbst Aufg.4 | 2021 Früh Aufg.4 | 2023 Früh Aufg.4*

Aus dem Vergleich von zwei Daten als Bruch gewonnene Kennziffer. Je nach Zusammenhang zwischen den dabei verwendeten Daten kann unterschieden werden in:
- Veränderungszahlen = zeitlicher Vergleich aus Zeitreihen, oft als „Indexzahlen" = Darstellung der zeitlichen Folge von Daten in Bezug auf eine gleich 100 gesetzte Basisperiode;
- Beziehungszahlen = Ausdruck für einen sachlogischen Zusammenhang zwischen zwei Zahlen aus unterschiedlichen Datenmengen (*siehe auch Kap.4.3 – Korrelationsdiagramm);*
- Gliederungszahlen = Verhältnis zwischen Teilmenge (im Zähler) zu Gesamtmenge (im Nenner), z.B. Quoten, Prozentzahlen.

4.3 Diagramme

Siehe auch Kap.2.4: Netzdiagramm

Grafische Statistik

2022 Früh Aufg.1d | 2023 Herbst Aufg.4

Darstellung statistischer Daten (z.B. aus Tabellen) in Diagrammen. Welche Darstellungsform geeignet ist, hängt von der Struktur der Daten und der Fragestellung ab.

Säulendiagramm - *2015 Herbst Aufg.4*

Darstellung des gleichen Werts in verschiedenen Bereichen oder zu verschiedenen Zeitpunkten durch senkrecht nebeneinander gestellte Balken; die Daten der Werte werden also auf der Ordinate eingetragen.

Min-Max-Diagramm - *2014 Herbst Aufg.2*

Darstellung des niedrigsten und höchsten (gemessenen oder geplanten) Werts durch eine senkrechte Linie in einem Koordinatensystem, bei der die Wertereihe auf der Ordinate eingetragen ist. Zusätzlich kann der aktuelle Wert (z.B. beim Aktienkurs) auf dieser Linie durch einen waagrechten Strich markiert werden.

Zeitreihen / Datenreihen: **Liniendiagramm**

2011 Früh Aufg.3 | 2011 Herbst Aufg.4 | 2016 Früh Aufg.4 | 2017 Herbst Aufg.4 | 2018 Herbst Aufg.4b | 2019 Früh Aufg.4a | 2019 Herbst Aufg.4b

Die darzustellenden Daten werden als Punkte in einem Koordinatensystem eingetragen und durch eine (gerade, gestrichelte oder gepunktete) Linie miteinander verbunden. Wenn eine darzustellende Dimension die zeitliche Entwicklung ist, werden die Zeitangaben auf der Abszisse (die waagerechte Linie unten) eingetragen, die Einheiten für die Daten auf der Ordinate (die senkrechte Linie). Wenn zwei Datenreihen mit unterschiedlichen Einheiten darzustellen sind (z.B. Kosten in Geldeinheiten und Mengen in Stück) kann eine zweite Ordinate am rechten Rand der Abszisse verwendet werden.

Gantt-Diagramm („Balkenplan“)

2009 Herbst Aufg.6 | 2010 Herbst Aufg.3 | 2013 Herbst Aufg.2a | 2014 Herbst Aufg.4b | 2016 Früh Aufg.5 | 2017 Früh Aufg.5

Grafische Darstellung von Zeitbedarf und Terminen für Tätigkeiten (Maschinenbelegung; Personalverfügbarkeit; Urlaubsdauer etc.) durch Balken pro Zeile / Bezugsgröße unter einer Zeitschiene. – *s. auch Kap.5.3 Projektstrukturplan*

„Kombinationsdiagramm" – *2023 Herbst Aufg.4b*
Zusammenführung von zwei Diagrammen in eine grafische Darstelliung, meist ein Jinien- und ein Balkendiagramm; nicht zu verwechseln mit einem Korreltationsdiagramm

Zwei miteinander zusammenhängende Datenreihen:
Korrelationsdiagramm („Streupunktdiagramm")
2013 Herbst Aufg.1 | 2018 Früh Aufg.4 | 2021 Herbst Aufg.1d | 2023 Früh Aufg.1
Wertepaare (z.B. Anzahl der Storchennester und Geburtenhäufigkeit für verschiedene Orte) werden in einem Koordinatensystem eingetragen, bei dem ein Merkmal auf der Abszisse und eins auf der Ordinate dargestellt wird. Wenn die dabei entstehende Punktwolke nicht zufällig verstreut ist, sondern ein Muster aufweist (z.B. je höher der eine Wert, desto höher auch der andere = Verteilung von links unten nach rechts oben ansteigend), deutet dies auf einen Zusammenhang hin. Durch diese Punktwolke wird die Gerade gelegt, zu der die Summe der quadrierten Abweichungen der einzelnen Werte am geringsten ist. Damit kann ein Zusammenhang einfach verdeutlicht und eine lineare Gleichung ermittelt werden, die für jeden Wert des einen Merkmals den zu erwartenden Wert des anderen Merkmals angibt.

Beispiel: Tempo in km/h / Benzinverbrauch

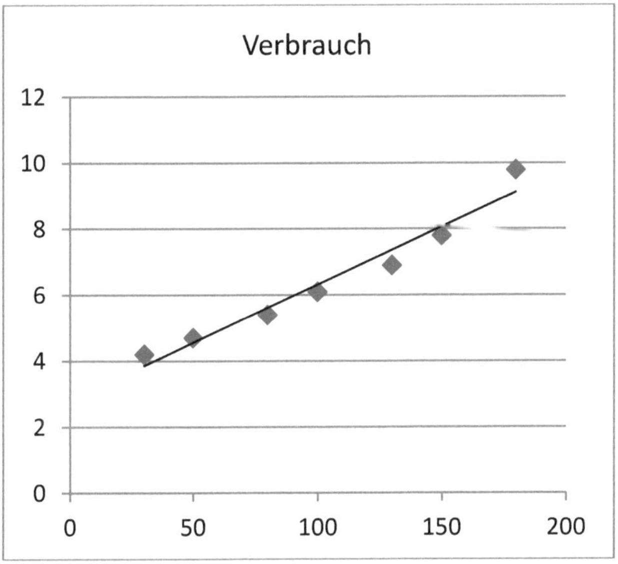

Nachteil ist neben der Begrenzung auf zwei Merkmale die verbreitete Tendenz, den Zusammenhang als Ursache – Wirkung (fehl) zu interpretieren (im Beispiel entweder Ursache: die Störche; Wirkung: sie bringen die Kinder; oder Ursache: die Kinder; Wirkung: sie ziehen die Störche an, weil die kleine Kinder fressen).

Verteilung / Prozentanteile: **Kreisdiagramm** („Torten" - Diagramm) - *2009 Herbst Aufg.5 / 2013 Früh Aufg.4*
Der gesamte Kreis steht für die Gesamtmenge (= 100%); die einzelnen Anteile werden als Kreissegmente farblich oder schraffiert unterschieden. Die Größe der Segmente ergibt sich aus ihrem Prozentanteil an der Gesamtmenge, bezogen auf den Radius von 360 Grad. Es kann auch ein einzelnes Segment quasi „ausgeschnitten" hervorgehoben werden.

Flussdiagramm
2019 Früh Aufg.2
Darstellung der logischen Folge eines Ablaufs („work-flow"), incl. Verzweigungen in Abhängigkeit von Antwort auf Ja/Nein-Fragen, z.B. Gesprächsführung bei einem Interview.

5. Projektmanagementmethoden

5.1 Einsatzgebiete des Projektmanagements

Definition (Bestandteile)
2018 Herbst Aufg.5a | 2019 Herbst Aufg,5a | 2023 Herbst Aufg.5a
-inhaltlich abgegrenzter Problemkreis
- feste gegebene Zielsetzung
- zeitlich begrenzte Aufgabe
- begrenzte Ressourcen
- spezielle, häufig (aber nicht unbedingt zwingend) matrixartige Organisation; weitgehend hierarchiefreie Teamstruktur.

Vorteile von Projektarbeit:
Bündelung von Kompetenzen, Spezialwissen verschiedener Bereiche;
Ansporn zu Kreativität und neuen Ansätzen;
Förderung von Kooperationsfähigkeit über das Projekt hinaus;
persönliche und fachliche Weiterentwicklung der Beteiligten;
Entwicklung von Methodenkompetenz;
Belebung der Motivation von Mitarbeitern.

Ziel-Dreieck des Projektmanagements („magisches Dreieck")
2011 Herbst Aufg.5a | 2013 Herbst Aufg.4b | 2014 Herbst Aufg.5a+b
- **Sachziel** (was soll erreicht werden)
- **Terminziel** (wann soll es erreicht werden)
- **Kostenziel** (mit welchen Ressourcen soll es erreicht werden).

Zielkonflikte durch gegenseitige Abhängigkeit, z.B. Einhalten eines gefährdeten Terminziels durch Abstriche am Sachziel und/oder Einsatz zusätzlicher Ressourcen (= Verletzung des Kostenziels)

Projektauftrag

2013 Früh Aufg.6

(s. auch Abschlusspräsentation, Kap.5.5)

Schriftliche Festlegung von Ziel und Rahmen eines Projekts; enthält mindestens:

- Anordnende Instanz
- Kunde / Auftraggeber
- Ziele
- Projektrahmen
- Limitierungen
- Kosten /Budgets
- Ressourcen
- Phasen und Zeitpläne
- Berichtswesen (Adressaten; Form; Häufigkeit)
- Strategie
- Risiken
- getroffene Annahmen
- Aufgaben
- Zuständigkeiten

5.2 Beteiligte und ihre Rollen

Projektorganisation: Beteiligte

Auftraggeber / Lenkungsausschuss: startet Projekt; entscheidet über Ressourcen; ist Adressat von Berichten
Projektleiter: verantwortlich gegenüber Auftraggeber; setzt die Ressourcen ein; organisiert, koordiniert, kontrolliert
Projektteam: ausführendes Organ; meist formelle Gruppe; evtl. wechselnde Zusammensetzungen
Steuerungsgruppe = Projektleiter plus Mitglieder des Lenkungsausschusses; Koordination zwischen Teilprojekten; Abstimmung über erforderliche Anpassungsmaßnahmen.
Externe – *s.u. out-sourcing*

RACI-Matrix

2023 Herbst Aufg.5c
Instrument im Projektmanagement zur Definition von Verantwortlichkeiten und Rollen. RACI steht als Akronym für die vier Hauptrollen:
R (Responsible): führt die Arbeit aus und sorgt dafür, dass die Aufgabe erledigt wird.
A (Accountable): ist verantwortlich für die ordnungsgemäße und vollständige Fertigstellung der Aufgabe (nur eine "A" Rolle pro Aufgabe oder Entscheidung. **C (Consulted):** muss vor einer Entscheidung oder Aktion konsultiert werden, weil deren Input benötigt wird.
I (Informed): diejenigen, die über den Fortschritt und die Ergebnisse informiert werden müssen.

Die Matrix selbst kann als Tabelle dargestellt werden, in der die Rollen bzw. Aufgaben entlang je einer Achse angeordnet sind. Durch die Zuordnung der Rollen zu den jeweiligen Aufgaben wird ersichtlich, wer für was verantwortlich ist.

Aufgaben / Rollen	Projektmanager (A)	Entwickler (R)	Tester (R)	Kunde (C)	Support-Team (I/R)
Anforderungen sammeln	A			C	
Technische Spezifikation erstellen	A	R		C	
Code entwickeln		R			
Code überprüfen		A	R		
Tests durchführen			R		
Ergebnisse prüfen	A		A	C	
Dokumentation erstellen	A				R
Produkt ausliefern	A				I
Kundenschulung					R

Projektleiter – Anforderungen *2018 Früh Aufg.5*
Fachkompetenz: Kenntnisse im Tätigkeitsbereich;
Methodenkompetenz: Beherrschen von Entscheidungs- und Führungsmethoden, organisatorischen Techniken;
Sozialkompetenz: kommunikative Fähigkeiten, Teamfähigkeit;
persönliche Kompetenzen: Belastbarkeit, Leistungsfähigkeit.
Emotionale Kompetenzen wie z.B. Empathie („Einfühlungsvermögen") werden oft der Sozialkompetenz zugeordnet.

Projekt: Organisationsformen - *2011 Früh Aufg.2a*
reine Projektorganisation: Freistellung der Projekt-Mitarbeiter, Weisungsbefugnis des Projektleiters für die gesamte Projektdauer; Vorteile: Volle Konzentration auf das Projekt, keine Konflikte über personelle Ressourcen mit der Linienorganisation; Nachteile: auf Dauer Isolierung des Teams und seiner Mitglieder, Probleme der Re-Integration nach Projektabschluss, Ersatz für die Projektdauer in der Linienorganisation.

Stab-Projektorganisation: rein beratende und eingeschränkt koordinierende Funktion einer Stabsstelle der Geschäftsführung als Projektmanagement, Entsenden von Mitarbeitern aus den Abteilungen in der Linienorganisation als Zusatzaufgabe; Vorteile: keine organisatorischen Einschnitte, Linienfunktionen bleiben weit gehend unbeeinträchtigt; Nachteile: geringe Eingriffsmöglichkeiten des Projektleiters, Gefahr der Zurückstellung von Projektarbeiten hinter Routineaufgaben.
Matrix-Projekt-Organisation: fachlich uneingeschränkte Verantwortung der Projektleitung, disziplinarische Befugnis jedoch weiter in der Linie, eventuell teilweise Freistellung der Mitarbeiter des Teams von Aufgaben in der Linie; Vorteile: Integration von Spezialisten in Projektteam ohne Verlust des Kontakts in die Linie; Nachteile: Konfliktpotenzial zwischen Projektleitung und Linieninstanzen.

Entscheidungskriterien für Wahl der Organisationsform:
– Größe des Projekts;
– Projektdauer;
– Komplexität des Projekts;
– Struktur des Projektteams;
– Bedeutung des Projekts für das Unternehmen;
– evtl. vorhandener Zeitdruck für das Erreichen von Zielen.

Out-sourcing
2015 Herbst Aufg.5
Vergabe von Teilaufgaben als Werkvertrag an Dritte außerhalb des Unternehmens. Gründe / Vorteile können sein eine zeitliche Überlastung der Projektgruppe oder fehlende Fachkenntnisse. Nachteile sind der zusätzliche Koordinationsaufwand, das Risiko von Kommunikationsproblemen, Abhängigkeit und die mit der Herausgabe von know-how über die mitzuteilenden Spezifikationen der Aufgabe verbundenen Risiken.

5.3 Methoden der Projektplanung

2019 Herbst Aufg,5b | 2021 Herbst Aufg.5a

Projektauftrag (Inhalte) - *2018 Herbst Aufg.5b*
- Anordnende Instanz
- Kunde / Auftraggeber
- Ziele
- Projektrahmen
- Limitierungen
- Kosten /Budgets
- Ressourcen
- Phasen und Zeitpläne
- Strategie
- Risiken
- getroffene Annahmen
- Aufgaben
- Zuständigkeiten

Projektziele – Anforderungen:
Messbare Ziele: Quantifizierung des Erfolgskriteriums
Erreichbare Ziele: Machbarkeitsstudien
Widerspruchsfreie Ziele: Interessenkonflikte / Prioritäten
Siehe auch „Ziel-Dreieck", Kap.5.1

Projektrahmen = wen betreffen die Veränderungen?
Abteilungen/Personen/Gebiete/Verfahren/Produkte/Kunden.

Strukturfragen:
2009 Früh Aufg.6
Ganz oder teilweise Freistellung der Team-Mitglieder von Aufgaben in der „Linie"? *(siehe unten „Organisationsformen")*
Dauer der Arbeit am Projekt bzw. einzelnen Projektphasen?
Einsatz externer Personalressourcen?

Ressourcenplanung

2013 Früh Aufg.5 | 2015 Früh Aufg.2 | 2023 Herbst Aufg.5d

Personal

- benötigte Qualifikationen;
- erforderliche Anzahl der Team-Mitglieder;
- Zeitbedarf der einzelnen Projektphasen.

Materielle und informelle Ressourcen

- Gesamt-und Teilbudgets;
- Einsatzmittel;
- erforderliche Fremdleistungen;
- Informationsbedarf und Informationsfluss;
- eventuell vorhandener Raum-/Platzbedarf.

Häufige Fehler:

- optimistische (=zu niedrige) Schätzung;
- Ungenauigkeiten durch Tendenz zu „runden" Zahlen;
- keine Berücksichtigung von Störungen, Problemen;
- unzureichende oder fehlende Planung von Ausfallzeiten.

Siehe auch Kap.5.2 out-sourcing

Projektstrukturplan

2010 Früh Aufg.4 | 2012 Früh Aufg.5 | 2022 Früh Aufg.5b | 2023 Herbst Aufg.5b

Tabellarische und/oder grafische Darstellung des Ablaufs eines Projekts als Folge von Phasen und darunter einzelnen Schritten, wobei v.a. die wechselseitigen Abhängigkeiten der Schritte voneinander als „Vorgänger" (muss vorher erledigt sein) oder „Nachfolger" (kann erst nach diesem Schritt beginnen) analysiert und deutlich werden sollen.

Strukturplan Informationssystem - *2023 Früh Aufg.5c | 2023 Herbst Aufg.5b*

Schaffung eines zentralen Informationssystem, als Teil der Projektmanagement-Software:

1. Einrichtung einer Plattform, auf der alle relevanten Dokumente, Zeitpläne und Aktualisierungen gespeichert und von allen Beteiligten eingesehen werden können; automatisierte Benachrichtigungen bei Änderungen oder Updates.
2. Regelmäßige Statusmeetings, in denen der aktuelle Stand des Projekts besprochen wird; Möglichkeit Unklarheiten direkt zu klären.

3. Protokollierung und Dokumentation; schriftliche Fixierung aller Beschlüsse, Änderungen und relevanten Diskussionen; für alle Teammitglieder zugänglich.
4. E-Mail-Verteiler oder Kommunikationskanal für schnelle und kurzfristige Updates.

Projektphasen
2017 Herbst Aufg.5
Initiierungsphase: grundsätzlicher Beschluss, eine Aufgabe als Projekt zu behandeln;
Analysephase: Untersuchung der externen und internen Voraussetzungen und Rahmenbedingungen;
Designphase: Definition des Projektauftrags; Festlegung von Strategie und Grundsätzen der Teamstruktur;
Entwicklungsphase: Installation des Projektteams; Festlegung von Budgets, Meilensteinen und Berichtswesen;
Umsetzungsphase: Durchführung des Projekts, ggf. Soll-Ist-Vergleiche und Korrekturen beim Erreichen von Meilensteinen;
Abschlussphase, Auswertung der Erfahrungen: Abschlussbericht; Dokumentation des Ablaufs, insbesondere der Meilensteine; Soll-/Ist-Vergleich Zielvorgabe / Zielerreichung; Soll-/Ist-Vergleich geplante / verbrauchte Ressourcen incl. Einhalten bzw. Überschreiten der Zeitplanung; Merksätze der zentralen Fehler bzw. Erfahrungen für künftige Projekte; evtl. Vermerke hinsichtlich Personalentwicklung.

Ablaufplan
2011 Früh Aufg.2c| 2012 Früh Aufg.5 | 2012 Herbst Aufg.5
Übersicht der Aufgaben und Termine mit Zeitbedarf, Angabe der Pufferzeiten und Verantwortlichkeiten. – *siehe auch „GANTT-Diagramm", Kap.4.3*

5.4 Projektsteuerung

Phasen des Projektmanagements - *2016 Herbst Aufg.6b*
1. Konzept und Definition des Projekts;
2. Projektplanung: Struktur und Ablauf, Termine, Ressourcen und Kosten, Festlegung von Zwischenzielen („**Meilen-Steine**n“).
3. Plandurchführung (Umsetzung, Realisierung): schrittweise Verwirklichung des Plans bei ständiger Kontrolle des Fortschritts durch Soll-/Ist-Vergleiche.
4. Abschluss: Kontrolle der Zielerreichung, Sicherung der Erfahrungen, Erstellen eines Abschlussberichts *(siehe unten)*.

Aufgaben des Projektmanagements
Anforderungs-, Termin-, Risiko-, Informations-, Kostenmanagement; Projektsteuerung, Projektabschluss und Projektkontrolle.

Projektsteuerung
2013 Herbst Aufg.4a | 2014 Früh Aufg.5 | 2014 Herbst Aufg.5c | 2018 Herbst Aufg.5c
Zuweisung von Arbeitspaketen;
Soll-Ist-Vergleiche von Sachstand, Zeitplan, Kosten;
Motivation des Teams;
Kommunikation an Projektteam und Auftraggeber;
Korrektur der Detailpläne zur Gegensteuerung bei Abweichungen.

Terminkontrolle - *2020 Früh Aufg.5*
Analyse von Abweichungen im Zeitplan. Mögliche Ursachen:
- Fehleinschätzung des Zeitbedarfs bei der Planung;
- Ausfall von Mitarbeitern;
- Terminüberschreitung externer Dienstleistungen;
- Ausfall / Störungen bei technischen Ressourcen;
- Fehler in der Strukturplanung.

Maßnahmen u.a.:
- Verlagerung von Arbeitspaketen oder Arbeitszeiten innerhalb des Projekts;
- Hilfestellung aus der Linie;
- Zukauf externer Ressourcen;
- Mehrarbeit innerhalb des Projektteams.

Risikoanalyse
2016 Herbst Aufg.6a | 2021 Herbst Aufg.5b
Zu prüfende Risikofelder u.a.:

- Umweltfaktoren
- Rechtliche Voraussetzungen
- Finanzbedarf
- Zeitbedarf
- personelle Ressourcen
- technische Entwicklungen
- wirtschaftliche Rahmenbedingungen

5.5 Projektabschluss

2011 Herbst Aufg.5b

Projektdokumentation
2013 Früh Aufg.6
Zusammenfassung, Systematisierung und Auswertung der bereits während des Projektablaufs sicher gestellten lückenlosen Dokumentierung aller projektrelevanten Vorgänge. Dazu gehören insbesondere der (schriftliche) Projektauftrag *(s. Kap.5.1)*, alle Protokolle der Teambesprechungen, technische Zeichnungen und Pläne, Korrespondenzen mit Projekt-Auftraggeber / Kunden, evtl. Abnahmeprotokolle von Zwischenergebnissen.

Abschlusspräsentation des Projektleiters
2020 Herbst Aufg.5

- ✓ Darstellung der Aufgaben und Ziele des Projekts
- ✓ Gegenüberstellung der erreichten Ziele und ihres Nutzens
- ✓ Soll-Ist-Vergleich von Termin-, Anforderungs- und Ressourcen-Planung
- ✓ Übergabe der Projektdokumentation
- ✓ Themenübergreifende Erfahrungen für künftige Projekte
- ✓ Evtl. Aussagen zum Adjourning (Würdigung der Arbeit des Teams; Perspektiven der Team-Mitglieder).

6. Informations- und Kommunikationsformen

6.1 Kommunikation und Information

Kommunikationsmittel

Data Warehouse

Zusammenführung der Daten aus verschiedenen unternehmensinternen Quellen in ein möglichst einheitliches Format. Liefert die Datenbasis für übergreifende Analysen und Entscheidungsvorbereitung. Zugleich können automatische periodische Auswertungen des Datenbestandes programmiert werden (**Data-Mining**), bei denen der Datenbestand nach statistischen Verfahren auf Strukturen und Zusammenhänge analysiert wird.

Intranet

2009 Herbst Aufg.1 | 2011 Früh Aufg.4a | 2015 Früh Aufg.5 | 2015 Herbst Aufg.6b | 2018 Herbst Aufg.1 | 2019 Herbst Aufg.1

Verbindung von Rechnern in einem Unternehmen nur zur internen Nutzung.

Voraussetzungen:

Vollständige unternehmensinterne Vernetzung;
Server mit ausreichender Kapazität und geeigneter Software;
Organisation der Zuständigkeiten und Vergabe der Zugriffsberechtigungen;
Schulung der Mitarbeiter.

Vorteile:

- Verfügbarkeit großer Datenmengen an jedem Arbeitsplatz;
- rasche und für alle Nutzer gleichzeitige Aktualisierung der Daten;
- Reduzierung von Suchaufwand;
- Vermeidung von Fehlerwiederholungen;
- aktuelle Basis für Einweisungen und Schulungen.

Einsatzmöglichkeiten u.a.:

- Vorhalten von Formularen;
- Koordination von Terminen;
- Verwaltung und Bestandsanzeige von Vorräten;
- Abwicklung von Beschaffungsaufträgen;
- Statusanzeige bei Auftragsabwicklungen.

Extranet
Zugriff auf Daten im Intranet auch für externe (Kunden, Lieferanten), z.B. auf Datenblätter, Gebrauchsanweisungen, Wartungshinweise.

Protokoll (z.B. Gesprächsprotokoll)
2014 Herbst Aufg.1b
Schriftliche Dokumentation einer Sitzung mit (mindestens) Angabe von Termin, Zeit, Teilnehmern, Tagesordnung, Ergebnissen, Wiedervorlagen, Verteiler sowie dem Namen des Protokollführers.

Datenschutz

Auf die Wahrung des Rechts auf informationelle Selbstbestimmung zielendes System von Regeln für Erhebung, Speicherung und Verarbeitung personenbezogener Daten.
Rechtsgrundlage: Bundesdatenschutzgesetz.
Prinzip: Speicherung und Verarbeitung personenbezogener Daten nur mit Einwilligung des Betroffenen oder so weit durch ein Vertragsverhältnis notwendig oder wenn gesetzlich legitimiert.
Datensparsamkeit: Erhebung von Daten nur im erforderlichen Umfang, also so weit wie für die Erfüllung der Aufgabe notwendig.
Zweckbindung: Speicherung und Verarbeitung nur für die angegebenen Aufgaben.
Vorgänge Begriffe:
Speichern = Erfassen, Aufnehmen oder Aufbewahren personenbezogener Daten auf einem Datenträger zum Zweck ihrer weiteren Verarbeitung oder Nutzung.
Verändern = inhaltliches Umgestalten der Daten.
Übermitteln = Bekanntgeben gespeicherter oder durch Datenverarbeitung gewonnener Daten an einen Dritten.
Sperren = Kennzeichnen von Daten zur Einschränkung weiterer Verarbeitung oder Nutzung.
Löschen = endgültiges Unkenntlichmachen von Daten.
Anonymisieren = Veränderung der Daten in der Weise, dass die Informationen keiner Person mehr zugeordnet werden können.
Pseudonymisieren = Ersetzen von Namen durch andere, um die Identifikation auszuschließen.

Daten von Mitarbeitern

2019 Früh Aufg.1 | 2023 Herbst Aufg.1
Erfasst werden u.a.

- Adress- und Kontaktdaten;
- Zeiterfassungsdaten;
- Lohn- und Gehaltsdaten;
- steuerliche Daten;
- Bankverbindungen;
- Leistungsbewertungen

Zu den Rechten des Betriebsrats in diesem Zusammenhang -> Rechtsbewusstes Handeln, Kap. 2.1

Zeiterfassung – *2023 Herbst Aufg.1*

Einführung eines Systems zur Zeiterfassung:
1. Innerbetriebliche Klärung gemäß BetrVG;
2. Gliederung in Kostenstellen und/oder Kostenträger;
3. Festlegung der zu erfassenden Ablaufarten;
4. Bestimmung des Zeiterfassungssystems.

Arbeitszeiterfassung

Auswertungen für **Lohn- und Gehaltsabrechnungen**, z.B. zur Ermittlung und evtl. Berechnung von Überstunden, Fehlzeiten, Urlaubstagen, Pausen. – Für die exakte Zuordnung der Daten zu Mitasrbeitern kommen in Frage:

- PIN-Code / Passwörter zur Eingabe duch die Mitasrbeiter;
- RFID zur kontaktlosen Erfassung beim Vorbeigehen an einem entsprechenden Lesegerät;
- Biometrie (Fingerabdruck; Gesichtserkennung; Iris-Scan) als sicherste Methode.

Auswertungen für **Produktionsplanung** und / oder **Kostenkalkulation** erfordern weitergehende Strukturierungen. Für die Istzeit-Erfassung:

- ✓ Analyse und Festlegung der zu erfassenden Arbeitsschritte;
- ✓ Festsetzung der beabsichtigten Auswertungsmöglichkeiten (z.B. auftrags-, kostenstellen-, ablauf-, personen-bezogen);
- ✓ Aufstellung der neben der Istzeit zu erfassenden Daten.

Solche **Daten** können je nach Auswertungszweck sein:

- Auftragsnummer;
- Kostenstelle;
- Kostenträger;
- Personalnummer.

Zeitbegriffe für eine differenzierte Analyse:
Rüstzeit = Vor- und Nachbereiten einer Arbeit, umfasst normalerweise alle vorbereitenden Tätigkeiten bis einschließlich Einstellen der Maschine sowie nach der Grundzeit das Herunterfahren bzw. Bereinigen der Maschine.
Grundzeit = Arbeitsablauf selbst ohne Unterbrechungen.
In %-Zuschlägen auf die Grundzeit:
Verteilzeit = unvorhergesehene Ereignisse; Unterbrechungen
Erholungszeit = Erholvorgänge
Leistungsgrad = In % ausgedrückte Beurteilung der Intensität der beobachteten Leistung, wobei 100% „Normalleistung" ist.
Ausführungszeit = der gesamte nach der Rüstzeit anfallende Zeitaufwand, Produkt aus Menge und Zeit/Stück.
Auftragszeit = Rüstzeit + Ausführungszeit

Methods-Time Measurement (MTM) i
Standardisiertes Verfahren zur Messung der Zeit, die für manuelle Arbeitsprozesse benötigt wird; dient der Ermittlung von Zeitstandards für verschiedene Arbeiten. In der Praxis zerlegt MTM eine Arbeitsaufgabe in ihre grundlegenden Bewegungen und Elemente, wie "greifen", "legen" oder "drehen", und ordnet diesen festgelegte Zeitwerte zu. Diese Zeitwerte basieren auf empirischen Studien und können in einer Datenbank nachgeschlagen werden.

Datensicherheit

2010 Früh Aufg.3 | 2010 Herbst Aufg.2 | 2011 Früh Aufg.4b+c | 2014 Früh Auf.2 | 2016 Früh Aufg.1a | 2023 Herbst Aufg.1 c+d
Gesamtheit der technischen und organisatorischen Maßnahmen zur Verhinderung von Verlust oder Manipulation von oder unbefugtem Zugang zu Daten.
Risiken
- Menschen (Fahrlässigkeit; Kriminalität);
- Technik (Ausfall; Fehlfunktion);
- Umwelteinflüsse (Naturkatastrophen).

Maßnahmen zur Datensicherheit

2016 Herbst Aufg.2b | 2017 Früh Aufg.1b+c | 2017 Herbst Aufg.1b+c

- Regelmäßige Sicherung in kurzen Intervallen (Backup);
- Sicherung der Stromversorgung;
- sorgfältige Auswahl der IT Mitarbeiter;
- Verpflichtung der Mitarbeiter auf Sicherheitsrichtlinien;
- Schulungen der Mitarbeiter zu Sicherheitsfragen;
- Organisation der Zugriffsberechtigungen;
- Schutz vor Datendiebstahl, Missbrauch, Sabotage;
- Schutz vor „höherer Gewalt" (z.B. Naturereignissen);
- Backup-Verfahren.

Kontrollen

- Regelung der Zugangsberechtigungen (Benutzernamen, Passwort, Rechte);
- Sicherung des Zutritts zu IT-Räumen;
- differenzierte Vergabe der Zugriffsrechte, Beschränkung nach betrieblicher Notwendigkeit.

Informationsaufbereitung und -weitergabe

2010 Früh Aufg.5 | 2018 Herbst Aufg.6b | 2019 Früh Aufg.6

Aufgabe der Erfassung und Dokumentation neu entstehender Informationen aus Besprechungen, internen oder externen Gesprächen und Kontakten oder aus Vorgängen. Mittel sind u.a. Protokolle, Berichte, Aktennotizen.

Grundsätzliche Anforderungen

2014 Früh Aufg.6b | 2017 Früh Aufg.1a | 2017 Herbst Aufg.1c

Authentizität (= sachliche Richtigkeit);
Vollständigkeit;
Verfügbarkeit;
Übersichtlichkeit;
Verständlichkeit.

Bei Anleitungen / Anweisungen und anderen Dokumenten, die nicht nur Informationen zu einem einmaligen vergangenen Ereignis enthalten kommt dazu die **Aktualität** als Ergebnis regelmäßiger Überprüfung der Daten auf Authentizität und Vollständigkeit.

Protokollierung (z.B. Abnahmeprotokoll)
2011 Herbst Aufg.6 | 2016 Früh Aufg.6
Schriftliche Fixierung eines Vorgangs, oft anhand einer Prüfliste, wobei schrittweise vorgegebene Daten und Zustände festgestellt und festgehalten werden; enthält mindestens Anlass bzw. Thema der Protokollierung, Datum incl. Uhrzeit von Start und Ende, Protokollant und Anwesende, bei Nichteinhalten oder Abweichung von Vorgaben deutliche Hinweise

Bericht - *2017 Herbst Aufg.6*
An eine andere (meist: vorgesetzte) Stelle gerichtete schriftliche Darstellung oder Zusammenfassung eines Vorgangs oder eingetretenen Ereignisses oder Ergebnisses einer abgeschlossenen Tätigkeit. Mindestanforderung an den Inhalt (bei unvermeidlichen anlassbezogenen Unterschieden) sind Zeitpunkt und Zeitraum, wirtschaftliche Folgen, evtl. Soll-Ist-Vergleich, offene Punkte oder evtl. bestehende Risiken, notwendige Entscheidungen oder Wiedervorlagen.
Aktennotiz: an keinen einzelnen Adressaten gerichtete Dokumentation zur Archivierung in den zu diesem Vorgang oder Kunden oder Mitarbeiter existierenden Unterlagen.

Im **technischen** Bereich von Bedeutung - *2014 Früh Aufg.6a*
Betriebsanleitung (Bedienungsanleitung): Gebrauchsanweisung zum bestimmungsgemäßen Einsatz, v.a. von Geräten; bei Maschinen eher als Handbuch.

Betriebsanweisung: Dokumentation über mögliche Gefahren, insbes. im Umgang mit Gefahrstoffen, sowie ggf. zu ergreifende Schutzmaßnahmen.

Wartungsplan: Auflistung nach Prüfpunkten und Intervallen zu ergreifender Servicemaßnahmen zur Sicherung von Funktionsfähigkeit und Betriebssicherheit.

6.2 Betriebliche Kommunikation

2010 Herbst Aufg.4 | 2019 Früh Aufg.6 | 2019 Herbst Aufg.6

Zielsetzung

2012 Herbst Aufg.6a | 2018 Früh Aufg.6a

Sicherstellung eines Informationsflusses ohne zeitliche Verzögerungen und inhaltliche Defizite in dem Umfang, dass alle Mitarbeiter jederzeit über alle für ihre Arbeit erforderlichen Daten verfügen. Darüber hinaus soll durch Vermeiden von Unsicherheit eine Atmosphäre des Vertrauens geschaffen werden, in der alle Mitarbeiter sich ausreichend informiert und umgekehrt auch ernst genommen und gehört fühlen, somit eine höhere Identifikation mit dem Unternehmen und der Arbeit und dadurch stärkere Motivation gefördert wird.

Kommunikationsrichtungen - *2018 Herbst Aufg.6a*
Top down („Abwärtskommunikation“) durch Anweisungen und Unterweisungen; bottom up („Aufwärtskommunikation“) durch Berichte, Protokolle, Meldungen

Kommunikationsmittel - *2018 Früh Aufg.6b*
Betriebszeitung; Hausmitteilungen; Intranet
Betriebs- / Abteilungs-Versammlungen

Betriebliches Vorschlagswesen - *2015 Herbst Aufg.6a*
Gestaltung der Möglichkeiten und Anreize für Mitarbeiter, Ideen und Anregungen insbesondere für Optimierungen und Kostenersparnis, aber auch andere für das Unternehmen und seine Mitarbeiter nützliche Hinweise einzubringen; dazu gehört auch die Organisation der Auswertung und Bearbeitung dieser Vorschläge und eine Regelung für die Beteiligung der Mitarbeiter an durch ihre Vorschläge eventuell erzielten finanziellen Vorteile

KVP (Abk. für **K**ontinuierlicher **V**erbesserungs-**P**rozess)
Weiterentwicklung bzw. Adaption von KaiZen. Ziel ist eine permanente (nicht nur schubweise) und von allen Mitarbeitern getragene Optimierung aller Prozesse durch Verbesserung der Qualität, Effizienzsteigerung des Prozesses selbst und höhere Motivation und Qualifikation der Mitarbeiter.
Ziele bzw. Methode können z.B. sein:

Qualitätskontrolle - Qualitätszirkel – Automatisierung - Produktionskontrolle – Kleingruppenarbeit - Produktivitätssteigerung - Vorschlagswesen

Qualitätszirkel
Arbeitskreise aus Mitarbeitern verschiedener Organisationseinheiten, die gemeinsam zu einem Thema, insbesondere einem Prozess, an dem alle beteiligt sind, regelmäßig auf Grundlage und durch Analyse gesammelter Erfahrungen nach Optimierungsmöglichkeiten suchen.

Kommunikationsmängel - *2015 Früh Aufg.1*
Defizite im innerbetrieblichen Informationsaustausch, die v.a. darin bestehen, dass Informationen an eine andere, auf diese Informationen für ihre betrieblichen Aufgaben angewiesene Stelle nicht oder unvollständig oder falsch oder verspätet weitergegeben werden. Mögliche Folgen: Wiederholung von Fehlern; Produktionsfehler wegen falscher Voraussetzungen; Zeitverlust durch Suche nach Informationen.
Mögliche Gegenmaßnahmen: allgemein Organisation des Informationsflusses soweit möglich nicht als „push-Prinzip“ (wer die Information hat, soll sie weitergeben) sondern nach „pull-Prinzip“ (wer die Information braucht, soll sie holen); Standardisierung und Kontrolle der Informationsübergabe durch Check-Listen und ritualisierte Formen der Übergabe; teilweise Kopplung von Prämien an Erfolg des Gesamt-Prozesses.

Gegenstromverfahren
2012 Herbst Aufg.6b
Verbindung von deduktiver („top down“) und induktiver Vorgehensweise („bottom up“). „**top down**“ = Zielvorgabe von oben zur schrittweisen Konkretisierung durch nachgeordnete Instanzen; „**bottom up**“ = Sammlung von Vorschlägen, Maßnahmen u.ä. zur schrittweisen Zusammenfassung und Verallgemeinerung durch übergeordnete Instanzen.
Probleme
top down: fehlende Detailkenntnisse; Zeitdruck
bottom up: fehlender Gesamtüberblick
Gegenstromverfahren: zeitaufwendig

Besprechungen - *2010 Früh Aufg.6 | 2011 Früh Aufg.1*

Vorbereitung

Inhaltlich: Anlass, Vorgeschichte, Fakten, Zielsetzung
Organisatorisch: geeigneter Raum, rechtzeitige Einladung, Erstellen Unterlagen, Prüfung Vortragstechnik, Organisation ungestörten Ablaufs, evtl. Verpflegung.

Ablauf

Kontaktphase: Begrüßung, Gesprächseröffnung, evtl. Einstieg mit Gemeinsamkeiten am Rande des eigentlichen Themas;
Orientierungsphase: Benennung des Themas und der generellen Zielsetzung des Gesprächs, evtl. Hinweis auf Kommunikationsregeln und Zeitplan;
Diskussionsphase: Besprechung der Informationen, Stellungnahmen und Anregungen der Teilnehmer; - Lösungsphase
Abschlussphase; Auswertung zur Erarbeitung eines einvernehmlichen Ergebnisses; Einigung über weiteres auch zeitliches Vorgehen; Zusammenfassung, Ausblick.

Feedback - *2017 Früh Aufg.6a*

Allgemein eine Rückkopplung; in der Kommunikation die Reaktion eines Empfängers. Im Zusammenhang mit Personalführung die Möglichkeit für Mitarbeiter, ihre Meinung mitzuteilen. Dafür zu schaffende Mittel und Wege können sein:
- Umfragen (bevorzugt schriftlich; *siehe unten „Fragebogen");*
- Abteilungs- oder Betriebsversammlungen;
- ein System regelmäßiger Einzelgespräche.

Fragebogen

2017 Früh Aufg.6b

Formular zum Ermitteln von schriftlich dargelegten Meinungen und anderen Informationen auf durch die Fragen vorgegebene Themen. Dabei wird unterschieden zwischen offenen Fragen, bei denen frei Text eingegeben werden kann, und geschlossenen Fragen, die nur eine Auswahl aus vorgegebenen Antworten oder das Ankreuzen einer Bewertungsmöglichkeit erlauben. - **Merkmale**: leicht durchführbar; geringer Zeitbedarf; Rücklauf muss kontrolliert werden; Gefahr von Missverständnissen der Fragen; Situation bei Beantwortung der Fragen unbekannt.

Mitarbeitergespräche

2012 Früh Aufg.6 | 2023 Herbst Aufg.6

Grundsätze für Mitarbeitergespräche:

Vertraulichkeit („Vier-Augen-Gespräch"); störungsfreie Umgebung; sachliches Verhalten; respektvoller Umgang; aktives Zuhören; Gelegenheit zu Stellungnahmen; zielorientierte Führung; Anstreben einer einvernehmlichen Vereinbarung.

Ablauf eines Mitarbeitergesprächs:

- Kontaktphase (Begrüßung, Gesprächseröffnung; evtl. Einstieg mit Gemeinsamkeiten am Rande des eigentlichen Themas);
- Orientierungsphase (Benennung des Themas und der generellen Zielsetzung des Gesprächs);
- Analysephase (Sichtung der Informationen; Auswertung zur Erarbeitung eines einvernehmlichen Ergebnisses);
- Lösungsphase (Einigung über weiteres auch zeitliches Vorgehen);
- Abschlussphase (Zusammenfassung, Ausblick).

Anlässe: Beurteilung; Kritik; Personalentwicklung; Zielvereinbarung.

Unterweisungen

2011 Früh Aufg.5 | 2011 Herbst Aufg.3 | 2014 Herbst Aufg.6 | 2015 Früh Aufg.4 | 2018 Herbst Aufg.3

Vermittlung von Richtlinien und Vorschriften, die ohne Diskussionen einzuhalten sind. Damit sind das Verstehen und Merken durch die Teilnehmer die zentralen Ziele einer Unterweisung.

Schema einer Unterweisung:

1. Bedeutung des Themas verdeutlichen;
2. Folgen von Nicht-Beachtung konkret aufzeigen;
3. Systematische gründliche Schritt-für-Schritt-Darstellung;
4. Gelegenheit für Verständnisfragen;
5. Zusammenfassung und Information über eventuelle Kontrollen / Wiederholungen.

Geeignete **Mittel** können u.a. sein:

- Merksätze;
- Piktogramme und andere Symbole;
- Flussdiagramme;
- Grafiken;
- Erfolgskontrolle durch Tests.

Multiplikatoren - *2020 Herbst Aufg.6*
Im Zusammenhang mit der Weitergabe von Wissen die Auswahl und Qualifizierung von Mitarbeitern für die Aufgabe, in (meist externen) Schulungen erworbenes Fachwissen und spezielle Kenntnisse intern an andere Mitarbeiter durch Einweisungen, Präsentationen, work-shops und andere Schulungsmaßnahmen weiterzugeben.

e-mail
Schnelle Weitergabe gleichzeitig an beliebig viele Adressaten; Information gelangt direkt in den Arbeitsbereich des Adressaten; direkte Reaktion einfach möglich. Probleme u.a.: falsche Adressierung; Eintrag unnötig umfangreicher Verteilerlisten, damit Überflutung mit unwichtigen mails; Unterbrechung des Arbeitsflusses durch mail-Eingang; oberflächliche und/oder unvollständige Kenntnisnahme durch Adressaten...
Aushang („schwarzes Brett“)
Information über längeren Zeitraum jederzeit verfügbar. Probleme u.a.: Kenntnisnahme über interne Vorgänge durch Besucher; keine unmittelbare Reaktion möglich; keine Kontrolle über Eingang bei Adressaten; Image als Befehlsausgabe.

Moderation
2010 Herbst Aufg.1 | 2021 Früh Aufg.6 | 2023 Früh Aufg.6
Gestaltung eines kreativen Lösungsprozesses in einer Gruppe durch einen an der Kommunikation Beteiligten, der auf Einhaltung von Kommunikationsregeln und Zielorientierung achtet und zwischen Positionen, Thesen und Vorschlägen vermittelt. Bei **geteilter Moderation** Wechselspiel zwischen zwei Moderatoren, teilweise zur Belebung der Diskussion durch forcierte gegensätzliche Positionen, teilweise zur Arbeitsteilung zwischen inhaltlicher Beteiligung und Steuerung einerseits und Koordination und Zusammenfassung andererseits.
Aufgaben des Moderators:
- Teilnehmer und sich selbst vorstellen;
- Klärung von Thema und Zielsetzung;
- Vermittlung von Verhaltensregeln, eventuellen Zeitvorgaben;
- Festlegung und Kontrolle des Ablaufs;
- Aufgreifen und Sortieren von Ideen;
- Strukturierung nach gemeinsamen Merkmalen;
- Gewichtung und Bewertung der aufgekommenen Ideen.

Anforderungen an den Moderator:
- fachliche Kompetenz für die Strukturierung des Themas und der Beiträge;
- methodische Kompetenz im Einsatz der technischen Mittel;
- natürliche Autorität;
- kommunikative Kompetenz.

Konfliktmanagement: Konfliktarten; Gegenmaßnahmen:

Fehlende Kenntnis und Achtung der Arbeit anderer; Abhilfe durch regelmäßige Treffen, Bildung von Teams.

Fehlende Kenntnisse aufgrund mangelnder Information; Abhilfe durch Organisation des Informationsflusses, Durchführung von Workshops.

Fehlende Verständigungsbereitschaft; Abhilfe: gemeinsames Erarbeiten von Kommunikationsrichtlinien, Objektivierung der Vorteile besserer Kommunikation

Unterschiedliche Zielvorstellungen oder Wertebasis; Abhilfe: Erarbeiten gemeinsamer Ziele, Leitsätze; externe Seminare.

Neid, Missgunst, Empfinden von ungerechter Behandlung; Abhilfe: Konfliktgespräch zur Offenbarung der Ursachen; Objektivierung der Beurteilung, Entlohnung.

Konfliktfelder:

Zielkonflikt = Uneinigkeit über Ziele; Vorbeugung durch verbindliche eindeutige Zielhierarchie.

Bewertungskonflikt = unterschiedliche Einschätzung der Methoden zur Zielerreichung; Vorbeugung durch Erstellung einer Übersicht aller Möglichkeiten und Erarbeitung gemeinsamer Entscheidungskriterien.

Verteilungskonflikt = Uneinigkeit über Zuordnung monetärer und/oder personeller Ressourcen; Vorbeugung durch frühzeitige transparente Budgetplanung.

Beziehungskonflikte = Uneinigkeit über die Zusammenarbeit; Vorbeugung durch klare Zuständigkeiten und Verhaltensprinzipien.

Vorgehensweise:
- Vorbereitung; der Mediator sammelt und sichtet alle wesentlichen Informationen;
- Gesprächsorganisation; Einladung an alle Beteiligten:
- Stellungnahmen der Betroffenen;
- mit Anleitung des Mediators Suche nach Konsenspunkten;
- Formulierung von Kompromissvorschlägen;
- Treffen einer verbindlichen Vereinbarung.

Widerstände gegen Veränderungen

Ursachen:
- generelle Angst der Menschen vor dem Unbekannten;
- Angst vor Überforderung;
- Bequemlichkeit;
- Furcht vor dem Verlust von Privilegien.

Vorbeugende Maßnahmen
- Umfassende und rechtzeitige Information;
- Einbeziehung von Meinungen und Vorschlägen;
- Kommunikation der Motive und Vorteile.

Rollen – Typologie
Außenseiter – integrieren
Informelle Führer – kooperieren
Wichtigtuer – limitieren
Saboteure – isolieren
Clown – mit Sachfragen einbeziehen
Verweigerer – beauftragen
Schüchterner - fördern
Aggressiver Meinungsführer – isolieren

Mediation

Sachliche Ermittlung der bestehenden Differenzen durch den Mediator; gemeinsame Analyse mit den Konfliktparteien. Ziel ist ein Konsens zwischen den Parteien.

Vorgehensweise:
- Vorbereitung; der Mediator sammelt und sichtet alle wesentlichen Informationen;
- Gesprächsorganisation; Einladung an alle Beteiligten:
- Stellungnahmen der Betroffenen;
- mit Anleitung des Mediators Suche nach Konsenspunkten;
- Formulierung von Kompromissvorschlägen;
- Treffen einer verbindlichen Vereinbarung.

Kommunikation: Regeln

Aktiv zuhören; non-verbale Zeichen der Aufmerksamkeit geben; positiv sprechen; bei Zweifeln nachfragen; Verallgemeinerungen vermeiden, in Ich-Form sprechen; auf Partner in Wortwahl und Sprechweise einstellen; Ablenkungen und Störungen fernhalten, ggf. ignorieren.

Fortbildung - Phasen

(Thema des Handlungsbereichs „Zusammenarbeit im Betrieb", aber hier Klausurfrage 2016 Herbst Aufg.3)

Planungsphase: Ist-Analyse Personalstand, Abgleich mit Entwicklungszielen; Festlegung der zu entwickelnden Kompetenzen und Qualifikationen; Budgetierung; Auswahl potenzieller Teilnehmer; Auswahl potentieller externer Veranstalter / Trainer.

Durchführungsphase: Festlegung der Teilnehmer; Information über Entwicklungsinhalte und Maßnahmen; begleitende Unterstützung und Kontrolle.

Transferphase: Auswertung in Zusammenarbeit mit Teilnehmern; Organisation von Informationssicherung und Wissenstransfer; Kontrolle des Umsetzungserfolgs.

Fortbildung – Anforderungen

Auswahlkriterien für externe Anbieter:

Referenzliste

Qualifikation der Dozenten

Nachweis der eingesetzten didaktischen Methoden

Technische Ausstattung

Professionelles Qualitätsmanagement

Preis-Leistungs-Verhältnis

Räumliche Nähe

Nebenkosten für Anfahrt, Übernachtung, Verpflegung

Niveau, Tauglichkeit der Unterlagen

Einstufungstests vor den Maßnahmen

Unterstützung bei Umsetzung nach der Maßnahme

Testat, Prüfung, Zeugnis am Ende der Maßnahme

Teil D – Zusammenarbeit im Betrieb

Diese Klausur wird am 2. Tag der Prüfung geschrieben mit einer Bedenkzeit von 90 Minuten.

Die Punkte sollen in der Klausur etwa wie folgt auf die Kapitel verteilt werden:

Kap.	Thema	Punkte
1	Berufl. Entwicklung	10
2	Arbeitsplatz und Betriebsklima	10
3	Gruppenstrukturen	20
4	Führungsverhalten	20
5	Führungsmethoden	20
6	Kommunikation und Kooperation	20

1. Berufliche Entwicklung

„Beurteilen und Fördern der beruflichen Entwicklung des einzelnen unter Beachtung des bisherigen Berufsweges und unter Berücksichtigung persönlicher und sozialer Gegebenheiten"

1.1 Persönlichkeitsentwicklung und berufliche Entwicklung

Leistungsfähigkeit / Leistungsbereitschaft

2015 Früh, Aufg.1b | 2017 Herbst Aufg.2

Leistungsfähigkeit: die Gesamtheit der Kenntnisse und Fertigkeiten eines Menschen, aber auch die individuell unterschiedliche Begabung, diese zu kombinieren und sinnvoll einzusetzen.

Leistungsbereitschaft: die sich aus der individuellen Einstellung ergebende Motivation, die Leistungsfähigkeit auch abzurufen.

Einflussfaktoren: Selbstbild des Menschen; Wertesystem; Motivationsstruktur.

Persönlichkeitsentwicklung: Stufen

2014 Früh, Aufg.1 | 2016 Herbst, Aufg.1a | 2017 Herbst Aufg.1a

Ausprägung eigener Verhaltensweisen und Einstellungen, die einen Menschen zu einem von anderen unterscheidbaren Individuum machen. - Nach Altersstufen unterschieden in:

- Kindheit (Einfluss v.a. der Eltern);
- Jugendalter (Einfluss auch durch Lehrer)
- Erwachsenenalter (Einfluss auch durch Vorgesetzte).

Persönlichkeitsentwicklung: Förderung

2013 Früh, Aufg.1 | 2015 Herbst, Aufg.6 | 2016 Früh, Aufg.1 | 2016 Herbst, Aufg.1b | 2017 Herbst Aufg.1b | 2019 Früh Aufg.3a | 2019 Herbst Aufg.4b | 2020 Herbst Aufg.1 | 2023 Herbst Aufg.1

Mögliche Verhaltensweisen zur Förderung der persönlichen Entwicklung von Mitarbeitern und seiner sozialen Kompetenzen durch die Führungskraft sind:

- Zuwendung allgemein durch Beachten, konkret durch Gespräche;
- direkte Beurteilungen sowohl turnusmäßig als auch bei gegebenen Anlässen;
- Feedback bei Delegationen;
- sachlich- wohlwollende Hinweise auf Verbesserungsmöglichkeiten;
- Angebot von geeigneten Maßnahmen der beruflichen und persönlichen Weiterentwicklung.

Berufliche Entwicklung: Förderung

2016 Früh, Aufg.1 | 2019 Herbst Aufg.4b

Ziel ist die Entwicklung von Fertigkeiten und Kompetenzen der Mitarbeiter gemäß den betrieblichen Erfordernissen.

Mögliche Maßnahmen: Schulungen; interne Unterweisungen; externe Seminare; work-shops; Mitarbeit in Teams und Projektgruppen.

Siehe dazu auch Kap.5.3

1.2 Sozialverhalten des Menschen

2018 Früh Aufg.1
Überwiegend in Kindheit und Jugend ausgeprägte Anpassung an das gesellschaftliche Umfeld. Dadurch im Kern geprägte, aber auch beim Erwachsenen stets veränderbare Formen der Interaktion mit anderen Menschen.

Einflussfaktoren
2009 Früh Aufg.1 | 2014 Früh Aufg.1c
Elternhaus;
Kindergarten, Schule;
Lehrer und andere Bezugspersonen;
Vorbilder aus Medien.

Negative Verhaltensweisen
2011 Herbst, Aufg.3
Als Reaktion auf Situationen, mit denen Mitarbeiter unzufrieden sind, können auftreten:
Kompensation – Energie und Eigeninitiative werden vom Unternehmen auf privates Umfeld verlagert.
Konversion – Verlagerung („Umwandlung") von Unzufriedenheit oder Widerstand auf andere Felder.
Resignation – Abfinden mit gegebener Situation mit Reduktion auf rein passives Verhalten.
Aggression – aktiver, sehr emotional geprägter Widerstand.

1.3 Kooperation und Integration

Einzelne Personengruppen – Angebote
2012 Herbst, Aufg.9 | 2013 Herbst, Aufg.3 | 2015 Herbst, Aufg.7
Neue Mitarbeiter: Eintritt im Umfeld ankündigen; Kontaktpersonen persönlich vorstellen; Mentor zur Seite stellen.
- Jugendliche, Auszubildende: Rechtsgrundlage Jugendarbeitsschutzgesetz (JArbSchG); für Ausbildung: Berufsbildungsgesetz (BBiG).
- Senioren, ältere Mitarbeiter: Teilzeitangebote; Nutzen der Erfahrung durch Aufträge für Mentoring; *2010 Herbst, Aufg.2*
- Frauen: Betreuungsangebote für Kinder; flexiblere Arbeitszeitmodelle; Übergangsregelungen nach Mutterschutz.
- Mitarbeiterentsendung ins Ausland: Sprachunterricht; Hilfe bei Wohnungs- und Schulsuche für Familie; Garantien für Einsatz nach Ende des Aufenthalts
- Migranten *(2009 Herbst, Aufg.5)*: Angebote von Sprach- / Integrationskursen; Bilden „gemischter" Teams bzw. Gruppen; Sprecher und/oder Tutor für jede Kulturgruppe.

Entsendung

Vorübergehende Verlegung des Tätigkeitsbereichs des Mitarbeiters eines in Deutschland ansässigen Unternehmens in das Ausland in der Weise, dass – in Abgrenzung zur Dienstreise - ein längeres Beschäftigungsverhältnis im Ausland besteht.
Regelungen sollten vorab getroffen werden über:
- Dauer der Entsendung;
- Währung der Gehaltszahlung;
- eventuelle zusätzliche Leistungen für Familie, Haushaltsführung, Heimreisen;
- Modalitäten der Rückkehr.

Besondere **Anforderungen** entstehen an das Personalmanagement durch:
- Vorbereitende Schulungsmaßnahmen (z.B. Sprache; Landeskunde; Rechtssystem)
- Unterstützung bei der Orientierung im Ausland;
- familiäre Anforderungen wie Schule für Kinder bzw. wenn die Familie des Mitarbeiters in Deutschland bleibt
- finanzielle Unterstützung für Heimataufenthalte;
- Organisation eines geeigneten Arbeitsplatzes zur Rückkehr.

Beispiel für Verbindung zwischen Personengruppen

2011 Früh, Aufg.4a+b | 2014 Früh, Aufg.2

Ausbildung: Delegation von Schulungsaufgaben in der Weise, dass zwischen Schulenden und Geschulten bestehende Gemeinsamkeiten genutzt werden wie geringer Altersunterschied, Vertrautheit mit der jeweiligen Arbeitssituation, vergleichbare Vorbildung und Berufserfahrung.

Altersgruppen: Zusammensetzung von Abteilungen, Gruppen und Teams durch Mitarbeiter verschiedener Altersgruppen; Organisation der Arbeitsteilung in einer Weise, die Erfahrungsaustausch von Alt zu Jung und Anregung von Jung zu Alt fördert.

2. Arbeitsplatz und Betriebsklima

Beurteilen und berücksichtigen des Einflusses von Arbeitsorganisation und Arbeitsplatz auf das Sozialverhalten und das Betriebsklima sowie Ergreifen von Maßnahmen zur Verbesserung

2.1 Unternehmensphilosophie und -kultur

Leitbild – Inhalt:
- Vision; allgemeines Ziel;
- Selbsteinstufung in den Rahmenbedingungen;
- grundlegende Werte des Unternehmens;
- generelle Strategie;
- Identität, Bedeutung der Mitarbeiter;
- Potential des Unternehmens.

Leitbild – Funktionen und Beispiele
Integration (Basis für Gemeinsamkeits-Gefühl)
Entscheidung (Handlungsnormen)
Orientierung (Wertvorstellungen)
Koordinierung (Übereinstimmung der Instanzen)
Umsetzung - *2020 Früh Aufg.4*
Frühzeitige umfassende Information der Mitarbeiter
Einbeziehung durch Anwendung des Gegenstromverfahrens
Organisation regelmäßigen Austauschs; „best-practice"-Beispiele kommunizieren;
Delegation von Aufgaben an untere Instanzen

Corporate Identity - *2012 Früh, Aufg.5*
Stilisierung des Unternehmens zu einer eigenen „Persönlichkeit" mit einem erkennbaren Charakter und typischen Profil durch ein klares Selbstbild.
Enthält einheitliche Regelungen zu
Corporate Design (Erscheinungsbild): Farbe; Schrift; Logo
Corporate Behaviour (Verhalten): Umgang mit Geschäftspartnern und Mitarbeitern im Einklang mit den Normen des Leitbildes.
Corporate Governance (Führungsgrundsätze; s.o.): Transparenz; Unbestechlichkeit
Corporate Communication (Kommunikation): Sprachstil, Ausdrucksweise

2.2 Industrielle Arbeit und Verhalten

Siehe auch Kap.5.1 - Motivation

Einfluss auf Mitarbeiter
2009 Früh, Aufg.2 | 2014 Herbst, Aufg.5| 2015 Früh, Aufg.1a | 2017 Herbst Aufg.2a
Erfüllen einer Vorbildfunktion als Vorgesetzter durch Aneignung und Anwendung der Führungskompetenzen:
- Sozialkompetenz: kommunikative Fähigkeiten, Teamfähigkeit;
- persönliche Kompetenzen: Belastbarkeit, Leistungsfähigkeit.

Aber auch durch:
- Fachkompetenz: Kenntnisse im Tätigkeitsbereich;
- Methodenkompetenz: Beherrschen von Entscheidungs- und Führungsmethoden, organisatorischen Techniken.

Ausbildung: Vorteile - *2011 Herbst, Aufg.1*
Sicherung des mittelfristigen Bedarfs an Fachkräften;
Heranziehen von Mitarbeitern mit höherer Identifikation;
Chance der Förderung der erforderlichen Kompetenzen;
Positive Wahrnehmung im regionalen Umfeld.

Anweisungen - *2011 Früh, Aufg.2 | 2021 Herbst Aufg.5*
Schriftform als Voraussetzung für folgende Ziele:
- Dokumentation, wann was angewiesen wurde;
- Sicherung, dass die Anweisung betroffene Mitarbeiter erreicht;
- Vermeiden von Missverständnissen, v.a. durch Wiederholbarkeit;
- verbindlicherer Charakter der Anweisung;
- bessere Merkfähigkeit.

Verteilung per e-mail hat die Vorteile:
- Adressatenkreis klar abgrenzbar;
- Dokumentation von Adressaten und Zeitpunkt;
- Nachvollziehbarkeit und Verfügbarkeit der Informationen;
- zusätzlicher Informationen als Anhang und/oder Verknüpfung möglich;
- mit Empfangsbestätigung verknüpfbar.

Struktur der e-mail:
- Zuordnung von Kategorien nach Priorität und Thema;
- Name des Verteilers;
- präzise Stichworte im Betreff zur Einführung und Wiederauffindbarkeit;
- Anrede entsprechend den internen Kommunikationsregeln;
- Hervorhebung eventueller Fristen oder Rückmeldungen;
- Hinweis auf Rücksprachemöglichkeiten und ergänzende Informationsquellen;
- motivierende Schlussformulierung;
- Signatur nach internen Kommunikationsregeln.

Arbeitsorganisation und Betriebsklima

2010 Früh, Aufg.8 | 2013 Herbst, Aufg.1 | 2016 Herbst, Aufg.3 | 2019 Früh Aufg.4 | 2020 Früh Aufg.1 | 2023 Früh Aufg.2

Mögliche **Ursachen** für **Störungen** des Betriebsklimas:

- ➢ unzureichende Information der Mitarbeiter;
- ➢ mangelnde Einbeziehung;
- ➢ zeitliche oder inhaltliche Überforderung;
- ➢ Angst vor Veränderungen.

Felder, über die Arbeitszufriedenheit und Motivation der Mitarbeiter beeinflusst werden können, sind u.a.:

- ✓ Arbeitszeitregelungen mit persönlicher Flexibilität und/oder Anpassungsmöglichkeiten an persönliche Bedürfnisse;
- ✓ Organisation der Arbeitsteilung in Teamarbeit *(siehe Kap.3.1);*
- ✓ Gestaltung von Arbeitsplatz und Arbeitsumgebung, Möglichkeiten individueller Anpassung;
- ✓ Leistungsgerechte Entlohnungssysteme;
- ✓ den Fähigkeiten entsprechende Gestaltung der Anforderungen.

Automatisierung und ihre Folgen

2020 Herbst Aufg.2

Durch Digitalisierung mögliche und aus Kostengründen forcierte Ablösung menschlicher Tätigkeiten durch Maschinen und/oder Software. – Aus Sicht der Mitarbeiter sind folgende Vorteile zu kommunizieren bzw. Nachteile zu berücksichtigen:

- Monotone körperliche Arbeiten entfallen;
- es bleibt mehr Zeit für Qualitätskontrolle und Überwachung;

- die Ansprüche an und Verantwortung durch die Mitarbeiter steigen;
- mit der Verantwortung steigt die psychische Belastung;
- Qualifikationen für die neuen Anforderungsprofile müssen erworben werden.

Arbeitsplatzgestaltung
2015 Herbst, Aufg.1 | 2016 Herbst, Aufg.3
Regelung der objektiven Arbeitsbedingungen für ein optimales Zusammenwirken der menschlichen Arbeitsleistung mit Betriebsmitteln und Werkstoffen durch eine räumliche und zeitliche Anordnung, die sich an den menschlichen Fähigkeiten und Bedürfnissen orientiert, die von der **Ergonomie** untersucht werden. Eine in diesem Sinne optimale Arbeitsplatzgestaltung trägt zur Erhöhung von Mitarbeiterzufriedenheit und Motivation bei, steigert die Arbeitsproduktivität und ist ein wesentlicher Faktor zur Reduzierung von Fehlzeiten.

Personalfluktuation – *2023 Herbst Aufg.6c*
Austauschrate (Eintritts- und Austrittsrate) von Personen in einem Unternehmen; wichtiger Indikator für Zustand und Entwicklung des Betriebsklimas.

Fluktuationsanalyse
Da mit jedem Mitarbeiter, der ein Unternehmen verlässt, wichtiges Know-how verloren geht, sollten die Motive ergründet werden. Es wird zwischen qualitativer und quantitativer Fluktuationsanalyse unterschieden.
Qualitative Fluktuationsanalyse
- Arbeitsbedingungen
- Führungsverhalten der Vorgesetzten
- Kollegialität
- Zusammenarbeit
- Fort- und Weiterbildung
- Aufstiegschancen

Quantitative Fluktuationsanalyse
- Dauer Betriebszugehörigkeit
- Alter
- Qualifikation
- Kündigungsgründe.

Entgeltformen

2011 Herbst, Aufg.7 – Thema nach Rahmenplan im Fach „Betriebswirtschaftliches Handeln", Kap.4.1

Zeitlohn: Entgeltzahlung nach Zeitdauer (bei Arbeitern Tag, Schicht, Woche; bei Angestellten meist Monat) mit gleich- bleibendem Betrag pro Zeiteinheit. Tätigkeitsabhängige Leistungszulagen („Funktionszulagen") und leistungsabhängige (Natural-)Komponenten möglich.

Leistungslohn (bei Arbeitern auch **Akkordlohn**): Entgelt in direkter Abhängigkeit von mengenmäßiger Leistung, was Zählbarkeit der Leistung und bekannte Abläufe voraussetzt.

Lohnform	Vorteile	Nachteile
Zeit	Einfach; stressfrei	Nicht motivierend; ungerecht
Leistung	Motivierend; gerecht	Belastend; evtl. Qualitätsmängel

Sozialleistungen

2021 Früh Aufg.2

Zusätzlich zum Arbeitsentgelt vom Arbeitgeber den Arbeitnehmern gewährte Leistungen wie Fahrtkostenzuschüsse, vermögenswirksame Leistungen, betriebliche Altersversorgung. Werden die Leistungen regelmäßig (z.B. 3x nacheinander) ohne einschränkenden Hinweis auf einen freiwilligen und einmaligen Charakter gewährt, kann daraus ein Gewohnheitsrecht für die Mitarbeiter entstehen („betriebliche Übung"). Davon zu unterscheiden sind abgrenzbare dauerhafte Einrichtungen („Sozialeinrichtungen") wie Kantine, Kindergarten, Fitness-Studio

Betriebliche Zusatzleistungen

2020 Früh Aufg.3

Angebote an die Mitarbeiter für Teilnahme an sportlichen Aktivitäten und/oder Nutzung von Gesundheitsprogrammen mit dem Ziel, über die Reduzierung von Fehlzeiten hinaus durch gemeinsame Tätigkeiten den Zusammenhalt („Kohäsion") in der Belegschaft zu erhöhen.

2.3 Gestaltung der Arbeitsorganisation

Innerhalb der Arbeitssysteme können unterschieden werden:
Einzelarbeit - alle Arbeiten zur Erfüllung einer Aufgabe sind in einem Arbeitsplatz vereinigt.

Teilautonome Gruppen
2011 Herbst, Aufg.2 | 2015 Herbst, Aufg.3a | 2016 Früh, Aufg.2a | 2017 Früh Aufg.2a | 2018 Herbst Aufg.3a | 2019 Herbst Aufg.3a | 2021 Herbst Aufg.4
Zusammenwirken einer begrenzten Zahl von Mitarbeitern in einem abgegrenzten Aufgabenbereich mit eigenverantwortlicher Regelung insbesondere der internen Arbeitsteilung.

Vorteile - *2013 Früh, Aufg.2*
Bei entsprechender Teamfähigkeit der Beteiligten: Flexibilität durch gegenseitige Unterstützung; Identifikation mit Arbeit und Gruppe; Nutzung der Potentiale aller Mitarbeiter.
Nachteil: bei hoher Kohäsion *(s. Kap.3.1)* Abgrenzung bis hin zu Konflikt mit anderen Gruppen; interne Konflikte.

Gruppenarbeit – Vorteile
2013 Früh, Aufg.2 – s. Kap.3.1 Teamarbeit

Phasen der Gruppenbildung
2012 Früh, Aufg.6 | 2015 Herbst, Aufg.3b | 2016 Früh, Aufg.3 | 2017 Früh Aufg.2b | 2018 Herbst Aufg.3b | 2019 Herbst Aufg.3b |2020 Herbst Aufg.3
- Orientierung (**Forming**): Erste Konfrontation mit Aufgabe und Begegnung mit Team;
- Konflikt (**Storming**): Rangordnungskämpfe; Konflikte um Stellung, Kompetenzen, Ressourcen;
- Kooperation (**Norming**): Entwicklung gemeinsamer Normen und Werte, Herausbildung eines Wir-Gefühls;
- Integration (**Performing**): Konstruktive Lösung von Problemen, Fokussierung auf Projektaufgabe.

Neuere Darstellungen nehmen als fünfte die **Auflösungsphase** („**Adjourning**"; Transferphase) hinzu.

Zeitmanagement

2009 Herbst, Aufg.8 – nach RSP Thema im Fach „Information, Kommunikation…“, Kap. 2.1

Als zentraler Teil des Selbstmanagement der systematische Einsatz von Methoden, Vorgehensweisen und Mitteln, um Zeitverschwendung zu vermeiden, effektive Nutzung der zur Verfügung stehenden Zeit zu erreichen und letztlich alle Aufgaben, Arbeiten und Termine im erforderlichen Umfang rechtzeitig zu erledigen. Generelle Mittel sind Prioritätensetzung, Hierarchisierung der Aufgaben, Delegation, Bildung von Arbeitsblöcken.

3. Gruppenstruktur und Gruppenverhalten

Beurteilen von Einflüssen der Gruppenstruktur auf das Gruppenverhalten und die Zusammenarbeit sowie Entwickeln und Umsetzen von Alternativen

3.1 Beziehungen in Gruppen

2010 Früh, Aufg.5 | 2013 Früh, Aufg.3 | 2014 Herbst, Aufg.6 | 2015 Herbst, Aufg.3c | 2016 Herbst, Aufg.7 | 2017 Früh Aufg.4 | 2018 Herbst Aufg.5 | 2019 Früh Aufg.5a | 2019 Herbst Aufg.5 | 2021 Früh Aufg,3 | 2021 Herbst Aufg.6

„**formelle**" Gruppen = durch Anordnung entstanden; Rangordnung vorgegeben.
„**informelle**" Gruppen = durch Gemeinsamkeiten entstanden; Rangordnung nach entstandenen Kriterien.

„**Kohäsion**"
Zusammenhalt der Gruppe auf Basis gemeinsamer Normen und Wertvorstellungen; „Wir-Gefühl" von Gemeinsamkeit und Zugehörigkeit. Abhängig u.a. von
- Größe der Gruppe,
- Kontakthäufigkeit und – Dauer
- Vorprägung durch frühere Kontakte,
- Altersunterschieden bzw. Gleichaltrigkeit.

Teamarbeit - *2013 Früh, Aufg.2+4 | | 2019 Früh Aufg.3b*
Vorteile: Bündelung und Vernetzung von Kenntnissen; gegenseitige Inspiration; Verbesserung des Verständnisses und der Zusammenarbeit über die Phase der Teamarbeit hinaus; Stärkung der sozialen und kommunikativen Kompetenzen der Beteiligten durch Praxis.
Nachteile: Decken von Schwächen einzelner; Konsens in Gruppe wichtiger als Leistung; Entstehen von Gruppen-Egoismus; Eskalation von Konflikten.

Lean-Management - *2021 Herbst Aufg.6d*
„Schlanke" Struktur der Aufbauorganisation; als „**lean production**" schlanke, auf das Wesentliche (= den Wertschöpfungsprozess) reduzierte Prozesse. - Neben dem Kerngedanken der flachen Hierarchien tragen dazu bei:
- geringe Fertigungstiefe; Outsourcing
- TQM (Total Quality Management)
- Just-in-time-/Just-in-sequence-Produktion
- Supply-Chain-Management
- teilautonome Gruppenarbeit (Werkstattfertigung).

Konflikte (siehe auch unten „Konfliktursachen)**:**
Konkurrenz; Überforderung einzelner; Interessenkonflikte.

Voraussetzungen
2010 Herbst, Aufg.5
Aufgeschlossenheit; Kommunikationsfähigkeit; Empathie; Flexibilität; Eigeninitiative; Integrationsbereitschaft.

Rollen der Führungskraft bei Gruppenarbeit
2012 Herbst, Aufg.3 | 2016 Früh, Aufg.4 | 2019 Früh Aufg.5b
Moderator *(siehe unten)*; Koordinator; Integrator; Kommunikator. Je nach Form der Einbindung der Gruppe in die Aufbauorganisation auch Vorgesetzter, verantwortlicher Leiter.
Gruppenarbeit – Einführung
2010 Früh, Aufg.4 |2013 Früh, Aufg.5 | 2021 Früh Aufg,3c
Frühzeitige und umfassende Information und Einbeziehung der betroffenen Mitarbeiter zur Vermeidung von Widerständen;
Führen von Beurteilungsgesprächen zur Ermittlung der Potentiale;
Moderation einer Ideen-Werkstatt / Brain-Storming zur Sammlung von Ideen, Vorschlägen und Hinweisen auf mit der Umstellung verbundene Aspekte;
Berücksichtigung persönlicher Beziehungen und Wünsche bei der Umsetzung.

Gruppengespräche - *2012 Herbst, Aufg.6*
Vorbereitung organisatorisch:
- rechtzeitig einladen;
- Thema kommunizieren;
- Zeitrahmen festlegen;
- Raum besorgen;
- für störungsfreie Bedingungen sorgen;
- Funktion eventuell erforderlicher Technik prüfen;
- Unterlagen rechtzeitig vorbereiten.

Durchführung:
- Gesprächsleitung festlegen;
- Protokollführer bestimmen;
- evtl. Kommunikationsregeln bekanntgeben;
- auf Beteiligung und Einbeziehung aller achten *(s. auch Moderation).*

Kommunikation in Gruppen:
„sternförmig“ = Sammeln und Verteilen der Informationen durch einen Koordinator; typisch für formelle Gruppen.
„netzförmig“ = unkoordinierte Kommunikation aller miteinander; Regelfall bei informellen Gruppen.

Phasen der Gruppenbildung *(2021 Früh Aufg,3b; s. auch Kap. 2)*
- Orientierung (**Forming**): Erste Konfrontation mit Aufgabe und Begegnung mit Team;
- Konflikt (**Storming**): Rangordnungskämpfe; Konflikte um Stellung, Kompetenzen, Ressourcen;
- Kooperation (**Norming**): Entwicklung gemeinsamer Normen und Werte, Herausbildung eines Wir-Gefühls;
- Integration (**Performing**): Konstruktive Lösung von Problemen, Fokussierung auf Projektaufgabe;
- Auflösung (**Adjourning**)

Konfliktarten

2011 Früh, Aufg.3 | 2018 Herbst Aufg.7 | 2019 Herbst Aufg.7 | 2020 Herbst, Aufg.5 | 2021 Früh Aufg.6a

Nach der generellen Ursache kann unterschieden werden in:
Zielsetzung (**Bewertungs-K.**)
Strategie; Wege (**Beurteilungs-K.**)
Mittelverteilung; Zuordnung von Ressourcen (**Verteilungs-K.**)
Persönliche Verhaltensweisen (**Beziehungs-K.**).
Konkrete Anlässe für Konflikte können u.a. sein:
- fehlende Information / Kommunikation und daraus entspringende Missverständnisse;
- unterschiedliche Interessen;
- Unzufriedenheit auf anderen Feldern, die hier ein Ventil findet.

Konfliktursachen:
Fehlende Kenntnis und Achtung der Arbeit anderer; Abhilfe durch regelmäßige Treffen, Bildung von Teams.

Fehlende Kenntnisse aufgrund mangelnder Information; Abhilfe durch Organisation des Informationsflusses, Durchführung von Workshops.

Fehlende Verständigungsbereitschaft; Abhilfe: gemeinsames Erarbeiten von Kommunikationsrichtlinien, Objektivierung der Vorteile besserer Kommunikation

Unterschiedliche Zielvorstellungen oder Wertebasis; Abhilfe: Erarbeiten gemeinsamer Ziele, Leitsätze; externe Seminare.

Neid, Missgunst, Empfinden von ungerechter Behandlung; Abhilfe: Konfliktgespräch zur Offenbarung der Ursachen; Objektivierung der Beurteilung, Entlohnung.

Mobbing

2012 Früh, Aufg.4 | 2018 Früh Aufg.3

Gegen einzelne Mitarbeiter gleich gerichtete länger andauernde Verhaltensweisen von Kollegen, evtl. auch Vorgesetzten, die herabsetzenden diskriminierenden und feindseligen Charakter haben, damit den „Gemobbten" psychisch zermürben und in seinen Persönlichkeitsrechten verletzen.

Umgang mit Konflikten
2010 Herbst, Aufg.7 | 2016 Herbst, Aufg.2b | 2021 Früh Aufg.6b
Neutrale Haltung einnehmen;
für Ruhe, Versachlichung und Einhaltung von Regeln sorgen;
von Beteiligten geordnet Fakten darstellen lassen;
Hierarchien und Zuständigkeiten eindeutig klären;

Moderation
Neutrale Leitung von Besprechungen und Sitzungen mit dem Ziel, Tagesordnung und Regeln einzuhalten und das Ziel der Besprechung zu erreichen.

Mediation - *2021 Früh Aufg.6c | 2023 Herbst Aufg.3c*
Vermittlung zwischen Konfliktparteien durch einen neutralen Dritten (Mediator).
Anforderungen an den Mediator:
Neutralität;
Objektivität
Soziale und kommunikative Kompetenz;
Ergebnisorientierung;
Geduld und Beharrlichkeit.

Konflikte: Chancen
2009 Früh, Aufg.5 | 2016 Herbst, Aufg.2a
Aufbrechen von (schlechten) Gewohnheiten;
Erkennen von Fehlern;
Entwickeln neuer Herangehensweisen;
Verbesserung des Betriebsklimas durch gemeinsame Konfliktlösung.

3.2 Veränderung von Gruppenstruktur und Verhalten

2010 Herbst, Aufg.1 | 2014 Früh, Aufg.7
Ursachen für Widerstände
2010 Herbst, Aufg.2
- generelle Angst der Menschen vor dem Unbekannten;
- Angst vor Überforderung;
- Bequemlichkeit;
- Furcht vor dem Verlust von Privilegien.

Vorbeugende Maßnahmen:
- Umfassende und rechtzeitige Information;
- Einbeziehung von Meinungen und Vorschlägen;
- Kommunikation der Motive und Vorteile.

Lernende Organisation

2017 Herbst Aufg.5a
Idealtypus eines Unternehmens, das zuverlässig und kontinuierlich aus allen Erfahrungen sämtlicher Mitarbeiter lernt. Das schließt die dadurch zu gewinnenden Erfahrungen von Kunden, Lieferanten und Märkten ein. Dadurch können umgehend Konsequenzen für die eigene Arbeit gezogen und verallgemeinert werden.
Voraussetzungen:
- Veränderung-/Verbesserungsbereitschaft aller Mitarbeiter;
- Kritikfähigkeit und Objektivität auf allen Hierarchie-Ebenen;
- hohe Lernbereitschaft;
- offene sachliche Kommunikation;
- systematische Erfassung und Weitergabe von Wissen;
- stete Motivation zur Optimierung von Prozessen.

4. Führungsverhalten

4.1 Rolle des Industriemeisters

Industriemeister als Führungskraft - Rollen

2019 Früh Aufg.6c | 2020 Früh Aufg.5 | 2021 Herbst Aufg.1 | 2023 Herbst Aufg.4a

Vorgesetzter: Anleitung, Motivation und Kontrolle der Mitarbeiter;
Mitarbeiter: Erfüllung der eigenen Aufgaben, Reporting gegenüber dem eigenen Vorgesetzten;
Fachmann: fachliche Vorbild- und Qualifikationsfunktion gegenüber der zu leitenden Gruppe;
Moderator: insbes. bei kooperativem Führungsstil Förderung und Steuerung der Partizipation der Mitarbeiter.
Coach: Unterstützung der Mitarbeiter in ihrer persönlichen und beruflichen Entwicklung;
Motivator: Engagement wecken und fördern;
Informator: Weitergeben von relevanten Informationen des Unternehmens
Kontrolleur: Überwachung der Einhaltung von Richtlinien und Sicherheitsvorschriften

Gruppenleiter

2021 Herbst Aufg.1 + 2

Dem Industriemeister (IM) nachgeordneter Mitarbeiter als Bindeglied zwischen IM und Belegschaft. Er erhält vom IM Arbeitsaufträge zum Umsetzung mit seiner Arbeitsgruppe, trifft mit dem IM Vereinbarungen über Termine und Ressourcen und sorgt für deren Einhaltung, empfängt vom IM Informationen zur Kommunikation mit der Gruppe. Um in diesem Rahmen die Gruppe leiten zu können, muss der Gruppenleiter über die grundsätzlichen Führungskompetenzen (Fach-, Sozial-, Methoden-, Persönlichkeits-Kompetenz) verfügen.

4. Führungsverhalten

Schlüsselqualifikationen

2011 Früh, Aufg.5 | 2013 Herbst, Aufg.2 | 2014 Herbst, Aufg.7 | 2017 Früh Aufg.1 | 2018 Früh Aufg.2 | 2018 Herbst Aufg.4 | 2019 Herbst Aufg.4a

Grundlegende Fähigkeiten, die ihrerseits dazu befähigen, Fachkompetenzen und Fachwissen zu erwerben. Nach einer Empfehlung des Europäischen Parlaments zählen dazu:

1. Muttersprachliche Kompetenz;
2. Fremdsprachliche Kompetenz;
3. Mathematische und naturwissenschaftlich-technische Kompetenz;
4. Computerkompetenz;
5. Lernkompetenz;
6. Soziale Kompetenz;
7. Eigeninitiative;
8. Kulturbewusstsein und kulturelle Ausdrucksfähigkeit

Erwartungshaltungen

2011 Herbst, Aufg.4 | 2023 Herbst Aufg.7

– s. auch unten „Autorität"

Vorbildfunktion, auch im Einhalten von Regeln und Vorschriften;
Eigeninitiative und Verantwortungsbereitschaft;
Übernahme von Verantwortung auch für die Ergebnisse der geführten Gruppe / Abteilung;
Orientierung an Unternehmens- und Mitarbeiter-Interessen;
Sachlichkeit und Berechenbarkeit.

Vorbildfunktion *- 2017 Herbst Aufg.2a*

Aufgabe des Industriemeistes als Führungskraft, durch sein eigenes Verhalten den ihm unterstellten Mitarbeitern die Erfüllung der Anforderungen und Erwartungen vorzuleben, die er selbst an sie stellt. Dies gilt v.a. für das Einhalten von Regeln und Vorschriften, aber darüber hinaus auch für Motivation, Einsatz und soziales Verhalten.

4.2 Führung durch den Industriemeister

Führungsverhalten - Bedeutung- *2021 Herbst Aufg.7*
Es soll bei den nachgeordneten Mitarbeitern bewirken:
- Motivation und Engagement bei der Arbeit;
- kollegiales team-orientiertes Verhalten;
- Beachtung der Ziele und Interessen des Unternehmens;
- Eigeninitiative.

Autorität

2010 Früh, Aufg.3 | 2012 Herbst, Aufg.2 | 2014 Herbst, Aufg.3a | 2015 Früh, Aufg.7 | 2016 Herbst, Aufg.6 | 2018 Früh Aufg.7 | 2019 Früh Aufg.6 | 2021 Früh Aufg.4b | 2023 Früh Aufg.5
Auf Ansehen gestützter Respekt, der einer Person gegenübergebracht wird; Voraussetzung für Akzeptanz als Führungskraft und Befolgung der Anweisungen. Unterschieden werden kann zwischen

- „natürlicher" (personaler) Autorität, die auf der persönlichen Ausstrahlung beruht,
- „Amtsautorität", die sich allein auf die übertragene Funktion und die damit verbundene Stellung in der Hierarchie stützt und
- „sachlicher" Autorität durch Anerkennung auf Grund hoher Fachkompetenz.

Voraussetzung für das Entstehen von Autorität bei Führungskräften ist der Besitz der **Führungskompetenzen** (*2023 Herbst Aufg.4b)*
- **Fachkompetenz**: Kenntnisse im Tätigkeitsbereich;
- **Methodenkompetenz**: Beherrschen von Entscheidungs- und Führungsmethoden, organisatorischen Techniken;
- **Sozialkompetenz**: kommunikative Fähigkeiten, Teamfähigkeit; Empathie;
- **persönliche Kompetenzen**: Belastbarkeit, Leistungsfähigkeit.

Führungsstile

2015 Früh, Aufg.2 | 2017 Herbst Aufg.3 | 2020 Früh Aufg.4 | 2023 Früh Aufg.4a
Art und Weise, in der ein Vorgesetzter seine Führungsaufgabe erfüllt und seine Mitarbeiter führt
Dazu gehören sowohl die disziplinarische als auch die fachliche Führung:

Disziplinarisch = Ausübung von Personalverantwortung für arbeitsrechtliche und organisatorische Aspekte.
Fachlich = die Steuerung der inhaltlichen und qualitativen Aspekte der Arbeit. Der fachliche Vorgesetzte ist für die fachliche Anleitung, Weiterbildung und Qualitätskontrolle der Mitarbeiter verantwortlich.

Einflussfaktoren auf Anforderungen an Führungskraft
2012 Herbst, Aufg.1 | 2023 Herbst Aufg.7

- Unternehmenspolitik
- Wertvorstellungen (Leitbild)
- Vorgaben der Unternehmensleitung (Führungsrichtlinien)
- rechtliche Vorschriften.
- Entscheidungs-Spielraum
- „Niveau" der Mitarbeiter
- Produktionsverfahren und – Organisation
- Erwartungen von Geschäftspartnern

2012 Früh, Aufg.2b
Einfluss-Faktoren in der **Persönlichkeit der Führungskraft**:

- Persönliche Wertvorstellungen;
- Welt- und Menschenbild;
- Alter;
- Erfahrung;
- Temperament;
- Selbstbild.

Einfluss-Faktoren in der **Persönlichkeit der Mitarbeiter**:

- Qualifikation;
- Art der Motivation;
- Leistungsbereitschaft;
- Alter;
- Erfahrung

Autoritärer Führungsstil - *2012 Früh, Aufg.2a*
Kennzeichen: Entscheidungen durch den Vorgesetzten ohne Rücksprache und ohne Begründung.
Vorteile: klare Regelung des Informationsflusses; einheitliche Anweisungen; klare Zuständigkeit und Verantwortung.
Nachteile: fehlende Teilhabe der Mitarbeiter; rückläufige Motivation der Mitarbeiter; evtl. Überforderung des Vorgesetzten; Gefahr von Fehlentscheidungen.
Geeignet in Funktionsbereichen ohne hohe Anforderungen an Flexibilität und Kreativität wie z.B. Durchführung von Buchungen, Eingabe von Daten; bei unmotivierten und/oder unqualifizierten Mitarbeitern; bei besonderer Bedeutung einer exakten Erfüllung von Zeit- oder Qualitätsvorgaben.

Patriarchalischer Führungsstil
Eher eine spezielle Ausprägung des autoritären Führungsstils, bei der die besondere Rolle eines charismatischen alleinigen Chefs hinzukommt, der als fürsorglich wahrgenommen wird.

Kooperativer Führungsstil
2010 Früh, Aufg.1 | 2013 Herbst, Aufg.4 | 2017 Früh Aufg.5 | 2018 Früh Aufg.4 | 2018 Herbst Aufg.6 | 2019 Herbst Aufg.6
Kennzeichen: Entscheidungen durch den Vorgesetzten nach Rücksprache mit den betroffenen Mitarbeitern, argumentative Information über Entscheidungen, um Einhaltung aus Überzeugung zu erreichen.
Vorteile: Berücksichtigung aller Aspekte und Erfahrungen; Motivation der Mitarbeiter; qualifizierte Umsetzung.
Nachteile: Zeitbedarf; evtl. Verunsicherung der Mitarbeiter über Autorität des Vorgesetzten.
Geeignet in Funktionsbereichen mit höheren Ansprüchen an Flexibilität und Kreativität; bei motivierbaren und kompetenten Mitarbeitern.

„Laissez-faire"; weitgehend das Ausbleiben von Führung durch den Vorgesetzten. Vorteil: kreative und engagierte Mitarbeiter können sich entfalten.

Situativer Führungsstil
2013 Herbst, Aufg.6 | 2014 Herbst, Aufg.3b | 2015 Herbst, Aufg.7 | 2016 Früh, Aufg.7a | 2019 Herbst Aufg.6
Kennzeichen: je nach Situation, zu entscheidender Frage, betroffenem Funktionsbereich und Niveau der beteiligten Mitarbeiter (Motivation; Leistungsfähigkeit und Leistungsbereitschaft) mehr autoritäres oder mehr kooperatives Vorgehen. Je höher das Niveau desto kooperativer der Führungsstil. Von Bedeutung für die Wahl des Stils können auch sein: Unternehmenskultur, gesellschaftliches Umfeld, Branche.

Mehrdimensionaler Führungsstil = Kombination aus zwei Verhaltensaspekten; z.B. nach Blake / Mouton Kombination aus Personen- und Sachorientierung, jeweils auf einer Skala von 1 – 9.
Dementsprechend bedeuten die Extreme:
1.9 = reine Orientierung an den persönlichen Interessen der Mitarbeiter;
9.1 = reine Sachorientierung ohne Rücksichtnahme auf persönliche Faktoren;
1.1 Minimum an Aufwand;
9.9 = hohe Sachorientierung verbunden mit Engagement und persönlicher Identifikation

Umgang mit Fehlern
autoritär: Bestrafung und Kontrolle
kooperativ: Unterstützung und Anleitung
laissez-faire: Nicht-Beachtung
situativ: Reaktion je nach Reifegrad des Mitarbeiters

Methoden und Werkzeuge – *2023 Früh Aufg.4b*
zur effektiven Führung von Mitarbeitern können u.a. sein:
Zielvereinbarungen: Ein klares Set von Zielen hilft, die Erwartungen an die Mitarbeiter zu kommunizieren und dient als Maßstab für die Leistungsbeurteilung.
Mitarbeitergespräche: Regelmäßige Einzelgespräche bieten Raum für Feedback, Klärung von Erwartungen und persönliche Entwicklung.
Leistungsbeurteilungen: Durch systematische Beurteilungen können Stärken und Schwächen identifiziert und entsprechende Maßnahmen eingeleitet werden.

Delegation von Aufgaben (siehe auch Kap.5.2): Ein Vorgesetzter muss in der Lage sein, Aufgaben sinnvoll zu delegieren und so die Ressourcen des Teams optimal zu nutzen.
Kommunikation: Kommunikative Fähigkeiten sind essentiell, um Informationen klar und effizient zu übermitteln und ein offenes Arbeitsklima zu fördern.
Konfliktmanagement: Erkennen und bewältigen von Konflikten für ein produktives Arbeitsumfeld.

5. Führungsmethoden und Führungstechniken

Anwenden von Führungsmethoden und-Techniken einschließlich Vereinbarungen entsprechender Handlungsspielräume, um Leistungsbereitschaft und Zusammenarbeit der Mitarbeiter zu fördern

5.1 Motivation

2009 Herbst, Aufg.4 | 2011 Herbst, Aufg.6 | 2016 Früh, Aufg.5 | 2023 Früh Aufg.6

Motivation

Intrinsisch: um der Tätigkeit selbst willen, aus Freude an der Tätigkeit, Spaß an der Sache; Förderung durch neue Aufgaben, Gestaltungsraum für Kreativität.
Extrinsisch: um daran geknüpfter Effekte willen wie Prämien, Lob, Beförderung, Machtsymbole.

Demotivation

2009 Herbst, Aufg.1

Ursachen: nicht angemessener Führungsstil; fehlende Rückmeldung durch Vorgesetzte; Beziehungskonflikte mit Kollegen; schlechte objektive Arbeitsbedingungen; Gefühl der Benachteiligung; Ungleichbehandlungen beim Gehalt. – Indikatoren: Zunahme von Fehlzeiten; sinkende Kommunikationsbereitschaft; Lustlosigkeit ausdrückende Körpersprache; Nicht-Teilnahme an betrieblichen Veranstaltungen.

Fehlzeiten

2010 Herbst, Aufg.4 | 2020 Früh Aufg.8

Mögliche **Gründe** (außer Krankheit): persönliche Probleme; familiäre Probleme; Unzufriedenheit; Überlastung; schlechtes Betriebsklima; Mobbing.
Folgen: negative Ausstrahlung im Kollegenkreis; zusätzliche Belastung anderer; Überschreitung von Terminvorgaben.

Erfolgsbeteiligung

2009 Früh, Aufg.3

Als Mittel zur Förderung von Identifikation mit dem Unternehmen und daraus entspringender Motivation gedachte finanzielle Zuwendungen an Mitarbeiter in Abhängigkeit vom Unternehmensergebnis.

Work-Life-Balance

2020 Herbst Aufg.4

Gleichgewicht zwischen „Arbeitswelt" und „Privatleben", um ausreichende auch emotionale Erholung für den Erhalt bzw. die Wiedergewinnung der Leistungsfähigkeit zu erreichen. Für das Personalmanagement folgt daraus die Aufgabe, die Arbeitsbedingungen und insbesondere die Arbeitszeiten so zu organisieren, dass ausreichend lange ungestörte Zeitspannen für Freizeit bleiben und die Flexibilität der Mitarbeiter, ihre Arbeitszeiten den privaten Bedürfnissen anzupassen, beispielsweise durch Zeitkonten zu erhöhen.

5.2 Delegation und Kontrolle

2009 Herbst, Aufg.2 | 2010 Früh, Aufg.6 | 2011 Früh, Aufg.4c | 2012 Früh, Aufg.1 | 2012 Herbst, Aufg.8 | 2015 Früh, Aufg.3 | 2021 Früh Aufg.4a

Delegation
Grundsätzliche Fragen
- Ist der Mitarbeiter fachlich ausreichend qualifiziert?
- Ist vorab eine Schulung oder sonstige Qualifizierungsmaßnahme erforderlich?
- Hat der Mitarbeiter noch ausreichend zeitliche Reserven oder muss er von anderen Aufgaben befreit werden?
- Ist der Mitarbeiter belastbar genug, um die mit der Aufgabe verbundene Verantwortung zu übernehmen?
- Müssen andere Stellen über die Delegation informiert werden?
- Rechtfertigt die Aufgabe eine damit verbundene Leistungszulage?
- Welche Informationen braucht der Mitarbeiter im Vorhinein?
- Ist die Aufgabe bisher von jemand anderem erledigt worden, der eine Dokumentation über die Tätigkeit erstellen sollte?
- Muss der Mitarbeiter in zusätzliche Informationswege eingebunden werden?
- Hat der Mitarbeiter alle erforderlichen technischen Voraussetzungen und Hilfsmittel für die Erfüllung der Aufgabe?
- Braucht der Mitarbeiter zusätzliche formale Kompetenzen?

Home-Office - *2023 Früh Aufg.3*
Aus der Tätigkeit von Mitarbeitern und insbesondere ganzen Teams im Home-Office ergeben sich an die Führungsqualitäten zusätzliche **Ansprüche**
Kommunikation: Die räumliche Trennung kann zu einer Verringerung der spontanen Kommunikation und des Informationsflusses führen.
Teamdynamik: Das Fehlen von physischer Präsenz kann die Entwicklung von natürlicher Gruppppendynamik und des Zusammenhalts („Kohäsion“) erschweren.
Missverständnisse: Da nonverbale Signale in virtuellen Teams fehlen, ist dad Risiko von Missverständnissen erhöht.
Leistungsmessung: es ist schwieriger, die Arbeitsleistung der Teammitglieder zutreffend zu beurteilen.

Work-Life-Balance: Im Home-Office können die Grenzen zwischen Beruf und Privatleben verschwimmen, was zu Überlastung und Stress (siehe unten) führen kann.
Daraus ergebt sich de Notwendigkeit für **Gegenmaßnahmen**:
Regelmäßige virtuelle Meetings: Durch regelmäßige Videokonferenzen Kommunikationsbarrieren überwinden und Informationen effizient austauschen.
Tools für Projektmanagement und Kommunikation fördern Informationsaustausch und erleichtern die Koordination.
Klare Zielsetzungen und Erwartungen: alle sollten genau wissen, was von ihnen erwartet wird. Das schließt sowohl die Arbeitsaufgaben als auch die Kommunikationsrichtlinien ein.
Feedback: Virtuelle Mitarbeiter benötigen genauso Feedback und Anerkennung, z.B. durch regelmäßige Einzelgespräche und öffentliches Lob.
Work-Life-Balance: Führungskräfte sollten darauf achten, dass die Mitarbeiter ihre Arbeitszeiten einhalten und Freiräume für die Erholung haben..

Management-Techniken *(auch: Management-Methoden; Führungstechniken – nicht verwechseln mit Führungsstil!)*

Allen Methoden gemeinsam ist das Ziel, Führungsebenen zu entlasten und auf die wesentlichen Führungsaufgaben zu fokussieren, indem nachgeordneten Instanzen mehr Aufgabe und Verantwortung übertragen werden. Resultierende Probleme und Aufgaben: Gefahr der Überforderung der nachgeordneten Instanzen; Problem der Organisation einer wirksamen Kontrolle.

Management by Objectives (MbO)
2014 Früh, Aufg.8 | 2021 Früh Aufg.4c | 2023 Früh Aufg.7
Führen durch Zielvereinbarungen. Anforderung an Ziele: SMART. - Motivation der Mitarbeiter durch Identifikation mit dem Ziel durch einvernehmliche (schriftlich fixierte) Festlegung der Ziele; Kopplung von Prämien an Zielerreichung. Gefahr von Überforderung oder Überschätzung.

Management by Exception (MbE) = Eingreifen der Führung bei Abweichung von einem vordefinierten Entwicklungspfad. Entlastung der Führung von Routine um den Preis, nur mit meist negativen Abweichungen befasst zu werden; aufwändige Definition und Abgrenzung.

Management by Systems = weitgehende Selbstregulierung der einzelnen Systeme im Unternehmen auf Basis EDV-gestützter Verknüpfungen und Rückkopplungen.

Kontrolle und Feed-back
2011 Herbst, Aufg.5 | 2013 Früh, Aufg.7 | 2015 Herbst, Aufg.2 | 2018 Früh Aufg.6 | 2020 Früh Aufg.7
Insbesondere bei Aufgabendelegation erforderliche Kommunikation mit dem Mitarbeiter durch die delegierende Führungskraft über Einschätzung von Stand der Aufgabenerfüllung und den Grad der Zufriedenheit mit der dabei gezeigten Leistung. Dabei soll die Reaktion dem Schwierigkeitsgrad der delegierten Aufgabe entsprechend angemessen, also weder zu streng noch zu überschwänglich sein. Ziel des Feedbacks ist die Motivation des Mitarbeiters aufrecht zu erhalten und zu
stärken, eventuell erforderliche Korrekturen in der Ausführung herbeizuführen und in Erinnerung zu rufen, dass die Leistung beobachtet und beurteilt wird.

Stress
2015 Früh, Aufg.6 | 2023 Herbst Aufg.2a
Überdurchschnittliche Anspannung, die durch äußere Umstände verursacht ist und sich in seelischen und körperlichen Reaktionen äußert. Als „Eu-Stress" („guter" Stress) hilft diese Anspannung, Herausforderungen zu bewältigen (Hormon-Ausschüttung zur Leistungssteigerung), als „Dis-Stress" führt er u.a. zu geistiger Blockade und Krankheit.

5.3 Qualifizierungsbedarf und Qualifizierungsmaßnahmen

2009 Früh, Aufg.6 | 2020 Herbst, Aufg.6 | 2023 Herbst Aufg.5a

Ziele - Unternehmensperspektive
- Analyse der Potentiale der Mitarbeiter;
- parallel zur Organisationsentwicklung bei den Mitarbeitern die Fähigkeiten fördern, die aus der Entwicklung erwachsenden Anforderungen zu erfüllen;
- stärkere Identifikation der Mitarbeiter mit dem Unternehmen und dadurch geringere Fluktuation;
- Verbesserung des Betriebsergebnisses durch Kostensenkung und/oder Umsatzsteigerung dank effektiverer Arbeit;
- Erfüllen der Anforderungen von Kunden;
- Erfüllen geänderter rechtlicher Vorschriften.

Ziele - Mitarbeiterperspektive:
- persönliche Weiterentwicklung;
- verbesserte Aufstiegsmöglichkeiten;
- Sicherung des Arbeitsplatzes.

Persönlichkeitsentwicklung (*s. auch Kap.1.1)*

2023 Früh Aufg.1

Insbesondere als Ausbilder haben IM besondere Verantwortung, als Beispiel gebende Führungskraft zur P. der Auszubildenden beizutragen. Dazu können u.a. folgende Aktivitäten dienen:

Feedback: Regelmäßige Einzelgespräche können den Azubis helfen, ihre Stärken und Schwächen besser zu verstehen. Das fördert die Selbstkenntnis und Selbstreflexion.

Kommunikationsfähigkeit: Rollenspiele oder Präsentationsaufgaben sind geeignet, um die Kommunikationsfähigkeiten zu stärken.

Teamarbeit: Gruppenprojekte oder Teamaktivitäten fördern die sozialen Kompetenzen der Azubis.

Eigeninitiative : Ermutigung, eigene Ideen einzubringen und kleinere Projekte selbstständig zu bearbeiten; entwickelt das Gefühl für Eigenverantwortung und Initiative.

Organisation: Durch die Einbindung in tatsächliche Arbeitsabläufe, eventuell mit eigenen Verantwortungsbereichen, lernen die Azubis, ihre Zeit effektiv zu nutzen und Aufgaben sinnvoll zu organisieren.

Wissensmanagement

Systematische Steuerung und Kontrolle des im Betrieb vorhandenen Wissens; Behandlung als Produktionsfaktor. - **Ziel**: das gesamte für die betriebliche Leistungserstellung relevante Wissen, auch das aller Mitarbeiter, allen Mitarbeitern bei Bedarf zugänglich machen. - **Themen**
Fachwissen: Anwendungskenntnisse, fachspezifische Methoden
eigenes **Unternehmen**: interne Prozesse, Stärken und Schwächen; Verantwortlichkeiten; Eigenheiten der Unternehmenskultur
Produkte: technische Merkmale, Funktionsweisen, Schwachpunkt und Fehlerquellen
Kunden: Ansprechpartner, spezifische Anforderungen, Prozesse
Märkte: Wettbewerber, Konkurrenzprodukte, Marktentwicklungen. Rechtliche Rahmenbedingungen: Gesetze und Verordnungen; vorhandene bzw. fremde Patente.

Wissensformen

individuell = eines einzelnen Menschen
kollektiv = einer Gruppe von Menschen
strukturell = von Organisationseinheiten/-Ebenen
explizit = ausdrücklich bewusst vorhanden; verbal dokumentierbar und erklärbar.
implizit = selbstverständlich (vor-) bewusst vorausgesetzt; non-verbal, durch Zeigen und Vorführen vermittelbar.

Wissenstransfer - *2017 Herbst Aufg.5*

Transfermanagement

Allgemein die Übertragung von Wissen, sowohl von („wissenden") Personen auf andere als auch zwischen Organisationseinheiten bzw. Funktionsbereichen. Dabei unterscheiden sich die Transfermöglichkeiten je nach Wissensformen. Ziel ist, das gesamte für die betriebliche Leistungserstellung relevante Wissen zu sichern und bei Bedarf zugänglich zu machen

Methoden
Diskussionsforen im Intranet; Generierung/Aktualisierung von Checklisten; Handbücher; Kommunikation von Praxisbeispielen; Mentoring; Wissensdatenbanken
Innovationszirkel Arbeitskreise zum Generieren neuer Ideen und Problemlösungen.
QM-Gruppen (Qualitätszirkel) zur Kontrolle und Sicherung des Niveaus der Ergebnisse.

Möglichkeiten des **Intranet**:

- Wikis;
- Diskussionsforen;
- e-learning;
- Groupwaresysteme.

Forum
virtueller Raum auf einem Server zur Nutzung für Diskussionen im Intranet. Strukturierung z.B. nach Gegenstand, Methoden, Häufigkeit, Aktualität, Bewertung.
Einzelner Eintrag = **Posting**; Gesamtheit der Postings zu einem Thema = **Thread.**

Content Management

„Verwaltung von Inhalt"; ein „**Content Management System**" (CMS) unterstützt folgende Tätigkeiten:
- Erstellen, Importieren und Verknüpfen von Inhalten
- Strukturieren und Verwalten von Inhalten
- Bereitstellen und Präsentieren von Inhalten
- Verwalten von Nutzern und Inhalten
- individualisierende Arbeit unter Nutzung des Inhalts.

Rollen:
Autoren = Hersteller und Bearbeiter des contents;
Manager (Redakteur) = Verantwortlicher für formale Korrektheit der Dokumente und ihre Freigabe;
Entwickler = Verantwortlicher für Datenbanken und Programme;
Administrator = Gesamtverantwortlicher für technische Sicherstellung und Organisation der Datenspeicherung

Blogs
Einfaches Content-Management-System, das meist nur von einem Nutzer persönlich mit Inhalt gefüllt wird. – Geeignet vor allem für die fortlaufende knappe Dokumentation eines Vorgangs ohne großen Anspruch an optische Aufbereitung.

Wikis
Zusammentragen von Informationen zu einem Thema durch viele User. - Keine oder geringe interne Hierarchien; Zugriff nicht nur zur Information, sondern auch zur Ergänzung / Änderung für jeden auf alle Inhalte. Einfache Möglichkeit der Eingabe bzw. Änderung mit Dokumentation aller Vorgänge inklusive Wiederherstellen älterer Versionen.

E-learning – *2023 Herbst Aufg.5c*
Lernen auf technischer Grundlage von elektronischen Kommunikationssystemen. Im engeren Sinne: unter Nutzung von Servern über Internet.
Vorteile: ortsunabhängig, Wegfall von Zeit und Kosten für Anfahrt; durch Speicherung von Sitzungen und Lernfortschritten Reproduzierbarkeit, versäumte Sitzungen können als Aufzeichnung nachgeholt werden; vielfältige Interaktionsmöglichkeiten; Individualisierung von Lerntempo und Lerninhalten möglich. –
Nachteile: Ablenkung durch Umgebung; Lernhaltung nicht durch Lehrer kontrollierbar; keine Interaktion mit anderen Lernenden, fehlender Klassen-/Gruppen-Effekt.
Blended learning = Mischform aus Präsenzunterricht und e-learning.

Mentoring
Weitergabe von fachlichem Wissen und/oder methodischen Kenntnissen durch einen erfahrenen Mitarbeiter (Mentor) zur Förderung eines jüngeren bzw. neuen Mitarbeiters (Mentee).
Training = Vermittlung von Fähigkeiten durch einen Experten durch vormachen, üben, anleiten, korrigieren.

Beteiligte an Personalentwicklung
Unternehmensleitung, Geschäftsführung, Personalabteilung, Mitarbeiter, Betriebsrat, Vorgesetzte, externe Berater, Trainer.

Unterscheidung nach Verhältnis zur Berufsausübung:
Vorbereitend: Ausbildung; Praktika; Trainee-Programm
Begleitend: Qualifikationsmaßnahmen zur
- Anpassung an (gestiegene oder veränderte) berufliche Anforderungen;
- Erhaltung beruflicher Fertigkeiten;
- Erweiterung der Fähigkeiten und Kenntnisse;
- Befähigung für einen beruflichen Aufstieg.

Verändernd: Vorbereitung auf eine andere berufliche Tätigkeit, Umschulung.

Mitarbeiterbeurteilung
2012 Herbst, Aufg.10
Beurteilungsrichtung:
- Vorgesetztenbeurteilung: Mitarbeiter beurteilen Vorgesetzte - Mitarbeiterbeurteilung: Vorgesetzte beurteilen Mitarbeiter
- Kollegenbeurteilung: gegenseitige Beurteilung auf gleicher Hierarchie-Ebene
- Selbstbeurteilung: Mitarbeiter beurteilen sich selbst

Grundsätze für die Durchführung einer Beurteilung:
- maximale Objektivität;
- vorbereiteter strukturierter einheitlicher Ablauf durch Verwendung von Beurteilungsformularen (siehe unten);
- einheitliche klare Kriterien der Beurteilung;
- Abgrenzung der zu beurteilenden Bereiche.

Anlässe *(2011 Früh, Aufg.6):*
Wechsel des Aufgabenbereichs, Arbeitsplatzes; Wechsel des Vorgesetzten; Personalentwicklungsplanung; Vorbereitung von Zielvereinbarungsgesprächen.

Bewertungssysteme /-kriterien - *2015 Herbst, Aufg.4*
- **freie Bewertung**: unstrukturiert erzählend oder teil-strukturiert durch Vorgabe von Fragestellungen, Verwendung von Beurteilungsformularen (siehe unten);

Gebundene Bewertungen:
- **Rangordnungsverfahren**: vergleichende Beurteilung einer begrenzten Zahl von Mitarbeitern nach gleichen Merkmalen zur Erstellung einer Rangliste; Auswertung insgesamt nach Platzierungssummen oder nach einzelnen Merkmalen möglich;
- **Einstufungsverfahren**: Beurteilung verschiedener Merkmale oder Eigenschaften auf einer mehrstufigen Skala.

Beurteilungsformulare (Beurteilungsbögen)
Geschlossene (gebundene) Form: Fragen und Antwortmöglichkeiten vorgegeben; Vorteil: Vergleichbarkeit; Transparenz; Zeitersparnis.
Freie Form: weitgehende Freiheit in Reihenfolge und Methode der Angaben. Vorteil: Differenzierungen; Flexibilität.
Mischform: Kombination der Vorteile; Möglichkeit für Kommentare zu Bewertungen.

Potenzialanalyse
Systematische Beurteilung der Mitarbeiter; **Bewertungsfelder** in Abstimmung mit in gleicher Weise standardisierten Anforderungsprofilen der verschiedenen Stellen und Arbeitsbereichen:
-Fachwissen;
-Flexibilität;
-Belastbarkeit;
-Teamfähigkeit;
-kommunikative Kompetenzen;
-Gewissenhaftigkeit, Genauigkeit.

Assessment Center

Gleichzeitige Beobachtung einer Gruppe von Mitarbeitern (bzw. auch externen Bewerbern) durch mehrere Personen zur Beurteilung des Potenzials und der Kompetenzen in praxisbezogenen Situationen. Das Assessment kann über einen oder auch mehrere Tage gehen und sowohl berufsbezogene Aufgabenstellungen als auch verhaltensorientierte Übungen oder psychologische Testverfahren beinhalten.

Durchführung:
1. Klärung der Ziele;
2. Analyse der zu beobachtenden Eigenschaften;
3. Auswahl der einzusetzenden Mittel und Übungen;
4. Auswahl und Schulung der Beobachter;
5. Organisation und Durchführung;
6. Evaluation und Controlling des Assessment Center selbst.

Übungen (Beispiele):
Rollenspiele; Gruppendiskussionen; Präsentationsaufgaben; Übungsaufträge; Selbst- und Fremd-Beurteilungen; Teamaufgaben.

Fortbildung: Arten

Aufstiegsfortbildung; Qualifizierung für einen größeren Aufgabenbereich.
Anpassungsfortbildung; Aktualisierung vorhandener Qualifikationen entsprechend veränderter Anforderungen, z.B. durch technische Entwicklungen.
Erweiterungsfortbildung; Erwerb zusätzlicher Kenntnisse im ausgeübten Tätigkeitsfeld.
Erhaltungsfortbildung; Auffrischung vorhandener Kenntnisse und Fertigkeiten zur Sicherung des Wissensniveaus.

Training Maßnahmen
On the job = am Arbeitsplatz
Off the job = außerhalb des Arbeitsplatzes; extern
Near the job = im Unternehmen, aber nicht am Arbeitsplatz
Along the job = berufsbegleitend
Into the job = Einarbeitung

Einarbeitung

2019 Früh Aufg.1 | 2021 Herbst Aufg.3
Praxisbezogene Hinführung von Mitarbeitern an die für ein neues Aufgabengebiet erforderlichen speziellen Informationen, Kenntnisse und Fähigkeiten („technical **onboarding**"). Bei neuen Mitarbeitern kommen dazu die Unterrichtung über interne Strukturen, Regeln und Anweisungen incl. Maßnahmen zur sozialen Integration in die Unternehmensstruktur **(„social onboarding")**.
Die damit verbundenen Aufgaben der zuständigen Führungskraft lassen sich unterteilen in:

- Eigene Vorbereitung (Analyse der Unterlagen des neuen Mitarbeiters; Vorbereitung von Informationsmappe, Arbeitsplatz; Organisation der technischen Integration in Daten- und Kommunikationsstrukturen);
- Vorbereitung der Mitarbeiter auf „den Neuen" (Information über Einsatzbereich im Verhältnis zur vorhandenen Aufgabenteilung; Motivation für Unterstützung; evtl. Benennung eines „Paten");
- Einführung des neuen Mitarbeiters (persönlicher Empfang; Rundgang und Vorstellung des MA auch bei Leitern anderer Abteilungen; Erledigung der Formalitäten in Zusammenarbeit mit Personalabteilung).

Phasen der Fortbildungsmaßnahmen
2018 Früh Aufg.5 | 2019 Früh Aufg.2
Planungsphase: Ist-Analyse Personalstand, Abgleich mit Entwicklungszielen; Festlegung der zu entwickelnden Kompetenzen und Qualifikationen; Budgetierung; Auswahl potentieller Teilnehmer; Auswahl potentieller externer Veranstalter / Trainer.
Durchführungsphase: Festlegung der Teilnehmer; Information über Entwicklungsinhalte und Maßnahmen; begleitende Unterstützung und Kontrolle.
Transferphase: Auswertung in Zusammenarbeit mit Teilnehmern; Organisation von Informationssicherung und Wissenstransfer; Kontrolle des Umsetzungserfolgs.

Förderung innerbetrieblich
2016 Früh, Aufg.2b | 2020 Früh Aufg.2
Job-Rotation (= Wechsel der Arbeitsplätze)
Vorteile: Neue Perspektiven; besseres Verständnis für Zusammenhänge. - Nachteile: Einarbeitungszeit; Unruhe durch Veränderung
Job-Enlargement (= Erhöhung der Aufgabenmenge auf gleichem Niveau)
Vorteil: Motivation durch Herausforderung. - Nachteil: Wahrnehmung als Mehrarbeit
Job-Enrichment: (= „Anreicherung" der Aufgaben; Erhöhung des Anspruchsniveaus)
Vorteil: größere Entfaltungsmöglichkeiten; interessantere Herausforderung.- Nachteil: Überforderung.

Förderung außerbetrieblich
z.B. externe Seminare, Schulungen, Kurse
Externe Bildungsmaßnahmen – Auswahlkriterien und Kosten
(Klausur „Information...", 2016 Herbst, Aufg.3) 2023 Herbst Aufg.5b
- Referenzliste
- Qualifikation der Dozenten
- Nachweis der eingesetzten didaktischen Methoden
- Technische Ausstattung
- Professionelles Qualitätsmanagement
- Preis-Leistungs-Verhältnis
- Räumliche Nähe

- Niveau, Tauglichkeit der Unterlagen
- Einstufungstests vor den Maßnahmen
- Unterstützung bei Umsetzung nach der Maßnahme
- Testat, Prüfung, Zeugnis am Ende der Maßnahme

Kosten:

- Seminargebühren, Honorare;
- Reise- und Übernachtungskosten;
- Arbeitszeitausfall, Vertretung;
- Arbeitszeit für Vorbereitung.

Lernkontrollen *(2013 Herbst, Aufg.6b)*
Kontextkontrolle: Überprüfung der vorgesehenen Mittel und Maßnahmen während der Planungsphase.
Lernfortschrittskontrolle: Überprüfung des Lernfortschritts während der Förderungsmaßnahme.
Lernerfolgskontrolle: Überprüfung des erreichten Lerneffekts im Abgleich mit dem angestrebten Lerneffekt.

Stellenbeschreibungen – Aufbau
Bezeichnung der Stelle
Ziele und Hauptaufgaben
Organisatorische Eingliederung
Befugnisse und Vollmachen
Anforderungen und Kompetenzen

Kompetenzen für Stelleninhaber**:**
1. Ausführungskompetenz
2. Verfügungskompetenz
3. Antragskompetenz
4. Entscheidungskompetenz
5. Anordnungs- (=Weisungs-) Kompetenz
6. Mitsprachekompetenz
7. Stellvertretungskompetenz

Kompetenzen von Mitarbeitern, insbes. Führungskräften
- Fachkompetenz: Kenntnisse im Tätigkeitsbereich;
- Methodenkompetenz: Beherrschen von Entscheidungs- und Führungsmethoden, organisatorischen Techniken;
- Sozialkompetenz: kommunikative Fähigkeiten, Teamfähigkeit;
- persönliche Kompetenzen: Belastbarkeit, Leistungsfähigkeit.

Trainee Programm
Einarbeitungsprogramm für besonders (akademisch) qualifizierte neue Mitarbeiter mit der Perspektive auf Führungspositionen, bei dem einerseits der Trainee auf eigene Erfahrung und Beobachtung gestützte Kenntnisse vieler für seine künftige Tätigkeit relevanten Bereiche erhalten soll, andererseits das Unternehmen konkrete Rückschlüsse auf geeignete Einsatzfelder ziehen kann.

5.4 Mitarbeiterbeurteilung und Arbeitszeugnis

Gründe für Einführung eines Beurteilungssystems
2021 Früh Aufg.5a
- Ermittlung von Leistungsniveau der Mitarbeiter;
- Voraussetzung für Potentialanalyse;
- Basis für gezielte Personalentwicklung;
- Schaffung objektiver Voraussetzungen für Leistungszulagen;
- Material für Erstellung von (Zwischen-) Zeugnissen;
- Voraussetzung für gezielte Versetzungen zur Personalentwicklung.

Beurteilungsrichtung (Benennung nach dem Beurteilten)
- **Vorgesetztenbeurteilung**: Mitarbeiter beurteilen Vorgesetzte;
- **Mitarbeiterbeurteilung**: Vorgesetzte beurteilen Mitarbeiter;
- **Kollegenbeurteilung**: gegenseitige Beurteilung auf gleicher Hierarchie-Ebene
- **Selbstbeurteilung**: Mitarbeiter beurteilen sich selbst
- **360-Grad-Beurteilung** *(2013 Herbst, Aufg.8c)*: Beurteilung v.a. von Führungskräften gleichermaßen als Vorgesetzten-, Mitarbeiter- und Kollegenbeurteilung sowie als Beurteilung durch Kunden.

Grundsätze für die Durchführung einer (Mitarbeiter-) Beurteilung - *2009 Früh, Aufg.7 | 2019 Herbst Aufg.1b*
- maximale Objektivität;
- vorbereiteter strukturierter einheitlicher Ablauf durch Verwendung von Beurteilungsformularen (siehe unten);
- einheitliche klare Kriterien der Beurteilung;
- Abgrenzung der zu beurteilenden Bereiche.

Bewertungssysteme:
- **freie Bewertung**: unstrukturiert erzählend oder teil-strukturiert durch Vorgabe von Fragestellungen, Verwendung von Beurteilungsformularen (siehe unten);

Gebundene Bewertungen:
- **Rangordnungsverfahren**: vergleichende Beurteilung einer begrenzten Zahl von Mitarbeitern nach gleichen Merkmalen zur Erstellung einer Rangliste; Auswertung insgesamt nach Platzierungssummen oder nach einzelnen Merkmalen möglich;

- **Einstufungsverfahren**: Beurteilung verschiedener Merkmale oder Eigenschaften auf einer mehrstufigen Skala.

Beurteilungsformulare (Beurteilungsbögen)
Geschlossene (gebundene) Form: Fragen und Antwortmöglichkeiten vorgegeben; Vorteil: Vergleichbarkeit; Transparenz; Zeitersparnis.
Freie Form: weitgehende Freiheit in Reihenfolge und Methodik. Vorteil: Differenzierungen; Flexibilität.
Mischform: Kombination der Vorteile; Möglichkeit für Kommentare zu Bewertungen.

Mitarbeitergespräche
2014 Früh, Aufg.3 + Aufg.9a | 2015 Früh, Aufg.5 | 2015 Herbst, Aufg.5 | 2017 Herbst Aufg.6a | 2019 Herbst Aufg.1a
Anlässe können sein
- Beurteilung (siehe unten);
- Versetzung, Beförderung;
- Rückkehrgespräch nach längerer Abwesenheit durch Krankheit oder auch nach Entsendung (*siehe Kap. 1.3!);*
- Kritik (siehe unten);
- Beschwerden (von anderen oder des Mitarbeiters selbst);
- Vertragsänderung, Gehaltsänderung.

Auch ohne gegebenen Anlass dienen Mitarbeitergespräche als „Feedback“ (siehe Kap.5.2).
Zur **Vorbereitung** durch die Führungskraft gehören unabhängig vom Anlass u.a.:
- Information über aktuellen Stand der Personalakte;
- Thema und Verlauf des letzten Gesprächs erinnern;
- Vorstellung über mittel- und langfristige Perspektive;
- konkrete Zielsetzung für das angesetzte Gespräch;
- Prüfen von möglicherweise im Gespräch auftretenden Aspekten und Reaktionen, die zusätzliche Vorbereitung erfordern.

Kritikgespräch
2010 Früh, Aufg.7 | 2010 Herbst, Aufg.6 | 2014 Herbst, Aufg.2 | 2020 Herbst, Aufg.7
- Begrüßung, Gesprächseröffnung; Einstieg mit Betonung positiver Aspekte und Gemeinsamkeiten;
- Benennung der konkreten Kritikpunkte, evtl. mit Hinweis auf entsprechende Richtlinien, Regeln und Vereinbarungen;
- Benennung eingetretener negativer Auswirkungen (materielle oder finanzielle Schäden; Beeinträchtigung des Betriebsklimas);
- Gelegenheit zu Stellungnahme des Betroffenen;
- evtl. nähere Aufklärung der Informationen und Umstände;
- Erarbeitung einer einvernehmlichen Vereinbarung über weiteres auch zeitliches Vorgehen, evtl. einschließlich Hinweis auf andernfalls drohende Konsequenzen;
- Zusammenfassung, evtl. Betonung unterstützender Maßnahmen und Angebote, Ausblick; evtl. bereits Vereinbarung eines Folgetermins.

Beurteilungsgespräch
2011 Früh, Aufg.7 | 2016 Herbst, Aufg.5 | 2017 Früh Aufg.7a+b | 2018 Herbst Aufg.1 | 2019 Herbst Aufg.1b
Ablauf grundsätzlich wie Kritikgespräch. Inhaltliche Ausrichtung auf Selbsteinschätzung des Mitarbeiters, Aufzeigen von Entwicklungsmöglichkeiten, Vereinbarung von Weiterbildungsmaßnahmen.

Bewertungskriterien
2009 Herbst, Aufg.6
Leistungsfähigkeit; Fachkompetenz; Leistungsbereitschaft; Verantwortungsbereitschaft; Sozialverhalten; Zuverlässigkeit; Eigeninitiative.

Beurteilungsfehler
2012 Früh, Aufg.3 | 2016 Früh, Aufg.7b | 2017 Früh Aufg.7c | 2018 Herbst Aufg.1c | 2019 Herbst Aufg.1c | 2021 Früh Aufg.5b
- **Übernahmefehler** = Wiederholung einer früheren Beurteilung unter Verkennung eingetretener Änderungen;
- **Halo-Effekt** = Rückschluss von bekannten Eigenschaften / Verhaltensweisen auf unbekannte;

- **Hierarchieeffekt** = tendenziell bessere Beurteilung bei höherer Stellung;
- **Primacy-Effekt** = stärkere Gewichtung der ersten Eindrücke;
- **Recency- (Nikolaus-)Effekt** = stärkere Gewichtung jüngerer Ereignisse;
- **Andorra-Phänomen** = Anpassung des Verhaltens an Erwartungen / Vorurteile der Umwelt, damit Selbsterfüllung der Beurteilung;
- **Pygmalion-Phänomen** = Anpassung des Verhaltens an Erwartungen, Vorurteile des Vorgesetzten;
- **Kontrastfehler** = unbewusste Verfälschung des Urteils durch Vergleich mit anderem Mitarbeiter oder eigenem Verhalten;
- **Projektions- (Ähnlichkeits-)Fehler** = Übertragen von Eigenschaften oder Problemen auf den zu Beurteilenden;
- **Tendenzfehler** = entweder aus der persönlichen Einstellung des Beurteilenden oder Verwendung eines falschen Maßstabs resultierende Verzerrung in eine Richtung („Tendenz zur Milde“ bzw. „Tendenz zur Strenge“) oder („Tendenz zur Mitte“) aus Unsicherheit Vermeiden eindeutiger Urteile.

Grundsätze und Formen von Anerkennung und Kritik
Notwendigkeit und Ziele von Mitarbeiterbeurteilungen: Beurteilungsformen, –Verfahren und – Merkmale

Zeugnis

2009 Herbst, Aufg.7 | 2021 Früh Aufg.5c

Vom Arbeitgeber zu erstellende Bescheinigung über Art und Dauer der Beschäftigung (**einfaches Zeugnis**). Bei einem qualifizierten Zeugnis werden darüber hinaus Qualifikation, Leistungen und Verhalten des Mitarbeiters bewertet. Der Arbeitnehmer hat bei Beendigung des Arbeitsverhältnisses Anspruch auf ein „wohlwollend formuliertes“ qualifiziertes Zeugnis.

Zwischenzeugnis

Zeugnis bei ungekündigter Stellung, auf das der Mitarbeiter Anspruch hat bei berechtigtem Interesse, z.B. Wechsel des Vorgesetzten, Änderungen im Tätigkeitsbereich, Vorlage bei einer Behörde. – Als **qualifiziertes** Zeugnis sollte es Aussagen enthalten über Kernaufgaben, zusätzliche Aufgaben, fachliche und persönliche Kompetenzen, Beurteilung von Arbeitsweise, Verhalten gegenüber Vorgesetzten, Kollegen und Kunden.

5.5 Unterweisung von Mitarbeitern

Siehe Fach „Information, Kommunikation…“; Kap.6.2

Unterweisungen

2011 Früh, Aufg.1 | 2014 Früh, Aufg.6 | 2017 Früh Aufg.3 | 2018 Herbst Aufg.2

Vermittlung von Richtlinien und Vorschriften, die ohne Diskussionen einzuhalten sind, in Form eines Vortrags. Damit sind das Verstehen und Merken durch die Teilnehmer die zentralen Ziele einer Unterweisung.

Schema einer Unterweisung:

1. Begrüßung; Bedeutung des Themas verdeutlichen, evtl. Hinweis auf gegebenen Anlass;
2. Folgen von Nicht-Beachtung konkret aufzeigen;
3. Systematische gründliche Schritt-für-Schritt-Darstellung;
4. Gelegenheit für Verständnisfragen;
5. Zusammenfassung und Information über eventuelle Kontrollen / Wiederholungen.

Geeignete **Mittel** können u.a. sein:

- Merksätze;
- Piktogramme und andere Symbole;
- Flussdiagramme;
- Grafiken;
- Erfolgskontrolle durch Tests.

Anlässe - *2020 Früh Aufg.6*

Einweisung neuer Mitarbeiter;
Korrektur von Fehlverhalten;
neue rechtliche Vorgaben;
Implementierung neuer oder geänderter Prozesse;
Installation neuer Techniken;
Änderung von Arbeitsanweisungen.

Unterrichtung durch Vortrag - Vorbereitung

2010 Herbst, Aufg.3 | 2019 Herbst Aufg.2 – siehe auch Fach „Information, Kommunikation...", Kap.3.2

Fünf-Phasen-Modell:

1. Sammeln und übersichtliches Auflisten aller relevanten Informationen;

2. Analyse dieser Informationen auf Struktur und gemeinsame Merkmale durch Sortieren;

3. Gliederung des Stoffs unter Straffung auf einen „roten Faden";

4. kritische Durchsicht und Überarbeitung auf Stringenz der Darlegung und Zeitbedarf, Vorbereitung von Hand-outs;

5. Notizen als Gedankenstützen und für den Vortrag belebende Beispiele, Bonmots etc.

Grundsätzliches **Vorgehen**:

- **Organisation:** Termin und Zeitraum; Raumreservierung; rechtzeitige vollständige Einladung; Präsentationstechnik; Unterlagen für Teilnehmer, evtl. incl. Bewertungsformulare; Bewirtung; Beteiligte incl. Begrüßung und Schlusswort.
- **Zielgruppenanalyse**: Beschaffen und Auswerten von Informationen über Alter, Herkunft, Interessenlage, Vorbildung, Hierarchiegrad, Zeitbudget und Anzahl der Teilnehmer.
- **Präsentation:** Einleitung mit aufmerksamkeitsstarker These; Hauptteil mit Visualisierung der Struktur des Vortrags; sparsame (graphische) Verwendung von Zahlen; Zusammenfassung als Pointierung im Hinblick auf anschießende Fragen, Diskussion

6. Kommunikation und Kooperation

Kommunikationswege

2013 Herbst, Aufg.7 | 2017 Herbst Aufg.4

Formelle = durch Vorschrift entstanden und geregelt; bei Festlegung einer „zentralen Stelle" für Empfang und Weitergabe von Informationen sternförmige Struktur;
informelle = durch tatsächliches Verhalten der Beteiligten entstanden; prinzipiell Kommunikationsverbindungen von jedem Gruppenmitglied zu jedem anderen = netzförmige Struktur.

Kommunikationsmittel – *2023 Früh Aufg.8*

Zu den „**klassischen**" internen Kommunikationsmitteln gehören v.a.:

- Mitarbeitergespräche
- Schwarzes Brett
- Rundschreiben
- Meetings
- Workshops und Seminare

2022 Früh, Aufg.5

Durch die **Digitalisierung** entstandene neue Mittel zum Informationsaustausch zwischen Mitarbeitern sind v.a._

- E-mails;
- Intranet;
- Newsletter;
- Messenger und Chats:
- WebMeetings.

Die Vorteile liegen in der Schnelligkeit der Informationsübermittlung bei niedrigen Kosten und je nach Medium evtl. der Möglichkeit, mehrere Kommunikationsmittel zu kombinieren (z.B. Web-Meeting mit Ton, Video und Präsentation von Grafiken) und die Kommunikation durch Aufzeichnung zu dokumkentieren. Nachteile können entstehen aus dem Fehlen non-verbaler Kommunikation durch Missverständnisse, durch ineffektive Arbeitsprozesse wegen der permanenten Verfügbarkeit. – *siehe auch Kap. 5.3*

Kommunikation in Gruppen:
„sternförmig" = Sammeln und Verteilen der Informationen durch einen Koordinator;
„netzförmig" = unkoordinierte Kommunikation aller miteinander; Regelfall bei informellen Gruppen

Rollen in Gruppen
2012 Herbst, Aufg.4b
Außenseiter – integrieren
Informelle Führer – kooperieren
Wichtigtuer – limitieren
Saboteure – isolieren
Clown – mit Sachfragen einbeziehen
Verweigerer – beauftragen
Schüchterner - fördern
Aggressiver Meinungsführer – isolieren

Störungen *2012 Herbst, Aufg.5*
Mögliche Ursachen und Reaktionen:
- Gespräch mit Nachbarn – Aufforderung an Störenden, dem Nachbarn Gesagtes für alle zu wiederholen
- Beschäftigung mit Smartphone – direktes Ansprechen mit Hinweis auf Thema und Bedeutung;
- Bekundung von Desinteresse durch Körpersprache – mit Fragen oder Aufforderung zu einem Beitrag einbinden.

Konflikte
2020 Herbst, Aufg.5 | 2023 Herbst Aufg.3 - siehe auch Kap. 3.1 und Handlungsbereich „Information…", Kap. 6.2
Mögliche Konfliktfelder:
Zielkonflikt = Uneinigkeit über Ziele; Vorbeugung durch verbindliche eindeutige Zielhierarchie.
Bewertungskonflikt = unterschiedliche Einschätzung der Methoden zur Zielerreichung; Vorbeugung durch Erstellung einer Übersicht aller Möglichkeiten und Erarbeitung gemeinsamer Entscheidungskriterien.

Verteilungskonflikt = Uneinigkeit über Zuordnung monetärer und/oder personeller Ressourcen; Vorbeugung durch frühzeitige transparente Budgetplanung.
Beziehungskonflikte = Uneinigkeit über die Zusammenarbeit; Vorbeugung durch klare Zuständigkeiten und Verhaltensprinzipien.

Konfliktursachen
2016 Früh, Aufg.6 | 2017 Früh Aufg.6
Häufige Konfliktursachen und geeignete Maßnahmen dagegen sind:
Fehlende Kenntnis und Achtung der Arbeit anderer; Abhilfe durch regelmäßige Treffen, Bildung von Teams.
Fehlende Kenntnisse aufgrund mangelnder Information; Abhilfe durch Organisation des Informationsflusses, Durchführung von Workshops.
Fehlende Verständigungsbereitschaft; Abhilfe: gemeinsames Erarbeiten von Kommunikationsrichtlinien, Objektivierung der Vorteile besserer Kommunikation.
Unterschiedliche Zielvorstellungen oder Wertebasis; Abhilfe: Erarbeiten gemeinsamer Ziele, Leitsätze; externe Seminare.
Neid, Missgunst, Empfinden von ungerechter Behandlung; Abhilfe: Konfliktgespräch zur Offenbarung der Ursachen; Objektivierung der Beurteilung, Entlohnung.
Vor allem im Zusammenhang mit Teamarbeit unterscheidet man u.a. folgende Ursachen für auftretende Konflikte: Konkurrenz; Überforderung einzelner; Interessenkonflikte. Der offene Umgang mit diesen Konflikten kann zum frühzeitigen Erkennen und Lösen von Problemen führen und neue Ideen und Lösungsmöglichkeiten hervorrufen.

Kommunikationsvoraussetzungen
2012 Herbst, Aufg.4a | 2013 Früh, Aufg.6 | 2014 Früh, Aufg.9b | 2016 Herbst, Aufg.4
Bereitschaft zur Sachlichkeit; Überwinden von Vorurteilen; Nachfragen bei Verständnisproblemen; Austausch auf gleichem sprachlichem Niveau; Abwesenheit externer Störfaktoren; zugewandte Körpersprache.

Johari-Fenster
Unterscheidet in der Kommunikation zur Analyse von Selbst- und Fremdwahrnehmung die vier Bereiche:

- **öffentlich** = Bereich des freien Handelns (das bewusst angestrebte Ziel);
- **geheim** = Bereich des Verbergens (Absicht, Eigenheit oder Ziel, die nur dem Kommunizierenden bekannt sind und unerkannt bleiben sollen);
- **unerkannt** = blinder Fleck (Außenwirkung, die selbst nicht wahrgenommen wird)
- **unbekannt** = Bereich des Unbewussten (dem Kommunizierenden nicht bekannte und auch nach außen nicht offensichtliche Eigenheiten)

Ziel ist Erweiterung des Anteils des öffentlichen Bereichs durch Offenlegung des Verborgenen und Bewusstmachen des Unerkannten durch Rückmeldung.

Besprechungen

2013 Herbst, Aufg.5 | 2019 Früh Aufg.7 – Thema laut Rahmenplan im Fach „Information, Kommunikation“ Kap.6.2

Vorbereitung

Inhaltlich: Anlass, Vorgeschichte, Fakten, Zielsetzung
Organisatorisch: geeigneter Raum, rechtzeitige Einladung, Erstellen Unterlagen, Prüfung Vortragstechnik, Organisation ungestörten Ablaufs, evtl. Verpflegung.

Ablauf

Kontaktphase: Begrüßung, Gesprächseröffnung, evtl. Einstieg mit Gemeinsamkeiten am Rande des eigentlichen Themas;
Orientierungsphase: Benennung des Themas und der generellen Zielsetzung des Gesprächs, evtl. Hinweis auf Kommunikationsregeln und Zeitplan;
Diskussionsphase: Besprechung der Informationen, Stellungnahmen und Anregungen der Teilnehmer; Lösungsphase
Abschlussphase; Auswertung zur Erarbeitung eines einvernehmlichen Ergebnisses; Einigung über weiteres auch zeitliches Vorgehen; Zusammenfassung, Ausblick.
Nachbereitungsphase: Auswertung der Besprechung; Erstellung und Weitergabe des Protokolls; Integration der Beschlüsse in das eigene Kontrollsystem.

Informationserhebung

Befragung - schriftlich (Fragebogen) (*2014 Herbst, Aufg.1)*

Vorteile: geringere Kosten; Zeit zum Nachdenken für Befragte; keine Beeinflussung durch Interviewer; hohe Anonymität.

Nachteile: keine Hilfe bei Missverständnissen; einfache Gestaltung des Fragebogens erforderlich; keine Kontrolle, wer tatsächlich den Fragebogen ausgefüllt hat; häufig geringe Rücklaufquote; Aufwand bei der Daten-Erfassung.

Befragung - mündlich (Interview)

Vorteile: Einsatz von Hilfsmitteln, Vorlagen möglich; Möglichkeit zusätzlicher Beobachtungen; größere Differenziertheit der Fragen möglich.

Nachteile: teuer; erheblicher Aufwand über Interviewer; großer Zeitraum zwischen Start und Abschluss der Befragung.

Aktennotiz

2014 Herbst, Aufg.4

An keinen bestimmten einzelnen Adressaten gerichtete Dokumentation einer Information zur Archivierung in den zu diesem Vorgang oder Kunden oder Mitarbeiter existierenden Unterlagen.

Teil E – Naturwissenschaftliche und technische Gesetzmäßigkeite

1. Chemische Reaktionen und ihre Auswirkungen

1.1 Chemische Reaktionen

April 2015 Aufg.1, Nov. 2015 Aufg.1, Mai 2017 Aufg.1
Eine chemische Reaktion kann in Form einer Reaktions-gleichung dargestellt werden. So reagieren z.B. 2 Atome Natrium mit einem Molekül Chlor zu 2 Molekülen Natriumchlorid.

$2Na + Cl_2 = 2NaCl$
Bei dieser Reaktion wird Energie in Form von Wärme frei, man spricht von einer exothermen Reaktion. Läuft eine Reaktion nur unter Energiezufuhr ab, so spricht man von einer endothermen Reaktion

1.1.1 Oxidation

Nov. 2015 Aufg.1, April 2015 Aufg.1, Mai 2012 Aufg.1

Oxidation ist die Reaktion eines Stoffes mit Sauerstoff. Die Verbrennung von Holz, Öl, Kohle etc. ist eine Oxidation, aber auch z.B. das Rosten von Eisenwerkstoffen.
Beispiel:
$\mathbf{C + O_2 = CO_2}$ (Kohlenstoffdioxid)
$\mathbf{2Fe + O_2 = 2FeO}$ (Eisenoxid)

In vielen Fällen reicht der Sauerstoff der Luft aus, um einen Stoff zu oxidieren. Ist das nicht der Fall, wie z.B. bei einem Schweißbrenner, so muss Sauerstoff direkt zugeführt werden. Ist eine direkte Zufuhr von Sauerstoff nicht möglich, muss der benötigte Sauerstoff von Oxidationsmitteln geliefert werden. Das sind sauerstoffreiche Verbindungen, die eine relativ geringe Affinität zum Sauerstoff haben und ihn daher leicht abgeben, z.B. Kaliumnitrat KNO3. Oxidationsvorgänge sind exotherm, d.h. es wird Energie freigesetzt. Um eine Oxidation zu verhindern, z.B. beim Schweißen, werden häufig Schutzgase eingesetzt, sie verdrängen den Luftsauerstoff.

1.1.2 Reduktion

Nov. 2015 Aufg.1, April 2015 Aufg.1, Mai 2012 Aufg.1

Wird einem Stoff Sauerstoff entzogen, so spricht man von einer Reduktion. Eine Reduktion ist also die Umkehrung einer Oxidation. Um eine Reduktion hervorzurufen und aufrecht zu halten, ist meistens eine Energiezufuhr erforderlich.

Reduktionsvorgänge sind daher endotherm. Die Reduktion wird durch Stoffe hervorgerufen, die leicht Sauerstoff aufnehmen z.B. Kohlenstoff, Wasserstoff oder Kohlenstoffmonoxid.

1.1.3 Redoxreaktion

Nov. 2013 Aufg.1

Der Sauerstoff für eine Oxidation eines Stoffes kann aus einer anderen Verbindung stammen. Diese gibt den Sauerstoff ab und wird dabei reduziert. Eine Reduktion ist also stets gekoppelt mit einer Oxidation bzw. umgekehrt. Man spricht daher von Redoxreaktionen.

Beispiel:

Kupferoxid CuO gibt den Sauerstoff an Wasserstoff ab.

$$\mathbf{CuO + H_2 \rightarrow Cu + H_2O}$$

1.1.4 Korrosion

Nov. 2010 Aufg.1, Nov. 2012 Aufg.1, Mai 2013 Aufg.1, Mai 2016 Aufg.1, Mai 2018 Aufg.1, Nov. 2018 Aufg.1, Nov. 2020 Aufg.1, Mai 2022 Aufg.1c

Korrosion bewirkt die Zerstörung von Werkstoffen durch chemische Reaktionen. Häufig sind das Oxidationsvorgänge oder die Einwirkung von Säuren.

In den meisten Fällen tritt die elektrochemische Korrosion auf. Stehen zwei unterschiedliche Metalle über eine gut leitende Flüssigkeit (Elektrolyt) miteinander in Verbindung, so fließen Elektronen vom unedleren zum edleren Metall. Dabei wird das unedlere Metall aufgelöst. Das geschieht umso schneller, je weiter die Metalle in der elektrochemischen Spannungsreihe voneinander entfernt sind. In dieser Spannungsreihe sind die Metalle nach ihrem elektrochemischen Verhalten, dem Normpotenzial, geordnet. Je edler das Metall, desto weiter steht es rechts. Die durch die elektrisch leitende Verbindung zweier Metalle entstehende Spannung ist die Differenz der zugehörigen Normpotenziale.

Beispiel:
Ein Bauteil aus Kupfer (Normpotenzial 0,34V) wird mit verzinkten Schrauben (Normpotenzial -0,76V) montiert. Es ergibt sich eine Potenzialdifferenz von

$$0{,}34V - (-0{,}76V) = 1{,}1V$$

Das edlere der beiden Metalle wird dabei praktisch nicht angegriffen, es ist geschützt.
Diese Art des Korrosionsschutzes wird als **kathodischer** Korrosionsschutz bezeichnet. Die Anode wird bei diesem Vorgang zerstört, man spricht daher von der Opferanode. Als Werkstoff für Opferanoden werden relativ unedle Metalle wie Magnesium oder Zink verwendet.

Um Korrosion und die dadurch hervorgerufenen Schäden zu vermeiden, werden Korrosionsschutzmaßnahmen ergriffen.

- Schutzmaßnahmen am Werkstück wie metallische (z.B. galvanisieren) oder nichtmetallische Überzüge, z.B. lackieren (vorher: reinigen, entfetten, grundieren, beschichten/ lackieren)
- Verwendung korrosionsbeständiger Werkstoffe
- kathodischer Korrosionsschutz

1.2 Nutzung von Wasser, Säuren und Laugen

Mai 2022 Aufg.1a,

1.2.1 Lösung von Stoffen

Bei einer Lösung trennen sich die Atome eines Moleküls voneinander und liegen in der Lösung als Ionen vor. Ionen sind elektrisch geladene Atome. Positiv geladene Ionen werden Kationen, negativ geladene Ionen Anionen genannt.
Ohne eine chemische Reaktion wird ein Stoff z.B. in Wasser gelöst oder verdünnt.
Das wichtigste Lösungsmittel ist Wasser. Wassermoleküle sind sehr stabil, zu ihrer Aufspaltung werden hohe Energiemengen benötigt.

Welche Mineralstoffe kommen in Leitungswasser vor?
Magnesium, Calcium, Natrium, Kalium, Sulfat, Eisen
Salze: Sulfate, Chloride

1.2.2 Wasserhärte

Mai 2014 Aufg.1, Mai 2020, Aufg.1, Mai 2022 Aufg.1b, Nov 2022 Aufg.1a, Mai 2023, Aufg.1

Wasser ist praktisch nie ganz rein, in ihm sind Salze gelöst, insbesondere Magnesiumsalze und Calciumsalze. Diese Salze bezeichnet man als Härtebildner. Je nachdem, wieviel von dem Salz Calciumcarbonat $CuCO_3$ im Wasser gelöst ist, spricht man von weichem, mittlerem oder hartem Wasser. Die Carbonathärte oder temporäre Härte wird durch HCO_3- Ionen hervorgerufen.

Calciumcarbonat $CaCO_3$ und Magnesiumcarbonat $MgCO_3$ fallen bei Erwärmung des Wassers aus und lagern sich als Kesselstein in Rohrleitungen und Kesseln ab. Die Wasserhärte nimmt dadurch ab. Der Begriff „temporäre Härte" (vorübergehende Härte) stammt daher, dass sich dieser Teil der Wasserhärte mit der Temperatur verändern lässt.
Von der temporären Härte zu unterscheiden ist die permanente Härte oder Nichtcarbonathärte. Die im Wasser gelösten Sulfate Calciumsulfat und

Magnesiumsulfat fallen beim Erwärmen des Wassers nicht aus, bleiben also unabhängig von der Temperatur erhalten.

Die Gesamthärte des Wassers setzt sich aus der temporären und der permanenten Härte zusammen. Die Maßeinheit der Wasserhärte ist Millimol pro Liter (mmol/l).

1.2.3 Wasserenthärtung

Mai 2014 Aufg.1, Mai 2020, Aufg.1, Nov 2022 Aufg.1b, 1c, Mai 2023, Aufg.1

Hartes Wasser bringt eine Reihe von Nachteilen mit sich. Wird es erwärmt, so kommt es zur Bildung von Kesselstein. Dadurch kommt es zu einer Isolation des Wassers von der Wärmequelle, der Wirkungsgrad der Anlage sinkt. Das führt zu einem erhöhten Brennstoffverbrauch und eventuell zu einer Überhitzung der Kesselbleche. Platzt der Kesselstein ab, besteht Explosionsgefahr.

Durch die Kalkablagerungen kann es zur Verstopfung von Rohrleitungen kommen. Je härter das Wasser bei Waschvorgängen ist, desto mehr Waschmittel wird benötigt.
Um diese Nachteile zu vermeiden, wird das Wasser enthärtet. Hierzu stehen verschiedene Methoden zur Verfügung

- Erwärmen des Wassers auf über 62°C. Nachteil dieser Methode ist die Ablagerung von Kesselstein
- Einsatz von Ionentauschern
- Entsalzer

1.2.4 Säuren und Basen

Mai 2011 Aufg.1, Nov. 2011 Aufg.1, Nov. 2014 Aufg.1, Nov. 2016 Aufg.1, Nov. 2017 Aufg.1, Nov. 2018 Aufg.1, Mai 2019 Aufg.1, Nov. 2021 Aufg.1, Nov. 2023 Aufg.1

Säuren sind Verbindungen, die in wässeriger Lösung zerfallen (dissoziieren). Sie geben dabei H^+-Ionen ab.
Beispiel:
In wässeriger Lösung spaltet sich HCL in seine Ionen H^+ und CL^- auf

$$\mathbf{HCL + H_2O \longrightarrow H^+ + CL^-}$$

$$\mathbf{NaCL + H_2O \longrightarrow Na^+ + CL^-}$$

Die Abspaltung von H^+-Ionen in wässeriger Lösung ist charakteristisch für Säuren. Die H^+-Ionen rufen die saure Wirkung hervor. Ihre Konzentration wird mit dem pH-Wert gemessen.

Basen sind Verbindungen, die in wässeriger Lösung zerfallen und dabei OH^--Ionen abgeben.
Beispiel:
In wässeriger Lösung spaltet sich Natriumhydroxid NaOH in seine Ionen Na^+ und OH^- auf. Die OH-Ionen rufen die basische Wirkung hervor. Ihre Konzentration wird ebenfalls mit dem pH-Wert gemessen.

Der pH-Wert
Der pH-Wert misst die Konzentration an H^+ -Ionen und OH^- -Ionen. Er gibt an, wie stark sauer oder basisch eine Lösung ist. Je mehr H^+ -Ionen in einer Lösung enthalten sind, desto niedriger ist der pH-Wert. Je mehr OH^- -Ionen in einer Lösung enthalten sind, desto höher ist der pH-Wert. Neutrale Lösungen haben den pH-Wert 7. Bei sauren Lösungen liegt der pH-Wert im Bereich von 0-7, bei basischen Lösungen liegt der pH-Wert zwischen 7 und 14. Der pH-Wert kann mit Indikatoren bestimmt werden. Sie färben sich bei typischen pH-Werten. Einfacher und genauer erfolgt die Bestimmung elektronisch mit einem pH-Meter.

Neutralisation

Neutralisation ist eine chemische Reaktion von Säure und Base zu Salz und Wasser. Die H^+ -Ionen einer Säure reagieren mit den OH^- -Ionen einer Base zu Wasser. Aus den Säurerestionen und den Basenrestionen entsteht ein Salz. Die Neutralisationsreaktion läuft immer nach folgendem Schema ab:

Base + Säure ⟶ Salz + Wasser

Welches Salz entsteht, hängt von der beteiligten Säure und Base ab.

Beispiel:

Natronlauge und Salzsäure

NaOH + HCL ⟶ NaCL + H_2O

NaCL = Natriumchlorid (Kochsalz)

Kalilauge + Salpetersäure

KOH + HNO_3 ⟶ KNO_3 +H_2O

KNO_3 = Kaliumnitrat (Salpeter)

Beispiel:

Batteriesäure wird durch destilliertes Wasser verdünnt, um die Säurestufe zu verringern, der pH-Wert steigt an. Säure färbt Lackmuspapier rot (Basen färben Lackmuspapier blau).

Mögliche Gefahren sind Verätzung der Haut, insbesondere der Augen, die Vermischungsreihenfolge (Erst das Wasser dann die Säure...), ist zu beachten.

Schutzmaßnahmen sind Tragen von geeigneter Schutzbekleidung und Schutzbrillen, umweltgerechte Entsorgung.

Saurer Regen....

Als sauren Regen bezeichnet man Niederschlag, dessen pH-Wert niedriger ist als der pH-Wert, der sich in reinem Wasser durch den natürlichen Kohlenstoffdioxidgehalt der Atmosphäre einstellt (pH-Wert $\leq$ 5,5).

Saurer Regen wird vor allem durch säurebildende Abgase wie Schwefeldioxid und Stickoxiden aus Kraftwerken und Fahrzeugen verursacht. Diese entstehen vor allem durch die Verbrennung fossiler Brennstoffe. In der Atmosphäre finden chemische Reaktionen statt, in denen diese Gase Säuren bilden. Dadurch wird der pH-Wert des Regens gesenkt.

Auswirkungen des Sauren Regens:

- Gebäude aus Kalkstein werden vom Sauren Regen angegriffen; Metalloxide können entstehen, wodurch ionisierte Schwermetalle das Grundwasser belasten
- Unterstützt sehr stark Rostbildung in Eisenwerkstoffen aller Art
- Bei Werkstoffen aus Kunststoff können die Alterungsprozesse beschleunigt werden, wie z. B. Fensterprofile, Folien, Abdeckungen usw.

Gegenmaßnahmen in Kraftwerken, Fahrzeugen und Haushalten:

- Seit den 80ern werden Entschwefelungsanlagen in der Industrie installiert, um Schwefeloxide zu minimieren
- Stickstoffoxide werden durch den Einsatz von Katalysatoren (Partikelfilter) reduziert
- In übersäuerten Böden Kalk mischen (mit Hubschraubern über Wäldern).
- Durch Verwendung von A- klassifizierten Elektrogeräten, lässt sich der Energieverbrauch senken (E-Herde, Waschmaschinen, Glühlampen...)

2. Wärmelehre

2.1 Temperatur und Temperaturmessung

Der Wärmezustand eines Stoffes wird als Temperatur bezeichnet. Als Einheit für die Messung der Temperatur verwendet man den 100. Teil des Temperaturunterschiedes zwischen dem Gefrierpunkt und dem Siedepunkt des Wassers. Diese Einheit wird als Celsiusgrad (°C) bezeichnet, das entsprechende Formelzeichen ist ϑ (Theta). Bei einer Reihe von Vorgängen ist es zweckmäßig, mit der absoluten Temperatur zu arbeiten. Sie wird in Kelvin (K) angegeben und erhält das das Formelzeichen T.

Es gilt: 1°C = 1K
→ Die Schrittweite bei Umrechnungen bleibt stets bei 1.
0 K =-273,15 °C

Beispiel: T =+20°C + 273,15K = 293,15K
Beispiel: T = -10°C + 273,15K = 263,15K

Die Einheit °C , unterscheidet somit z.B.: -10°C unter 0°, +20°C, über Null Grad. Diese Unterscheidung in unter Null (Minus), oder über Null(Plus)- Temperaturen gibt es auf der Kelvin- Skala so nicht. Es gilt: 0°C = 273K
Die Einheit 1 Kelvin stellt genau die gleiche Temperaturstufe dar wie 1°C (Schrittweite 1). Aus diesem Grund hat jede Temperaturdifferenz in beiden Skalen denselben Zahlenwert.

2.2 Wärmeausdehnung

2.2.1 Längenausdehnung

Mai 2011 Aufg.4

Fast alle Körper dehnen sich mit zunehmender Erwärmung aus. Um welchen Betrag im Verhältnis zur Ausgangslänge sich ein Werkstoff bei einer Temperaturänderung vergrößert oder verkleinert, gibt der Längenausdehnungskoeffizient $_{\alpha}L$ an.

Die Längenänderung Δl wird berechnet mit

$$\mathbf{\Delta l = l_0 \cdot \alpha_L \cdot \Delta T}$$

Δ**l** = Längenänderung
$_{\alpha}$**L** = Längenausdehnungskoeffizient
Δ**T** = Temperaturdifferenz

Die Länge nach der Erwärmung (l) ist dann

$$\mathbf{l = l_0 + \Delta l}$$
$$\mathbf{l = l_0 + \alpha_L \cdot \alpha_L \cdot \Delta T}$$
$$\mathbf{l = l_0 \cdot (1 + \alpha_L \cdot \Delta T)}$$

Die Länge nach einer Abkühlung beträgt

$$\mathbf{l = l_0 - \Delta l}$$
$$\mathbf{l = l_0 - \alpha_L \cdot \alpha_L \cdot \Delta T}$$
$$\mathbf{l = l_0 \cdot (1 - \alpha_L \cdot \Delta T)}$$

Beispiel:
Eine Schiene aus Stahl hat bei 20°C eine Länge von 30m
a) Wie groß die Längenänderung, wenn sich die Schiene auf 50°C erwärmt?
b) Wie groß ist dann die Gesamtlänge?

a)

$$\mathbf{\Delta l = l_0 \cdot \alpha L \cdot \Delta T}$$

$$l = 30\text{m} \cdot \frac{0{,}000012\ °\text{C}}{30\ °\text{C}}$$

Dl = 0,0108m

b)

$l = l_0 + Dl$

l = 30m + 0,0108m

<u>l – 30,0108m</u>

oder

$l = l_0 \cdot (1 + \alpha_L \cdot DT)$

$$l = 30\text{m} \cdot 1 + 0{,}000012 \frac{1}{°\text{C}} \cdot 30°\text{C}$$

<u>l = 30,0108m</u>

2.2.2 Volumenausdehnung

2010 Aufg.5, Mai 2014 Aufg.4, Nov. 2016 Aufg.5, Mai 2019 Aufg.2b Nov., Mai 2019 Aufg.3

Entsprechend dem Längenausdehnungskoeffizienten wird für die Volumenausdehnung der Volumenausdehnungskoeffizient eingesetzt. Die Volumenausdehnung ΔV wird dann berechnet mit

$$\mathit{D}\mathbf{V} = \mathbf{V_0} \cdot \boldsymbol{\alpha}_\mathbf{V} \cdot \mathit{D}\mathbf{T}$$

$\mathit{D}\mathbf{V}$ = Volumenänderung
α_V = Volumenausdehnungskoeffizient
$\mathit{D}T$ = Temperaturdifferenz

Für flüssige Stoffe ist der Wert α_V direkt den entsprechenden Tabellen zu entnehmen.
Bei festen Stoffen muß α_V berechnet werden:

$$\alpha_V = 3 \cdot \alpha_L$$

Das Volumen nach Erwärmung beträgt dann

$$V = V_0 + \mathit{D}V$$
$$V = V_0 + V_0 \cdot \alpha_V \cdot \mathit{D}T$$
$$V = V_0 \cdot (1 + \alpha_V \cdot \mathit{D}T)$$

Das Volumen nach Abkühlung ist

$$V = V_0 - \mathit{D}V$$
$$V = V_0 - V_0 \cdot \alpha_V \cdot \mathit{D}T$$
$$V = V_0 \cdot (1 - \alpha_V \cdot \mathit{D}T)$$

Beispiel:
2500 cm^3 Wasser werden von 20 °C auf 80 °C erwärmt. Wie groß ist die Volumenzunahme?

$$\mathit{D}V = V_0 \cdot \alpha_V \cdot \mathit{D}T$$

$$\mathit{D}V = 2500\ cm^3 \cdot 0{,}00018\ \frac{1}{°C} \cdot 60\ °C$$

$$\mathit{D}V = 27\ cm^3$$

Beispiel:
2 m³ Heizöl werden von 25 °C auf 10 °C abgekühlt. Um wieviel Prozent verringert sich das Volumen durch die Abkühlung?

$\Delta V = V_0 \cdot \alpha V \cdot \Delta T$

$\Delta V = 2\ m^3 \cdot 0{,}00096 \frac{1}{°C} \cdot 15\ °C$

$\Delta V = 0{,}0288 m^3$

$\Delta V / V_0 = \frac{0{,}0288\ m^3}{2\ m^3} = 0{,}0144 = 1{,}44\%$

Beispiel:
Ein Benzintank aus Stahl hat bei 20 °C ein Volumen von 60 Litern. Durch Sonneneinstrahlung kommt es zu einer Temperaturerhöhung auf 50 °C. Berechnen Sie, wieviel Liter Benzin bei 20 °C maximal in den Tank eingefüllt werden dürfen.

Tankvolumen bei 50°C

$V_T = V_{0T} \cdot (1 + 3\alpha_L \cdot \Delta T)$

$V_T = 60\ l \cdot (1 + 3 \cdot 0{,}000012 \frac{1}{K} \cdot 30K)$

$V_T = 60{,}0648$ Liter

Max. **Benzinvolumen** bei 20°C

$V_B = V_{0B} \cdot (1 + \alpha_v \cdot \Delta T)$ $\quad (V_{Benzin} = V_{Tank})$

$$V_{0B} = \frac{V_B}{1 + \alpha_v \cdot \Delta T}$$

$$V_{0B} = \frac{60{,}0648 l}{1 + 0{,}0011 \frac{1}{K} \cdot 30K}$$

$V_{0B} = 58{,}146$ Liter

2.2.3 Ausdehnung von Gasen

Mai 2020, Aufg.2

Gase sind im Gegensatz zu Feststoffen oder Flüssigkeiten kompressibel. Das bedeutet, dass bei der Berechnung der Ausdehnung von Gasen die Zustände Druck, Volumen und Temperatur zu berücksichtigen sind. Unterscheidet man diese drei Zustände durch Zahlenindizes, so erhält man die allgemeine Gasgleichung

$$(p_1 \cdot V_1) / T_1 = (p_2 \cdot V_2) / T_2$$

p = absoluter Druck

V = Volumen

T = absolute Temperatur

Beispiel:

Eine Luftmenge von 9m³ weist bei einer Temperatur von ϑ_1 = 25°C einen Druck von 0,95 bar auf. Auf welchen Wert steigt der Druck an, wenn das Volumen bei ϑ_2 = 190°C auf 12m³ angewachsen ist?

$V_1 = 9m^3$ $V_2 = 12m^3$

$T_1 = 25°C + 273{,}15K = 298{,}15K$,

$T_2 = 190°C + 273{,}15K = 463{,}15K$,

$p_1 = 0{,}95$ bar

$$(p_1 \cdot V_1) / T_1 = (p_2 \cdot V_2) / T_2$$

$$p_1 \cdot V_1 \cdot T_2 = p_2 \cdot V_2 \cdot T_1$$

$p_2 = (p_1 \cdot V_1 \cdot T_2) / (V_2 \cdot T_1)$

$p_2 = (0{,}95bar \cdot 9\ m^3 \cdot 463{,}15K) / (12cm^3 \cdot 298{,}15K)$

$p_2 = 1{,}107bar$

Beispiel:

Eine Sechszylinder- Verbrennungsmaschine, mit drei Liter Hubraum und einem Kolbendurchmesser von 90 mm, hat ein Verdichtungsverhältnis von 1:18.
Wie hoch ist der Druck im Verbrennungsraum bei einer Temperatur des verdichteten Gases von 850°C. und einer Ansaugtemperatur von 25 °C?

3l / 6 Zylinder = 0,5l = 500 dm^3

Verdichtungsverhältnis von 1:18
500 dm^3: 1 = 500 dm^3
500 dm^3 / 18 = 27,78 dm^3

T_1 = 25°C = 298,15K

T_2 = 850°C = 1.123,15K

$$\mathbf{(p_1 \cdot V_1) / T_1 = (p_2 \cdot V_2) / T_2}$$

$$\mathbf{p_1 \cdot V_1 \cdot T_2 = p_2 \cdot V_2 \cdot T_1}$$

$$p_2 = (p_1 \cdot V_1 \cdot T_2) / (V_2 \cdot T_1)$$

$$p_2 = (1bar \cdot 500\ dm^3 \cdot 1.123{,}15K) / (27{,}78\ dm^3 \cdot 298{,}15K)$$

$$p_2 = 67{,}8\ bar$$

2.3 Wärme als Energie

2.3.1 Wärmemenge

Nov. 2010 Aufg.6, Mai 2011 Aufg.2, Nov. 2011 Aufg.3, Mai 2013 Aufg.3, Mai 2016 Aufg.3, Mai 2017 Aufg.3, Nov. 2017 Aufg.2, Nov. 2020 Aufg.5., Nov. 2021 Aufg.2, 3c

Die Wärmemenge, die zur Erwärmung einer Stoffmenge benötigt wird, hängt ab von der Masse, der Temperatur-differenz und der spezifischen Wärmekapazität. Die spezifische Wärmekapazität ist die Wärmemeng, die erforderlich ist, um 1 kg eines Stoffes um 1°C (oder 1K) zu erwärmen.

$Q = m \cdot c \cdot \Delta T$ Q = Wärmemenge
c = spez. Wärmekapazität
ΔT = Temperaturdifferenz

Beispiel:
Es sollen 250 kg Wasser von 20 °C auf 70 °C erwärmt werden. Wie groß ist die benötigte Wärmemenge?

$Q = m \cdot c \cdot \Delta T$
Q = 250 kg · 4,18 kJ/(kg °C) · 50°C
Q = 52250 kJ

2.3.2 Wärmemischung

Mai 2010 Aufg.2

Für die Vermischung von *Wärmemengen* gilt:

$Q_m = Q_1 + Q_2$

$Q_m = m_1 \cdot c_1 \cdot \vartheta_1 = m_2 \cdot c_2 \cdot \vartheta_2$

Wird die Mischungs*temperatur* gesucht, so ergibt ergibt sich folgende Formel:

$\vartheta_m = (m_1 \cdot c_1 \cdot \vartheta_1 + m_2 \cdot c_2 \cdot \vartheta_2) / (m_1 \cdot c_2 + m_2 \cdot c_2)$

Für den Fall, dass zwei *gleiche* Stoffe miteinander gemischt werden, gilt

$c_1 = c_2$

Dann vereinfacht sich die Formel zu

$\vartheta_m = (m_1 \cdot \vartheta_1 + m_2 \cdot \vartheta_2) / (m_1 + m_2)$

Beispiel:

Ein Meißel von 0,75kg wird zum Härten in 10l Wasser von 20°C abgeschreckt. Die Härtetemperatur betrug 850°C.

Welche Wassertemperatur stellt sich ein?

1°C = 1K

$\vartheta_m = (m_1 \cdot c_1 \cdot \vartheta_1 + m_2 \cdot c_2 \cdot \vartheta_2) / (m_1 \cdot c_2 + m_2 \cdot c_2)$

$$\vartheta_m = \frac{0{,}75kg \cdot \left(0{,}51\frac{kJ}{[kg \cdot °C]}\right) \cdot 850K + 10kg \cdot \left(4{,}18\frac{kJ}{[kg \cdot °C]}\right) \cdot 20°C}{0{,}75kg \cdot \left(0{,}51\frac{kJ}{[kg \cdot °C]}\right) + 10kg \cdot \left(4{,}18\frac{kJ}{[kg \cdot °C]}\right)}$$

$\vartheta_m = 27{,}53\ °C$

Die spezifische Wärmekapazität c ist den entsprechenden Tabellen zu entnehmen. *Einheitlich* kann anstelle von Kelvin (K) auch Celsius (°C) eingesetzt werden.

Beispiel:

20l Wasser von 80°C werden mit 40l Wasser von 15°C gemischt. Welche Mischungstemperatur stellt sich ein?

$\vartheta_m = (m_1 \cdot \vartheta_1 + m_2 \cdot \vartheta_2) / (m_1 + m_2)$

$\vartheta_m = (20kg \cdot 80\ °C + 40kg \cdot 15\ °C) / (20kg + 40kg)$

$\vartheta_m = 36{,}7\ °C$

2.4 Änderung des Aggregatzustandes

2.4.1 Schmelzwärme

Die Stoffe treten in drei verschiedenen Aggregatzuständen
auf: fest, flüssig und gasförmig. Die Umwandlung vom festen zum flüssigen Zustand erfolgt beim Schmelzpunkt. In umgekehrter Richtung, also vom flüssigen zum festen Zustand erfolgt die Umwandlung bei derselben Temperatur, dem Erstarrungspunkt. Die Wärmemenge, die benötigt wird, um 1kg eines Stoffes zu schmelzen, ist die spezifische Schmelzwärme.

$Q_q = m \cdot q$

$Q_q =$	*Schmelzwärme*
	Erstarrungswärme
$m =$	*Masse*
$q =$	*spez. Schmelzwärme*
	spez. Erstarrungswärme

Genau diese Wärmemenge wird wieder freigesetzt, wenn 1kg eines Stoffes vom flüssigen in den festen Zustand übergeht.

Beispiel:
Ein Gußteil aus Aluminium mit der Masse 30kg erstarrt in der Form. Welche Wärmemenge wird durch das Erstarren frei?

$Q_q = m \cdot q$

$Q_q = 30kg \cdot 403{,}6\ kJ/kg$

$Q_q = 12108\ kJ$

2.4.2 Verdampfungswärme

Die Umwandlung vom flüssigen zum gasförmigen Zustand erfolgt beim Siedepunkt. In umgekehrter Richtung, also vom gasförmigen zum flüssigen Zustand bei derselben Temperatur, dem Kondensationspunkt. Soll die Masse m einer Flüssigkeit in Dampf überführt werden, so beträgt die dazu benötigte Wärme

$Q_r = m \cdot r$

Q_r =	Verdampfungswärme Kondensationswärme
r =	spez. Verdampfungswärme spez. Kondensationswärme
m =	Masse

Die zum Verdampfen einer Flüssigkeit benötigte Wärme wird beim Kondensieren wieder freigesetzt.

Beispiel:

8kg Eis haben eine Temperatur von -15°C. Welche Wärme-menge ist erforderlich, um es vollständig zu verdampfen?

1. Erwärmen des Eises auf 0°C

$Q_1 = m \cdot c_{Eis} \cdot \Delta T$

$Q_1 = 8kg \cdot 2{,}09kJ/(kg\ °C) \cdot 15°C$

$Q_1 = 250{,}8kJ$

2. Schmelzen des Eises

$Q_q = m \cdot q$

$Q_q = 8kg \cdot 335kJ/kg$

$Q_q = 2680kJ$

3. Erwärmen des Wassers auf 100°C

$Q_2 = m \cdot c_w \cdot \Delta T$

$Q_2 = 8kg \cdot 4{,}18kJ/(kg\ °C) \cdot 100°C$

$Q_2 = 3344kJ$

4. Verdampfen des Wassers

$Q_r = m \cdot r$

$Q_r = 8kg \cdot 2260kJ/kg$

$Q_r = 18080kJ$

5. Gesamtwärmemenge

$Q_{ges} = Q_1 + Q_q + Q_2 + Q_r$

$Q_{ges} = 24354{,}8kJ$

2.5 Verbrennungswärme

Mai 2013 Aufg.3, Nov. 2014 Aufg.3, Mai 2016 Aufg.3, Nov. 2019 Aufg.3, Nov. 2020 Aufg.5, Mai 2023, Aufg.4

Die bei Verbrennungen freigesetzte Wärmeenergie wird als Verbrennungswärme bezeichnet.

Bei festen und flüssigen Brennstoffen bezieht man den spezifischen Heizwert Hi (Hu) auf 1 kg Masse, bei gasförmigen Brennstoffen ist die Bezugsgröße der Normalkubikmeter. Die bei der Verbrennung freiwerdende Wärmeenergie beträgt bei festen und flüssigen Brennstoffen

$$Q = m \cdot H_i\,(H_u)$$

und bei gasförmigen Brennstoffen

$$Q = V \cdot H_i\,(H_u)$$

Q = Wärmemenge
m = Masse
V = Volumen
H_i (H_u) = spezifischer Heizwert

Beispiel:
Wieviel m^3 Erdgas sind erforderlich, um 60 Liter Wasser von 15 °C auf 70 °C zu erwärmen?

Benötigte Wärmemenge

$$Q = m \cdot c \cdot \Delta T$$
$$Q = 60\ \text{kg} \cdot 4{,}18\ \text{kJ/ (kg °C)} \cdot 55\ \text{°C}$$
$$Q = 13794\ \text{kJ}$$

Benötigte Erdgasmenge

$$Q = Hu \cdot V$$
$$V = Q\ /\ Hu$$
$$V = 13794\ \text{kJ}\ /\ (35000\ \text{kJ}\ /\ \text{m}^3)$$
$$V = 0{,}394\text{m}^3$$

3 Bewegungsvorgänge

3.1 Gleichförmige Bewegung

3.1.1 Gleichförmig geradlinige Bewegung

Mai 2014 Aufg.7a, Mai 2020 Aufg.4, Nov 2022 Aufg.4, Mai 2023, Aufg.3a, , Nov. 2023 Aufg.2

Die gleichförmige Geschwindigkeit ist definiert als Quotient aus Wegabschnitt und Zeitabschnitt

$v = s/t$

v = Geschwindigkeit

s = Wegabschnitt

t = Zeitabschnitt

Beispiel:

Ein PKW fährt mit 120 km/h auf der Autobahn. Welche Strecke legt er in 15 min zurück?

$v = s/t$

$s = v \cdot t$

$s = 120\ km/h \cdot 0{,}25\ h = 30\ km$

3.1.2 Gleichförmig kreisförmige Bewegung

Mai 2008 Aufg.6a, Mai 2011 Aufg.5a, Nov. 2011 Aufg.5a, April 2015 Aufg.6

Die Umfangsgeschwindigkeit einer gleichförmigen Drehbewegung ist der Quotient aus Wegabschnitt und Zeitabschnitt.

$v = d \cdot \pi \cdot n$
v = Umfangsgeschwindigkeit
d = Durchmesser
n = Drehzahl

An Stelle der Drehzahl berechnet man die Umfangsgeschwindigkeit auch mit der Winkelgeschwindigkeit.

$v = r \cdot \omega$
ω = Winkelgeschwindigkeit
r = Radius
$\omega = 2 \cdot \pi \cdot n$

Beispiel:
Die Seiltrommel eines Kranes hat einen Durchmesser von 250 mm. Sie wird mit 50 1/min gedreht.
a) Berechnen Sie die Hubgeschwindigkeit
b) Berechnen Sie die Winkelgeschwindigkeit der Trommel
c) Berechnen Sie die Hubgeschwindigkeit mit Hilfe der Winkelgeschwindigkeit

a) $v = d \cdot \pi \cdot n$
$v = 0{,}25m \cdot \pi \cdot 50/60s \quad = 0{,}654\ m/s$

b) $\omega = 2 \cdot \pi \cdot n$
$\omega = 2 \cdot \pi \cdot 50/60s \quad = 5{,}24\ 1/s$

c) $v = r \cdot \omega$
$v = 0{,}125m \cdot 5{,}24\ 1/s \quad = 0{,}654\ m/s$

3.2 Ungleichförmige geradlinige Bewegung

Mai 2022 Aufg.5,

3.2.1 Gleichförmig beschleunigte Bewegung aus dem Stand

Nov 2022 Aufg.4

Bei zunehmender Geschwindigkeit bezeichnet man eine Bewegung als beschleunigt. Der Quotient aus der Geschwindigkeitsänderung und dem Zeitabschnitt wird als Beschleunigung bezeichnet.

$$a = \frac{v}{t}$$

$$v = a \cdot t$$

$$v = \sqrt{2 \cdot a \cdot s}$$

v = Endgeschwindigkeit
t = Zeit
a = Beschleunigung
s = Weg

Der beim Beschleunigungsvorgang zurückgelegte Weg lässt sich je nach gegebenen Werten berechnen mit

$$s = \frac{1}{2} \cdot v \cdot t$$

$$s = \frac{1}{2} \cdot a \cdot t^2$$

$$s = \frac{v^2}{2 \cdot a}$$

Alle Formeln können auch für den freien Fall verwendet werden, dafür wird die allgemeine Beschleunigung, a, durch die Fallbeschleunigung mit, g = 9,81 m/s^2, ersetzt.

Beispiel:

Ein PKW wird aus dem Stand in 10 Sekunden auf 100 Km/h beschleunigt.

a) Wie groß ist die Beschleunigung?

b) Wie groß ist der beim Beschleunigungsvorgang zurückgelegte Weg?

a) $a = \frac{v}{t}$ *100 km/h = 27,78 m/s*

$a = \frac{27{,}78\ ^m/_s}{10\ s} = 2{,}778\ ^m/_{s^2}$

b) $s = \frac{1}{2} \cdot v \cdot t$

$s = \frac{1}{2} \cdot 27{,}78 \frac{m}{s} \cdot 10\ s$

$\underline{s = 138{,}9\ m}$

s=

$\cdot v \cdot t =$

*·27,78*ms*·10s=138,9m   oder*

$$s = \frac{1}{2} \cdot a \cdot t^2$$

$$s = \frac{1}{2} \cdot 2{,}778\,\frac{m}{s^2} \cdot (10\,s)^2$$

$$\underline{s = 138{,}9\,m}$$

oder

$$s = \frac{v^2}{2 \cdot a}$$

$$s = \frac{\left(27{,}78\,\frac{m}{s}\right)^2}{2 \cdot 2{,}778\,\frac{m}{s^2}}$$

$$\underline{s = 138{,}9\,m}$$

3.2.2 Gleichmäßig verzögerte Bewegung bis zum Stillstand

Nov. 2008 Aufg.4a, Nov. 2009 Aufg.4b, Mai 2010 Aufg.5, Mai 2013 Aufg.4b, Mai 2014 Aufg.7b,7c, Nov 2022 Aufg.4

Die Formeln zur Berechnung dieser Bewegung sind identisch mit denen der beschleunigten Bewegung aus dem Stand. Die Geschwindigkeit v ist die Anfangsgeschwindigkeit.

$$v = a \cdot t$$

$$v = \sqrt{2 \cdot a \cdot s}$$

$$s = \frac{1}{2} \cdot v \cdot t$$

$$s = \frac{1}{2} \cdot a \cdot t^2$$

$$s = \frac{v^2}{2 \cdot a}$$

Beispiel:
Ein PKW soll aus 60 km/h auf 15 m zum Stehen gebracht werden. Welche Verzögerung müssen die Bremsen hervorrufen, und wie lange dauert der Bremsvorgang?

$$s = \frac{v^2}{2 \cdot a}$$

$$a = \frac{v^2}{2 \cdot s}$$

$$a = \frac{\left(16{,}67\frac{m}{s}\right)^2}{2 \cdot 15}$$

$$a = 9{,}26\,\frac{m}{s^2}$$

$$t = \frac{v}{a}$$

$$t = \frac{16{,}67\frac{m}{s}}{9{,}26\frac{m}{s^2}}$$

$$t = 1{,}8\ s$$

oder:

$$t = \frac{2 \cdot s}{v}$$

$$t = \frac{2 \cdot 15\,m}{16{,}67\,\frac{m}{s}}$$

$\underline{t = 1{,}8\,s}$ *t=⍰· sv=⍰·15m16,67*ms*=1,8s*

oder:

$$t = \sqrt{\frac{2 \cdot s}{a}}$$

$$t = \sqrt{\frac{2 \cdot 15\,m}{9{,}26\,\frac{m}{s^2}}}$$

$$\underline{t = 1{,}8\,s}$$

3.2.3 Gleichförmig beschleunigte Bewegung mit Anfangsgeschwindigkeit

Mai 2009 Aufg.5a, Nov. 2016 Aufg.3

Besitzt der Körper zu Beginn des Beschleunigungsvorganges bereits eine Anfangsgeschwindigkeit, so muss der Geschwindigkeitszuwachs zur Anfangsgeschwindigkeit addiert werden.

$v_t = v_0 + a \cdot t$ v_t = Endgeschwindigkeit
v_0 = Anfangsgeschwindigkeit
a = Beschleunigung
t = Beschleunigungszeit
s = Beschleunigungsweg

Der beim Beschleunigungsvorgang zurückgelegte Weg lässt sich dann je nach gegebenen Werten berechnen.

$$S = \tfrac{1}{2} \cdot (v_0 + v_t) \cdot t$$
$$S = v_0 \cdot t + \tfrac{1}{2} \cdot a \cdot t^2$$
$$S = v_t \cdot t - \tfrac{1}{2} \cdot a \cdot t^2$$

Beispiel:
Ein PKW fährt mit 60 km/h. Der Fahrer gibt 8 Sekunden Gas und erzeugt eine Beschleunigung von 1,62 m/s^2
a) Welche Geschwindigkeit wird vom Fahrzeug erreicht?
b) Welcher Weg wird beim Beschleunigen zurückgelegt?

a)

60 km/h = 16,67 m/s
$v_t = v_0 + a \cdot t$
$v_t = 16{,}67\ m/s + 1{,}62\ m/s^2 \cdot 8s$
$v_t = 29{,}13\ m/s = 106{,}7\ km/h$

b)

$$s = \frac{1}{2} \cdot \left(16{,}67\,\frac{m}{s} + 29{,}63\,\frac{m}{s}\right) \cdot 8s = 185{,}2\,m$$

oder

$$s = 16{,}67\,\frac{m}{s} \cdot 8s\; + \frac{1}{2} \cdot\; 1{,}62\,\frac{m}{s^2} \cdot\; (8s)^2 = 185{,}2\,m$$

oder

$$s = 29{,}63\,\frac{m}{s} \cdot 8s\; - \frac{1}{2} \cdot\; 1{,}62\,\frac{m}{s^2} \cdot\; (8s)^2 = 185{,}2\,m$$

3.2.4 Gleichförmig verzögerte Bewegung mit Endgeschwindigkeit

Mai 2016 Aufg.6a, , Nov. 2023 Aufg.2

Bei einer gleichmäßig verzögerten Bewegung nimmt die Geschwindigkeit ab. Die Geschwindigkeitsdifferenz muss von der Anfangsgeschwindigkeit abgezogen werden.

$$v_t = v_0 - a \cdot t$$

v_t = Endgeschwindigkeit
v_0 = Anfangsgeschwindigkeit
a = Verzögerung
t = Zeit
s = Bremsweg

Der Bremsweg lässt sich dann je nach gegebenen Werten berechnen.

$$s = \frac{1}{2} \cdot (v_0 + v_t) \cdot t$$

$$s = v_0 \cdot t - \frac{a}{2} \cdot t^2$$

$$s = v_t \cdot t + \frac{a}{2} \cdot t^2$$

Beispiel:

Ein PKW fährt mit 126 km/h. Der Fahrer bremst 3 Sekunden lang und erreicht eine Verzögerung von 7 m/s².

a) Welche Geschwindigkeit hat der PKW am Ende des Bremsvorgangs?

b) Wie groß ist der Bremsweg?

a) $v_t = v_0 - a \cdot t$ 126 km/h = 35 m/s

$$v_t = 35\ \text{m/s} - 7\ \text{m/s}^2 \cdot 3\ \text{s} = \underline{14\ \text{m/s}} = \underline{50{,}4\ \text{km/h}}$$

b)
$$s = \frac{1}{2} \cdot \left(35\frac{\text{m}}{\text{s}} + 14\frac{\text{m}}{\text{s}}\right) \cdot 3\text{s} = 73{,}5\ \text{m}$$

oder

$$s = 35\,\frac{\text{m}}{\text{s}} \cdot 3\text{s} - \frac{7\,\frac{\text{m}}{\text{s}^2}}{2} \cdot (3\text{s})^2 = 73{,}5\ \text{m}$$

oder
$$s = 14\,\frac{\text{m}}{\text{s}} \cdot 3\text{s} + \frac{7\,\frac{\text{m}}{\text{s}^2}}{2} \cdot (3\text{s})^2 = 73{,}5\ \text{m}$$

4 Kräfte und Momente

Eine Kraft wird an ihren Auswirkungen erkannt. Die beiden Auswirkungen sind Formänderung oder Bewegung. Die Wirkung einer Kraft auf einen Körper lässt sich nur exakt angeben, wenn

der Betrag der Kraft
die Lage der Wirklinie und
der Richtungssinn

bekannt sind.

Die Kraft wird daher zeichnerisch durch einen Pfeil dargestellt.

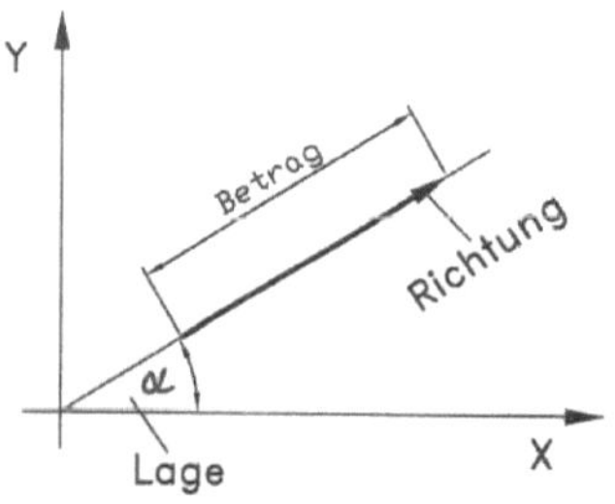

Das Kraftmoment (Drehmoment) ist das Produkt aus einer Kraft F und dem wirksamen Hebelarm L.

4.1 Zusammenfassen von Kräften

Nov. 2013 Aufg.4, Nov. 2019 Aufg.4

Soll eine Aussage über die Wirkung mehrerer gleichzeitig auf einen Körper einwirkenden Kräfte gemacht werden, so muss die Resultierende (Ersatzkraft) bestimmt werden.

Befinden sich die Kräfte auf derselben Wirklinie und wirken in dieselbe Richtung, so ergibt sich die Resultierende als Summe der Einzelkräfte.

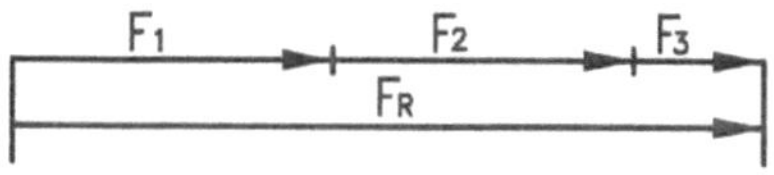

$F_R = F_1 + F_2 + F_3$

Befinden sich die Kräfte auf derselben Wirklinie und wirken in entgegengesetzter Richtung, so ergibt sich die Resultierende durch Subtraktion der Einzelkräfte.

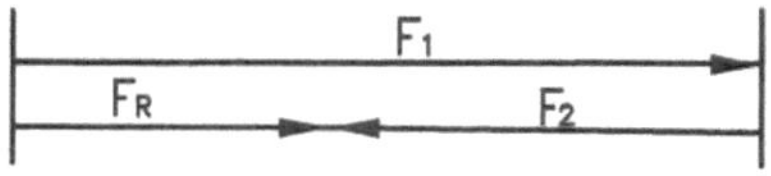

$F_R = F_1 - F_2$

Befinden sich die Kräfte auf unterschiedlichen Wirklinien, so müssen sie geometrisch zusammengefasst werden.

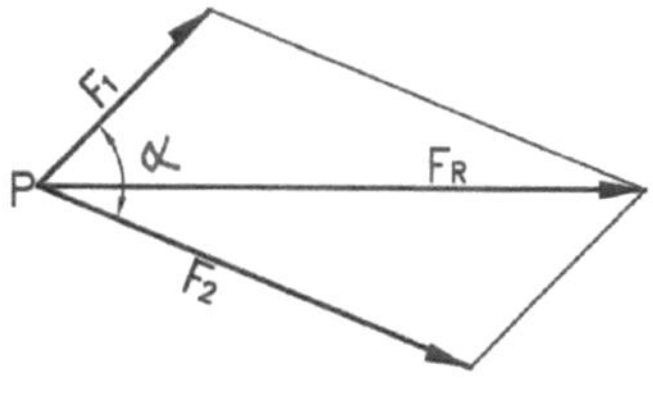

Die Resultierende zweier in einem Punkt P angreifenden Kräfte ist nach Größe und Richtung durch die Diagonale des Kräfteparallelogramms bestimmt.
In dem Kräfteparallelogramm ist die Resultierende eine Symmetrieachse. Daher reicht es zu ihrer Bestimmung aus, nur eine Hälfte des Kräfteparallelogramms zu betrachten.

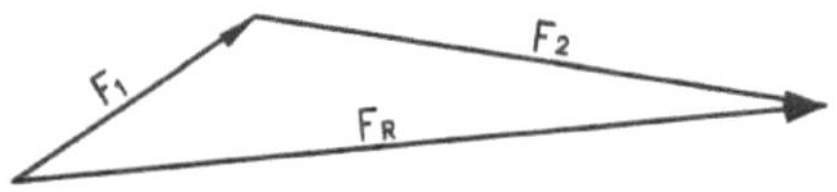

Diese Darstellung wird als Krafteck bezeichnet. Im Krafteck ist die Resultierende die Verbindungslinie vom Anfangspunkt der zuerst gezeichneten Kraft zum Endpunkt der zuletzt gezeichneten Kraft. Die Reihenfolge der Kräfte ist dabei beliebig.

Der Betrag der Resultierenden im Krafteck kann auch mit Hilfe des Kosinussatzes berechnet werden.

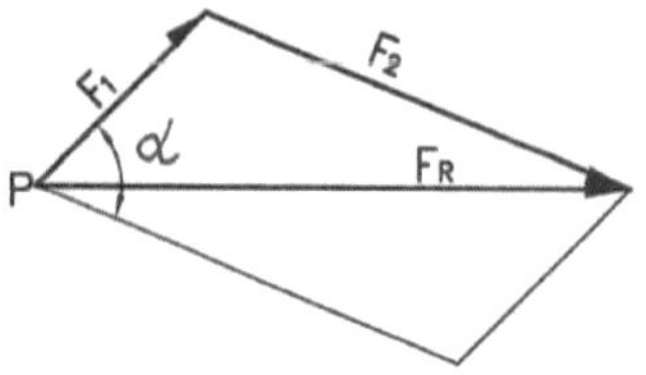

$$F_R = \sqrt{{F_1}^2 + {F_2}^2 - 2F_1 \cdot F_2 \cdot cos(180^\circ - \alpha)}$$

Der Kosinussatz wird in schiefwinkeligen Dreiecken angewendet, wenn
-3 Seiten,
oder
-2 Seiten und der *eingeschlossene* Winkel,
gegeben sind:

Beispiel:
Eine Kiste wird mit F_1 = 800N und F_2 = 1200N gezogen. Ermitteln Sie, mit welcher Gesamtkraft sie bewegt wird.

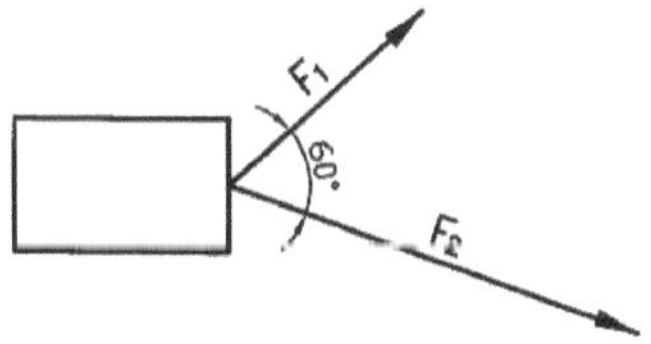

a) Zeichnerische Lösung: M: 1cm = 200N

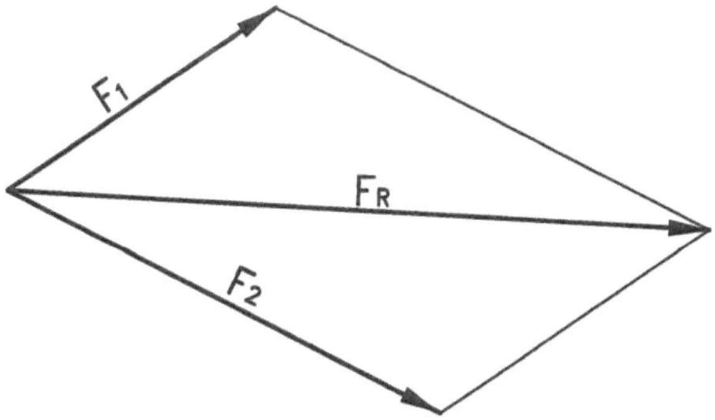

F_R ≙ 8,7cm - F_R ≙ 1740N

b) Rechnerische Lösung mit dem Kosinussatz

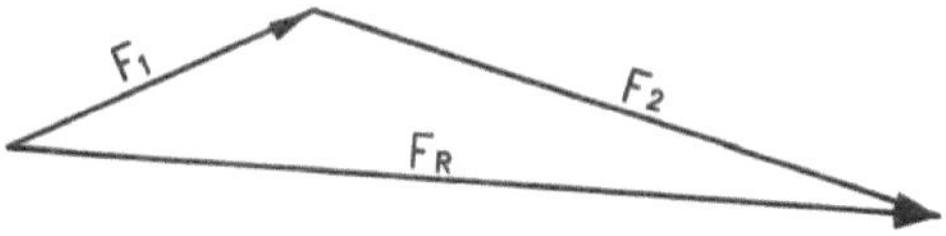

Fehler! Eine Ziffer wurde erwartet.

$\alpha = 60°$

$$F_R = \sqrt{F_1^{\ 2} + F_2^{\ 2} - 2F_1 \cdot F_2 \cdot cos(180^\circ - \alpha)}$$

$$F_R = \sqrt{(800N)^2 + (1200N)^2 - 2 \cdot 800N \cdot 1200N \cdot cos\,120^\circ}$$

F_R = <u>*1743,6N*</u>

Der *Sinussatz* wird angewendet, wenn gegeben sind:
- zwei Winkel und eine Seite
- zwei Seiten und ein Gegenwinkel

$$\frac{a}{\sin\alpha} = \frac{b}{\sin\beta} = \frac{c}{\sin\gamma}$$

Beispiel:
Am Ufer eines Flusses ist eine Standlinie AB = a = 800 m abgesteckt worden. Am gegenüberliegenden Ufer steht ein Baum, der in A unter einem Winkel a = 35° gegen die Richtung AB und der in B unter dem Winkel b = 78° gegen die Richtung BA gesehen wird.
Wieweit ist der Baum von der Standlinie entfernt?

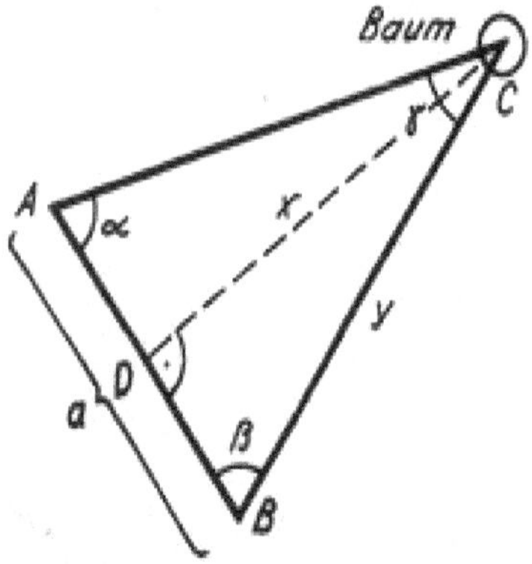

$\gamma - Winkel\ im\ Dreieck\ ACB$:

$$\gamma = 180^\circ - (\alpha + \beta)$$

$$\gamma = 67^\circ$$

Im Dreieck BCD gilt:

$$\sin\beta = \frac{x}{y}$$

$$(1)\ \mathrm{x} = \mathrm{y} \cdot \sin\beta$$

$$(2)\ in\ (1)\ eingesetzt:$$

$$x = \frac{a \cdot sin\alpha \cdot sin\beta}{\sin\gamma}$$

$$x = \frac{800m \cdot 0{,}5736 \cdot 0{,}9781}{0{,}9205}$$

$$\underline{x = 488m}$$

Im Dreieck ABC gilt:

$$\frac{y}{\sin\alpha} = \frac{a}{\sin\gamma}$$

$$(2)\ y = \frac{\mathrm{a} \cdot \sin\alpha}{\sin\beta}$$

4.2 Kräftezerlegung

Mai 2014 Aufg.5, Mai 2023, Aufg.2, , Nov. 2023 Aufg.6

Häufig ist es erforderlich, eine Kraft in zwei rechtwinklig zu einanderstehende Kraftkomponenten zu zerlegen. Dazu wird die zu zerlegende Kraft in ein Koordinatensystem gelegt. Die beiden Kraftkomponenten können dann mit Hilfe der Winkelfunktionen berechnet werden.

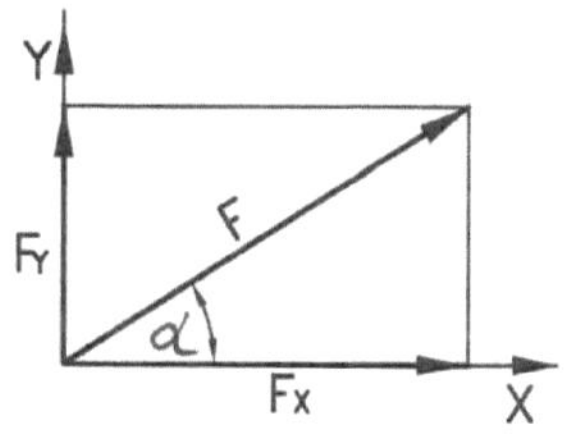

$F_X = F \cdot \cos\alpha$

$F_Y = F \cdot \sin\alpha$

Beispiel:

Eine Kraft von 1500N wirkt unter 60° zur X – Achse. Wie groß sind die Komponenten F_X und F_Y?

$F_X = F \cdot \cos \alpha$

$F_X = 1500N \cdot \cos 60°$

$F_X = \underline{750N}$

$F_Y = F \cdot \sin \alpha$

$F_Y = 1500N \cdot \sin 60°$

$F_Y = \underline{1299N}$

Die Anordnung der Kräfte macht deutlich, dass F die Resultierende aus F_X und F_Y sein muß. Eine Kontrolle der Rechnung mit Hilfe des Lehrsatzes des Pythagoras bestätigt das

$$F = \sqrt{{F_X}^2 + {F_Y}^2}$$

$$F = \sqrt{(750N)^2 + (1299N)^2}$$

$F = \underline{1500N}$

4.3 Beschleunigungskraft und Gewichtskraft

Nov. 2021 Aufg.4a

Jeder Körper setzt infolge seiner Trägheit einer Änderung seines Bewegungszustandes einen Widerstand entgegen. Er hat also das Bestreben, im Zustand der Ruhe oder der gleichförmigen Bewegung zu beharren. Um den Bewegungszustand zu verändern, wird eine Kraft benötigt, die Beschleunigungskraft. Der Zusammenhang zwischen der Beschleunigungskraft, der Masse und der Beschleunigung wird im Dynamischen Grundgesetz beschrieben

$F = m \cdot a$

F = Kraft
m = Masse
a = Beschleunigung

Dieses Gesetz gilt allgemein, also auch für den freien Fall. Hier wirkt die Massenanziehung zwischen einem Körper und der Erde als Beschleunigungskraft. Sie ruft an dem Körper die Fallbeschleunigung g hervor.

$F_G = m \cdot g$

F_G = Gewichtskraft
m = Masse
g = Fallbeschleunigung (9,81 m/s^2)

Beispiel:

Eine Masse von 150kg soll mit $a = 0{,}8 m/s^2$ beschleunigt werden. Wie groß ist die dazu benötigte Kraft?

$F = m \cdot a$

$F = 150kg \cdot 0{,}8 m/s^2$

$F = 120kg\ m/s^2 = 120N$

$\left(1\text{N} = 1\frac{\text{kg} \cdot \text{m}}{\text{s}^2}\right)$

Beispiel:
Welche Masse hat ein Körper, der eine Gewichtskraft von 1200N hervorruft?

$F_G = m \cdot g$

$$M = \frac{F_G}{g}$$

$$M = \frac{1200N}{9{,}81\,\frac{m}{s^2}}$$

$m = 122{,}3kg$

4.4 Reibungskraft

Nov. 2006 Aufg.4, Nov. 2021 Aufg.4b, Mai 2022 *Aufg.4, Nov. 2023 Aufg.6b*

Werden zwei sich berührende Körper gegeneinander verschoben, so tritt ein Widerstand auf, die Reibkraft.
Die Richtung der Reibkraft ist immer der Verschieberichtung bzw. der beabsichtigten Verschieberichtung entgegengesetzt.
Je nachdem, ob der Körper in Bewegung gesetzt wird oder ob die Bewegung aufrechterhalten werden soll, ist die Reibkraft verschieden groß. Man unterscheidet daher Haftreibung und Gleitreibung.

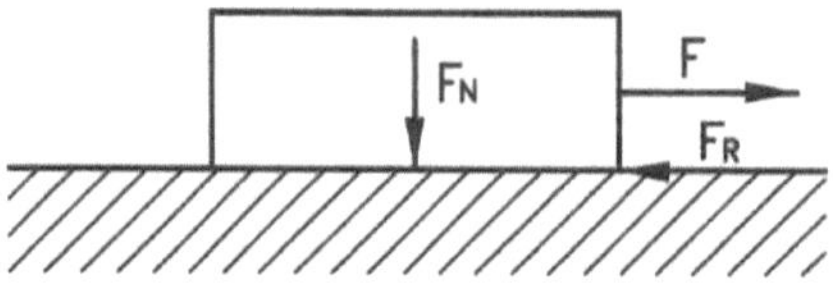

Die Normalkraft steht immer senkrecht zur betrachteten Fläche, somit auch senkrecht zur Reibkraft.
Der Zusammenhang zwischen der Reibkraft und der Normalkraft wird beschrieben mit

$$F_R = \mu \cdot F_N$$

F_R = Reibkraft
F_N = Normalkraft
μ = Gleitreibzahl
μ_0 = Haftreibzahl

Die gleiche Beziehung gilt auch für die Berechnung der Haftreibung, an die Stelle von μ wird dann die Haftreibzahl μ_0 gesetzt.

Beispiel:
Mit Hilfe einer Seilwinde soll eine Kiste mit einer Masse von 1,3t auf waagerechter Ebene verschoben werden. Reicht die von der Seilwinde max. aufzubringende Kraft von 3000N aus, wenn die Haftreibzahl 0,31 beträgt?

$$F_N = F_G = 1300kg \cdot 9{,}81m/s^2 = 12753N$$

$$F_R = \mu_0 \cdot F_N$$

$$F_R = 0{,}31 \cdot 12753N$$

$$F_R = \underline{3953{,}4N}$$

Die vorhandene Zugkraft reicht nicht aus!

4.5 Kräftezerlegung an der schiefen Ebene

April 2015 Aufg.5, Nov. 2015 Aufg.6, Mai 2016 Aufg.4, Nov. 2017 Aufg.4, Mai 2018 Aufg.4, Mai 2019 Aufg.4, Nov. 2020 Aufg.2, Nov 2022 Aufg.2

Beim unmittelbaren Anheben einer Masse muss die ganze Gewichtskraft der Masse überwunden werden.

Dagegen benötigt man auf der schiefen Ebene zum Anheben der Masse, abgesehen von der Reibung, nur diejenige Komponente der Gewichtskraft, die den Körper parallel zur schiefen Ebene nach unten zieht, die Hangabtriebskraft.

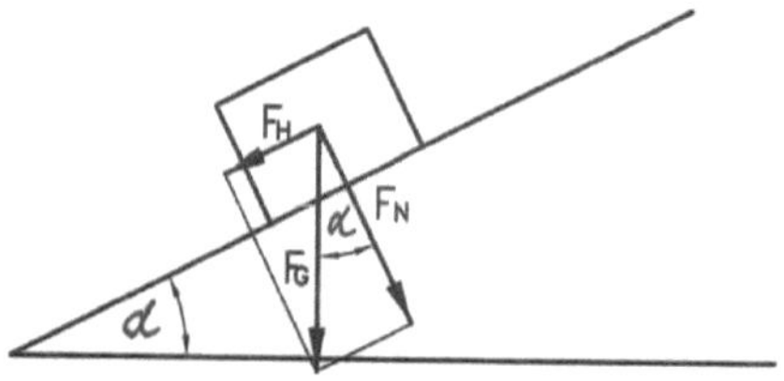

Die Gewichtskraft F_G wird in ihre beiden Komponenten F_H (Hangabtriebskraft) und F_N (Normalkraft) zerlegt.

$$F_G = m \cdot g$$
$$F_H = F_G \cdot \sin\alpha$$
$$F_N = F_G \cdot \cos\alpha$$

Soll ein Körper die schiefe Ebene hinaufgezogen werden, so müssen die Hangabtriebskraft und die Reibungskraft überwunden werden.

Die Reibkraft wirkt immer entgegengesetzt der Bewegungsrichtung. Um alle Aufgabenstellungen sicher lösen zu können ist es daher sinnvoll, zunächst die Bewegungsrichtung einzuzeichnen.

(F_s).
Die Seilkraft F_s soll mindestens so groß sein wie die
+ Beschleunigungskraft F_a
+ Hangabtriebskraft F_H
+ Reibungskraft F_R

$F_s = F_a + F_H + F_R$

$F_a = m \cdot a$

$F_H = F_G \cdot \sin a$

$F_R = \mu \cdot F_N$ (s. 4.5)

$F_N = F_G \cdot \cos \alpha$

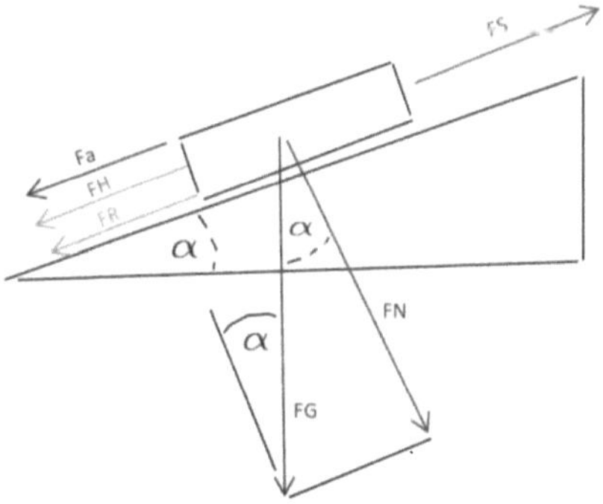

a ist an den gekennzeichneten Winkeln gleich groß.
(F_N fällt mit F_G zusammen, wenn a=0 ist, F_G bleibt bestehen.)

Welche Form der dargestellten Gleichungen zweckmäßiger weise anzuwenden ist, hängt von der Aufgabenstellung ab.

Beispiel:
Mit Hilfe eines Schrägaufzuges soll eine Masse von 5000kg mit konstanter Geschwindigkeit hochgezogen werden. Die Reibzahl beträgt 0,08. Wie groß ist die zum Ziehen erforderliche Seilkraft F_s?

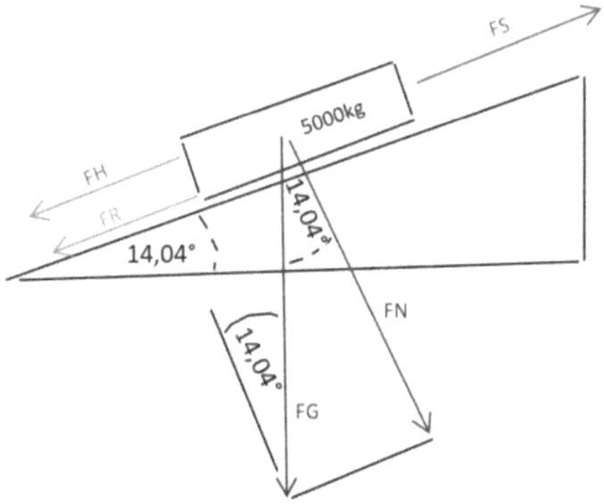

$F_s = F_H + F_R$
$F_s = 11899N + 3.806,8N$
$F_s = \underline{15706N}$

$F_H = F_G \cdot \sin\alpha$
$F_H = 49050N \cdot \sin 14,04°$
$F_H = 11899N$

$F_R = F_N \cdot \mu$
$F_R = 47585N \cdot 0,08$
$F_R = 3.806,8N$

Nebenrechnung:
Ermittlung von a:

$$\tan\alpha = \frac{2m}{8m}$$

$\alpha = 14,04°$

Ermittlung von F_G und F_N:

$F_G = m \cdot g$
$F_G = 5000kg \cdot 9,81\ m/s^2$
$F_G = 49050N$

$F_N = F_G \cdot \cos\alpha$
$F_N = 49050N \cdot \cos 14,04°$
$F_N = 47585N$

Beispiel:
Eine Masse von 600kg soll mit gleichbleibender Geschwindigkeit über eine schiefe Ebene *abgelassen* werden. Der Neigungswinkel beträgt 35°, die Reibzahl 0,15. Wie groß muss die Kraft F_Z sein, damit der Körper nicht beschleunigt hinabgleitet?

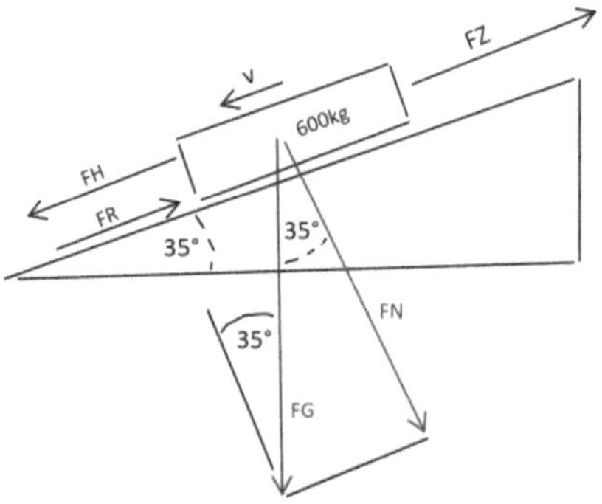

$F_H = F_Z + F_R$
$\rightarrow F_Z = F_H - F_R$
$F_Z = 3376N - 723{,}3N$
$F_Z = \underline{2652{,}7N}$

$F_H = F_G \cdot sin\alpha$
$F_H = 5886N \cdot sin\ 35°$
$F_H = 3376N$

$F_R = F_N \cdot \mu$
$F_R = 4822N \cdot 0{,}15$
$F_R = 723{,}3N$

Ermittlung von F_G und F_N:

$F_G = m \cdot g$
$F_G = 600kg \cdot 9{,}81\ m/s^2$
$F_G = 5886N$

$F_N = F_G \cdot cos\alpha$
$F_N = 5886N \cdot cos\ 35°$
$F_N = 4822N$

Beispiel: Zum Hochziehen einer Masse auf einer schiefen Ebene mit Neigungswinkel von 25° steht eine Seilwinde mit einer max.Zugkraft von 5500N zur Verfügung. Reibzahl: 0,15. Welche Masse kann max. mit gleichbleibender Geschwidigkeit aufwärts bewegt werden?

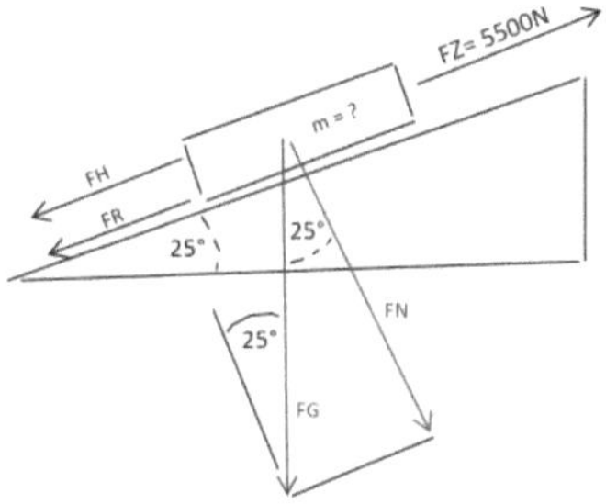

$F_Z = F_H + F_R$

$F_Z = F_H + F_N \cdot \mu$

$F_Z = F_G \cdot sin\alpha + F_G \cdot cos\alpha \cdot \mu$ → *F_G ausklammern*

$F_Z = F_G \cdot (sin\alpha + cos\alpha \cdot \mu)$

$F_Z = m \cdot g \cdot (sin\alpha + cos\alpha \cdot \mu)$ → *nach m umstellen*

$$m = \frac{Fz}{g \cdot (sin\alpha + cos\alpha \cdot \mu)}$$

$$m = \frac{5500N}{9{,}81\frac{m}{s^2} \cdot (sin\ 25° + cos\ 25° \cdot 0{,}15)}$$

4.6 Federkraft

Wird eine Schraubenfeder durch die Einwirkung einer Kraft elastisch verformt, so ist das Verhältnis von Kraft zur Längenänderung konstant (Hooke`sches Gesetz). Bei der Berechnung von Federn ist mit dieser Federkonstanten als Kenngröße einer Feder zu rechnen. Die Federkonstante (Federrate) ist die Kraft, die für einen Federweg von 1mm erforderlich ist.

$$R = \frac{F}{s}$$

F = Kraft
s = Federweg
R = Federkonstante

Beispiel:
Durch eine Kraft von 12N wird eine Feder um 20mm verlängert.
a) Wie groß ist die Federkonstante?
b) Welche Kraft ist erforderlich, um die Feder um 25mm zu verlängern?

a) $R = \frac{F}{s}$

$R = \frac{12N}{20mm}$

R = 0,6 N/mm

b) $R = \frac{F}{s}$

F = R · s

F = 0,6N/mm · 25mm

F = <u>15N</u>

Beispiel:
Eine 40mm lange Zugfeder hat eine Federkonstante von 30N/cm. Durch welche Kraft wird die Länge der Feder verdreifacht?

$R = \frac{F}{s}$

F = R · s Federweg = 8cm!

F = 30N/mm · 8cm

F = <u>240N</u>

4.7 Fliehkraft (Zentrifugalkraft)

Nov. 2011 Aufg.5, Nov. 2013 Aufg.6, Nov. 2016 Aufg.4, Nov. 2018 Aufg.4, Mai 2022 Aufg.4, Nov. 2023 Aufg.6b

Bewegt sich ein Körper auf einer kreisförmigen Bahn, so ist das nur möglich, wenn er zwangsweise durch eine Verbindung zum Mittelpunkt (z.B. durch ein Seil oder eine Stange) oder durch eine Führung auf dieser Bahn gehalten wird. Ein Körper kann also nur dann eine Kreisbahn beschreiben, wenn auf ihm dauernd eine Kraft in Richtung zum Kreiszentrum wirkt. Diese zum Mittelpunkt gerichtete Kraft ist die Zentripetalkraft. Nach dem Reaktionsgesetz setzt der Körper der Zentripetalkraft einen Widerstand entgegen, der ebenso groß ist, aber entgegengesetzt gerichtet. Dieses ist die Zentrifugalkraft oder Fliehkraft.

Sie wird berechnet mit

$$F_Z = \frac{m \cdot v^2}{r}$$

F_Z = Fliehkraft
v = Umfangsgeschwindigkeit
r = Radius

$$F_Z = m \cdot r \cdot \omega^2$$

m = Masse
ω = Winkelgeschwindigkeit

Beispiel:
Auf regennassem Asphalt fährt ein Pkw mit konstanter Geschwindigkeit in eine Kurve. Der Abstand des Fahrzeugschwerpunktes zum Mittelpunkt der Kurve beträgt 60 m. Die Reibung wird berücksichtigt.
Bei welcher Geschwindigkeit in km/h, gerät das Fahrzeug in Schleudern?
Gesucht: Geschwindigkeit in km/h

$$(1)\ F_Z = \frac{m \cdot v^2}{r}$$

$$(2)\ F_R = \mu \cdot m \cdot g$$

Formel 1 mit 2 gleichsetzen, da die Fliehkraft der Reibungskraft entspricht:

$$F_Z = F_R$$

$$\frac{m \cdot v^2}{r} = \mu \cdot m \cdot g$$

$$\frac{v^2}{r} = \mu \cdot g$$

$$v = \sqrt{r \cdot \mu \cdot g}$$

$$v = \sqrt{60m \cdot 0{,}6 \cdot \frac{9{,}81m}{s^2}}$$

$$v = 18{,}8\frac{m}{s}$$

$$v = 67{,}65\frac{km}{h}$$

Beispiel:
Eine Zentrifuge hat einen Radius von 12 cm. Sie wird mit 1400 1/min betrieben. Welche Kraft wird dabei auf 1g Wasser ausgeübt?

$v = d \cdot \pi \cdot n$

$$\mathrm{v} = 0{,}24\mathrm{m} \cdot \pi \cdot \frac{1400}{60}\frac{1}{\mathrm{s}}$$

$v = 17{,}6 m/s$

$$\mathrm{F_z} = \mathrm{m} \cdot \frac{\mathrm{v}^2}{\mathrm{r}}$$

$$\mathrm{F_z} = 0{,}001\mathrm{kg} \cdot \frac{\left(17{,}6\,\frac{\mathrm{m}}{\mathrm{s}}\right)^2}{0{,}12\mathrm{m}}$$

$F_Z = \underline{2{,}58N}$

oder

$\omega = 2 \cdot \pi \cdot n$

$$\omega = 2 \cdot \pi \cdot \frac{1400}{60}\frac{1}{\mathrm{s}}$$

$\omega = 146{,}6\ 1/s$

$F_Z = m \cdot r \cdot \omega^2$

$F_Z = 0{,}001kg \cdot 0{,}12m \cdot (146{,}6\ 1/s)^2$

$F_Z = \underline{2{,}58N}$

Beispiel:
Bei einem nicht ausgewuchteten Rad liegt der Schwerpunkt 1mm außerhalb der Drehachse. Welche Zentrifugalkraft entsteht bei 1200 1/min, wenn die Masse des Rades 20kg beträgt?

$\omega = 2 \cdot \pi \cdot n$

$\omega = 2 \cdot \pi \cdot \frac{1200}{60} \frac{1}{s}$

$\omega = 125{,}7\ 1/s$

$F_Z = m \cdot r \cdot \omega^2$

$F_Z = 20\ kg \cdot 0{,}001\ m \cdot (125{,}7\ 1/s)^2$

$F_Z = \underline{316\ N}$

Beispiel:
Ein Fahrzeug mit m = 1200 kg durchfährt eine Kurve mit 50 km/h. Die Kurve hat einen Krümmungsradius von 40m. Wie hoch ist die dabei auf das Fahrzeug wirkende Zentrifugalkraft?

$F_z = \frac{m \cdot v^2}{r}$ 50km/h = 13,9m/s

$F_z = \frac{1200kg \cdot \left(13{,}9\,\frac{m}{s}\right)^2}{40m}$

$F_Z = \underline{5796{,}3N}$

4.8 Momente

Nov. 2017 Aufg.5, **Mai 2023, Aufg.2**

Die Drehkraftwirkung auf ein Bauteil bezeichnet man als Moment. Tritt eine Drehwirkung auf (z.B. bei einem Kettenrad), so bezeichnet man das Moment als Drehmoment. Tritt keine Drehwirkung auf, so bezeichnet man das Moment als Kraftmoment oder statisches Moment.
Der Betrag des Kraft- oder Drehmomentes ist das Produkt aus Kraft und Wirkabstand. Der Wirkabstand ist der kürzeste Abstand zwischen der Kraftlinie und dem Drehpunkt (Bezugspunkt)

$$M = F \cdot L$$

M = Moment
F = Kraft
L = Wirkabstand

Beispiel:
Eine Schraube M20 wird mit einer Kraft von 80N angezogen. Der Wirkabstand beträgt 250mm. Wie groß ist das Moment?

$$M = F \cdot L$$
$$M = 80N \cdot 0{,}25m$$
$$M = \underline{20Nm}$$

Beispiel:
Laut Montageanweisung soll eine Zylinderkopfschraube M12 mit einem Moment von 25Nm angezogen werden. Welche Kraft ist dazu erforderlich, wenn der Ringschlüssel eine Hebellänge von 200mm aufweist und der Winkel zwischen der Kraftrichtung und dem Hebel 60° beträgt?

L = 200mm

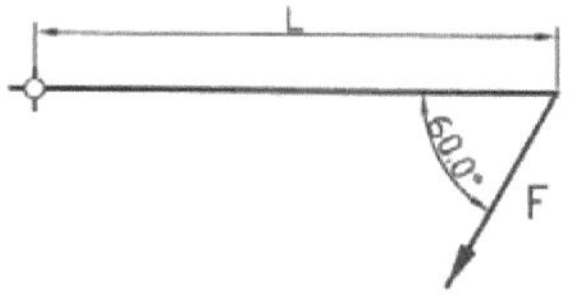

1. Lösung durch Kraftzerlegung

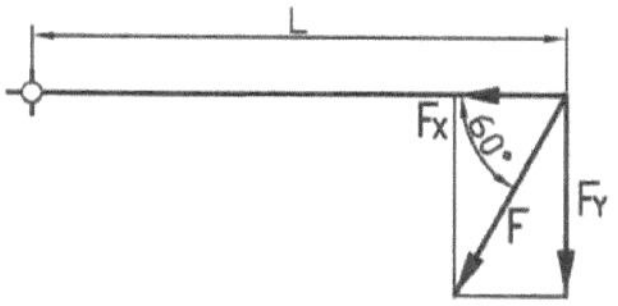

Das Moment wird nur durch die Komponente F_Y hervorgerufen

$M = F_Y \cdot L$

$$F_Y = \frac{M}{L}$$

$$F_Y = \frac{25Nm}{0{,}2m}$$

F_Y = <u>125N</u>

$$\text{Sin}60° = \frac{F_Y}{F}$$

$$F = \frac{F_Y}{\sin 60°}$$

$$F = \frac{125N}{\sin 60°}$$

F = <u>144,3N</u>

2. Lösung mit Hilfe der wirksamen Hebelarmlänge (Wirkabstand)

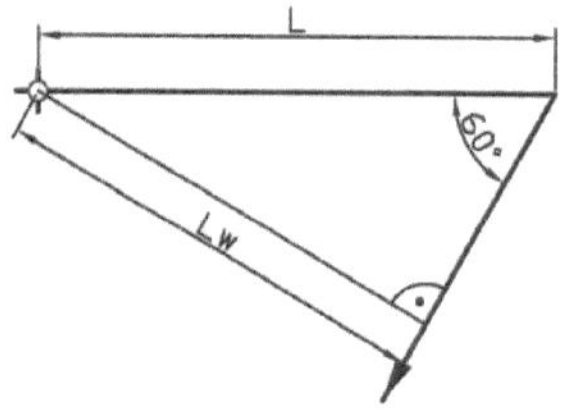

$M = L_W \cdot F \qquad \sin 60° = \frac{L_W}{L}$

$F = \frac{M}{L_W}$ $L_W = L \cdot \sin 60°$

$L_W = 0{,}2m \cdot \sin 60°$

$L_W = \underline{0{,}173m}$

$F = \frac{25Nm}{0{,}173m}$

$F = \underline{144{,}3m}$

4.9 Auflagerkräfte

Mai 2016 Aufg.5, Mai 2020 Aufg.3b

Auflagerberechnung- Methode I:

Gegeben: gesucht: Lagerkräfte in F_A und F_B

$F_1 = 200N$

$F_2 = 80N$

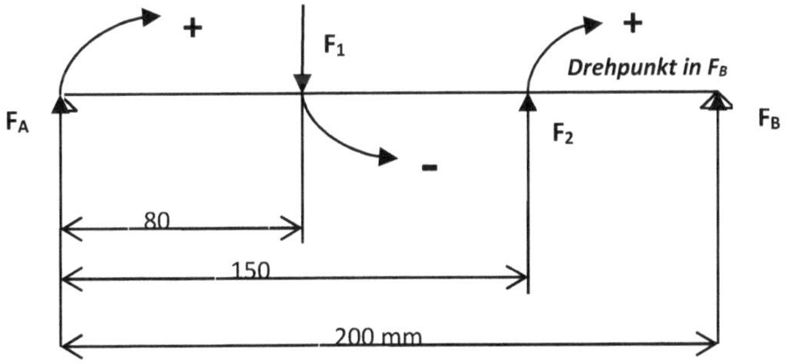

1. Drehpunkt festlegen (F_A oder F_B), in diesem Beispiel ist F_B der gewählte Drehpunkt, um FA zu ermitteln.
2. Für die wirksamen Hebellängen gilt stets:
Vom Angriffspunkt der Kraft (F_1, F_2, F_A) bis zum Drehpunkt(F_B).
Ggf. müssen die Maße von der gegebenen Bemaßung ermittelt werden.
3. Drehrichtung Plus (rechts herum) und Minus (links herum) zuordnen.
4. Momentensatz für FA aufstellen:
Auf der linken Seite vom Gleichheitszeichen werden die Momente aus der Drehrichtung + Plus, aus der rechten mit Drehrichtung – Minus, zugeordnet.

Momentensatz:

+ + -

$$F_A \cdot L + F_2 \cdot 50 = F_1 \cdot 120$$

$$F_A = \frac{F_1 \cdot 120 - F_2 \cdot 50}{L}$$

$$F_A = \frac{200N \cdot 120 - 80N \cdot 50}{200} = 100N$$

Ermittlung von FB, durch Betrachtung der wirkenden Kräfte, Drehpunkt nach FA:

FB = + F1 - F2 - FA

FB = + 200N – 80N – 100N

FB = 20N

Oder:

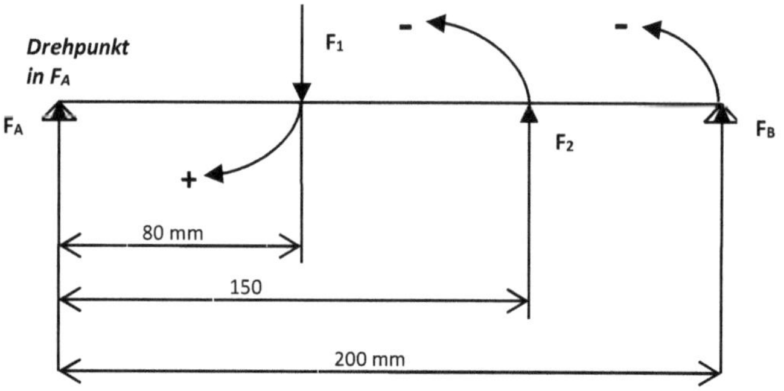

Momentensatz:

$$F_2 \cdot 150mm + F_B \cdot 200mm = F_1 \cdot 80mm$$

$$F_B \cdot 200mm = F_1 \cdot 80mm - F_2 \cdot 150mm$$

$$F_B = \frac{200N \cdot 80mm - 80N \cdot 150mm}{200mm}$$

$$F_B = 20N$$

Auflagerberechnung- Methode II:

In einem System herrscht Gleichgewicht, wenn die Summe aller rechtsdrehenden Momente gleich der Summe aller linksdrehenden Momente ist. Unterscheidet man die rechtsdrehenden Momente und die linksdrehenden Momente durch Vorzeichen, so lautet die entsprechende Formel

$$\Sigma M = 0$$

Gleichzeitig müssen auch alle Kräfte in X-Richtung und in Y-Richtung gleich Null sein

$$\Sigma F_X = 0$$
$$\Sigma F_y = 0$$

Beispiel (wie Methode I):

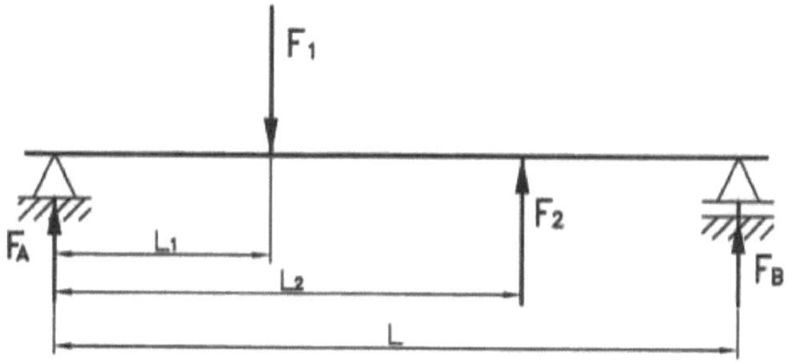

$F_1 = 200N$ $L_1 = 80mm$
$F_2 = 80N$ $L_2 = 150mm$
$L = 200mm$

Es ist zunächst der Momentenbezugspunkt (Drehpunkt) zu wählen. Dieser kann prinzipiell frei gewählt werden. Es ist jedoch zweckmäßig, ihn entweder in das Lager A oder B zu legen, weil dadurch diese Kräfte keine Drehwirkung auf das System ausüben. Weiterhin sollte in der Ausgangsgleichung die Zuordnung des Vorzeichens zum Drehsinn angegeben werden

$$\Sigma M_{(A)} = 0$$

Dieser Ansatz gibt an, wo der Momentenbezugspunkt liegt (A) und das rechtsdrehende Momente positiv (und somit linksdrehende Momente negativ) anzusetzen sind.

$$+ F_1 \cdot l_1 - F_2 \cdot l_2 - F_B \cdot l = 0$$

$$F_B \cdot l = F_1 \cdot l_1 - F_2 \cdot l_2$$

$$F_B = \frac{F_1 \cdot l_1 - F_2 \cdot l_2}{l}$$

$$F_B = \frac{200N \cdot 80mm - 80N \cdot 150mm}{200mm}$$

$$F_B = \underline{20N}$$

Ist F_B bekannt, so kann F_A auf zwei Arten berechnet werden

$$\Sigma F_Y = 0$$

$$0 = F_A + F_2 + F_B - F_1$$

$$F_A = F_1 - F_2 - F_B$$

$$F_A = 200N - 20N - 80N$$

$$F_A = \underline{100N}$$

oder $\Sigma M_{(B)} = 0$

$$0 = F_1 \cdot 120mm - F_2 \cdot 50mm - F_A \cdot 200mm$$

$$F_A = \frac{F_1 \cdot 120mm - F_2 \cdot 50mm}{200mm}$$

$$F_A = \frac{200N \cdot 120mm - 80N \cdot 50mm}{200mm}$$

$$F_A = \underline{100N}$$

Auflagerberechnung, mit ***schräg*** angreifender Kraft

Beispiel:

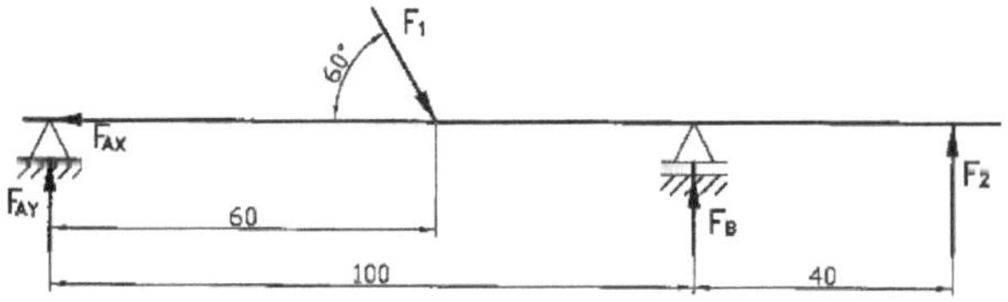

$F_1 = 200N$
$F_2 = \ 50N$

F_1 greift unter einem Winkel von 60° an. Eine Drehwirkung (am Hebelarm 60mm) wird nur durch die senkrechte Komponente von F_1 (= F_{1Y}) hervorgerufen. Die Kraft F_1 muss also in ihre Komponenten zerlegt werden.

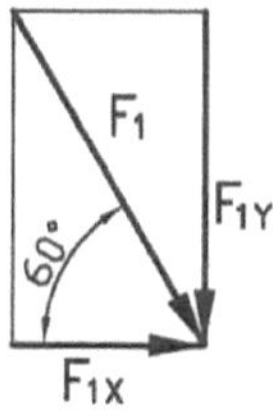

$F_{1X} = F_1 \cdot \cos 60°$
$F_{1X} = 200N \cdot \cos 60°$

$F_{1X} = \underline{100N}$

$F_{1Y} = F_1 \cdot \sin 60°$
$F_{1Y} = 200N \cdot \sin 60°$

$F_{1Y} = \underline{173{,}21N}$

$\Sigma M_{(A)} = 0$

$$0 = F_{1Y} \cdot 60mm - F_B \cdot 100mm - F_2 \cdot 140mm$$

$F_B \cdot 100mm = F_{1Y} \cdot 60mm - F_2 \cdot 140mm$

$$F_B = \frac{173{,}21N \cdot 60mm - 50N \cdot 140mm}{100mm}$$

$F_B = \underline{33{,}93N}$

$\Sigma F_Y = 0$

$0 = F_{1Y} - F_{AY} - F_B - F_2$

$F_{AY} = F_{1Y} - F_B - F_2$

$F_{AY} = 173{,}21N - 33{,}93N - 50N$

$F_{AY} = \underline{89{,}28N}$

Die X-Komponente der Kraft F_1 (= F_{1X}) versucht das System nach rechts (axial) zu verschieben. Dies Kraftkomponente kann nur im Lager A (Festlager) aufgefangen werden.

Es gilt

$\Sigma F_X = 0$

$0 = F_{AX} - F_{1X}$

$F_{AX} = F_{1X}$

$F_{AX} = \underline{100N}$

Somit wird die Gesamtkraft im Lager A

$$F_A = \sqrt{{F_{AX}}^2 + {F_{AY}}^2}$$

$$F_A = \sqrt{(100N)^2 + (89{,}28N)^2}$$

$F_A = \underline{134{,}1N}$

4.10 Standmoment, Kippmoment, Standsicherheit

Nov 2020 Aufg.2

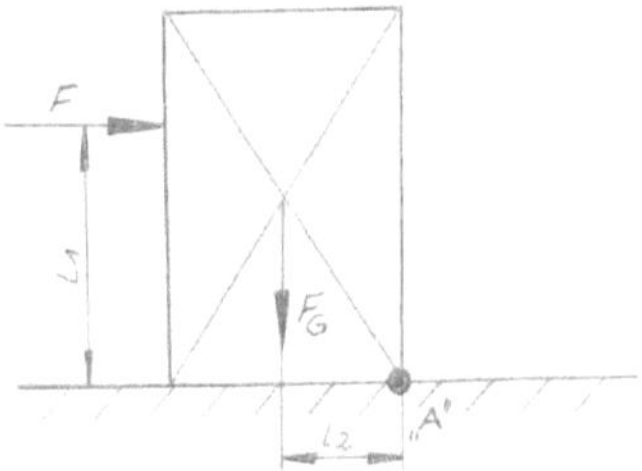

Greift eine Kraft F wie skizziert an ein Bauteil an, so kommt es nach Überwindung der Haftreibung zum Verschieben des Bauteils, oder, wenn die Haftreibung entsprechend groß ist, kippt es um den Punkt „A".
Bezogen auf den Punkt „A" ruft die Kraft F das Kippmoment $M_K = F \times l_1$ hervor. Entgegengesetzt wirkt die Gewichtskraft F_G. Sie ruft das Standmoment $M_S = F_G \times l_2$ hervor. Ist das Standmoment größer als das Kippmoment, so bleibt der Körper stehen bzw. wird verschoben. Ist das Kippmoment größer als das Standmoment, so kippt der Körper. Sind Kippmoment und Standmoment gleich groß, so liegt ein indifferentes Gleichgewicht vor.
Die Standsicherheit v ist der Quotient aus Standmoment und Kippmoment.

$$v = \frac{M_S}{M_K}$$ v = Standsicherheit

M_S = Standmoment

M_K = Kippmoment

Beispiel

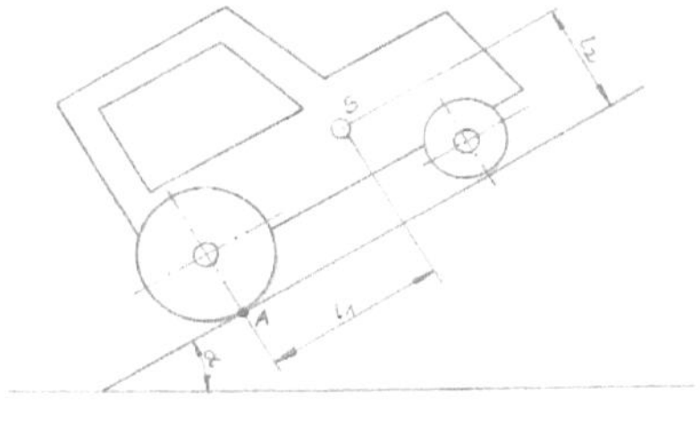

Ein Traktor fährt mit gleichbleibender Geschwindigkeit einen Hang hinauf. Der Reibwert zwischen Hang und Reifen ist so groß, dass ein Rutschen des Traktors verhindert wird. Berechnen Sie den Winkel α, bei dem der Traktor nach hinten kippen würde, wenn l_1 = 0,95 m und l_2 = 0,7 m beträgt.

Der Traktor würde um den Punkt „A" kippen. Bezogen auf diesen ruft die Hangabtriebskraft ein Kippmoment

$$M_K = m \times g \times \sin\alpha \times l_2$$

hervor.

Das Standmoment wird durch die Normalkraft am Hebelarm l_1 hervorgerufen

$$M_S = m \times g \times \cos\alpha \times l_1$$

Es verhindert das Kippen. Sind beide Momente gleich groß, so liegt ein indifferentes Gleichgewicht vor.

$$M_K = M_S$$

$$m \times g \times \sin\alpha \times l_2 = m \times g \times \cos\alpha \times l_1$$

$$\sin\alpha \times l_2 = \cos\alpha \times l_1$$

$$\frac{\sin\propto}{\cos\propto} = \frac{l_1}{l_2}$$

$$tan \propto = \frac{0{,}95m}{0{,}7m}$$

5 Arbeit, Energie, Leistung, Wirkungsgrad

Nov. 2011 Aufg.4

5.1 Arbeit

Die mechanische Arbeit ist das Produkt aus Kraft mal Weg. Sind die Kraftrichtung und die Wegrichtung nicht identisch, so darf zur Berechnung der Arbeit nur die Kraftkomponente berücksichtigt werden, die in der Wegrichtung liegt.

$W = F \cdot s$ — F = Kraft
s = Weg
W = Arbeit

Je nach Art der Kraft, die beim Verrichten der Arbeit überwunden werden muss, unterscheidet man:

<u>Hubarbeit</u> = Arbeit gegen die Schwerkraft zum Anheben einer Last

$W = F_G \cdot h$ — $F_G = m \cdot g$
$W = m \cdot g \cdot h$ — m = Masse
g = Erdbeschleunigung
h = Hubhöhe
W = Hubarbeit

<u>Reibarbeit</u> = Arbeit gegen eine Reibkraft

$W = F_R \cdot s$ — $F_R = \mu \cdot F_N$
$W =$ W=F·s2 $\mu \cdot F_N \cdot s$ — F_N = Normalkraft
μ = Reibwert
s = Weg
F_R = Reibkraft
W = Reibarbeit

<u>Federarbeit</u> = Arbeit gegen die Federkraft

$W = \frac{F \cdot s}{2}$ — $F = R \cdot s$
R = Federkonstante

$W = \frac{R \cdot s^2}{2}$ s = Federweg

F = Federkraft

W = Federarbeit

<u>Beschleunigungsarbeit</u> = Arbeit zur Überwindung der Massenträgheit

$W = \frac{m \cdot v^2}{2}$ m = Masse

v = Geschwindigkeit

W = Beschleunigungsarbeit

Beispiel:

Ein Gabelstapler hebt 280kg 1,5m hoch. Wie groß ist die verrichtete Hubarbeit in kJ und in kWh?

$W = m \cdot g \cdot h$

$W = 280\text{kg} \cdot 9{,}81\text{m/s}^2 \cdot 1{,}5\text{m}$

$W = 4120{,}2\text{J}$

$W = \underline{4{,}12\text{kJ}}$ $1\text{kWh} = 3{,}6 \cdot 10^6\text{J}$

$W = 0{,}001145\text{kWh}$

Beispiel:

Eine Kiste mit m = 55kg soll auf waagerechter Ebene um 2,5m verschoben werden. Der Reibwert beträgt 0,25. Wie hoch ist die aufzubringende Reibarbeit?

$W = F_R \cdot s$

W = W=F·s2 $\mu \cdot F_N \cdot s$ $F_N = m \cdot g$

$W = \mu \cdot m \cdot g \cdot s$

$W = 0{,}25 \cdot 55\text{kg} \cdot 9{,}81\text{m/s}^2 \cdot 2{,}5\text{m}$

$W = 337{,}22\frac{\text{kg m}^2}{\text{s}^2}$

$W = 337{,}22\text{J}$

Beispiel:

Eine Druckfeder wird durch eine Kraft von 40N um 5cm zusammengedrückt. Wie groß ist die zum Spannen der Feder benötigte Arbeit?

R=Fs

$$W = \frac{F \cdot s}{2}$$

$$W = \frac{40N \cdot 0{,}05m}{2} = 1Nm$$

1Ws = 1Nm = 1J

Beispiel:
Ein Fahrzeug hat eine Masse von 1600kg. Es soll auf 72km/h beschleunigt werden. Wie groß ist die erforderliche Beschleunigungsarbeit in kJ und kWh?

$$W = \frac{m \cdot v^2}{2} \qquad 72km/h = 20m/s$$

$$W = \frac{1600kg \cdot (20\frac{m}{s})^2}{2}$$

W = 320000J

W = <u>320kJ</u>

W = 0,089kWh

5.2 Mechanische Energie

Wendet man Arbeit auf, um eine Feder zu spannen, so besitzt diese die Fähigkeit, wieder Arbeit abzugeben. Ähnlich ist es bei einer Masse, die angehoben wird oder mit einer Masse, die beschleunigt wird. Die Fähigkeit, Arbeit zu verrichten, nennt man Energie. Energie ist also gespeicherte Arbeit, daher haben alle Energieformen auch die gleiche Maßeinheit wie die Arbeit

$$1J = 1Nm = 1Ws$$

5.2.1 Potentielle Energie (gespeicherte Hubarbeit)

April 2015 Aufg.3, Nov. 2014 Aufg.5a, Mai 2023, Aufg.3b

Die durch die veränderte Höhe einer Masse erworbene Arbeitsfähigkeit wird Energie der Lage oder potentielle Energie genannt. Die Arbeitsfähigkeit der angehobenen Masse ist genau so groß wie die zum Anheben der Masse benötigte Hubarbeit (s.5.1).

Die Formeln zur Berechnung der Hubarbeit und der potentiellen Energie sind also identisch

$$E_{pot} = m \cdot g \cdot h$$

m = Masse
g = Erdbeschleunigung
h = Höhendifferenz

Beispiel:

In einem Pumpspeicherwerk werden 60000m³ Wasser 80m hoch in den Speichersee gepumpt. Wie groß ist die potentielle Energie des Wassers in kWh?

$$E_{pot} = m \cdot g \cdot h$$

$$E_{pot} = 60000000kg \cdot 9{,}81m/s^2 \cdot 80m$$

$$E_{pot} = 47088000000 \, \frac{kg\,m^2}{s^2} \, (J)$$

$E_{pot} = \underline{13080kWh}$ $\quad 3{,}6 \cdot 10^6J =$

1kWh

5.2.2 Kinetische Energie

Nov. 2011 Aufg.3, Mai 2013 Aufg.4a, Mai 2016 Aufg.6b, Mai 2017 Aufg.3, Mai 2017 Aufg.4

Massen, die sich in Bewegung befinden, besitzen die Fähigkeit, Arbeit zu verrichten. Diese durch die Bewegung einer Masse hervorgerufene Arbeitsfähigkeit wird als kinetische Energie bezeichnet.

EKin=m·v22 m = Masse
v = Geschwindigkeit
E_{kin} = kinetische Energie

Beispiel:
Ein PKW mit der Masse 1600kg fährt mit 50km/h frontal gegen eine Mauer. Wie groß ist die Energie im Augenblick des Aufpralls?

EKin=m·v22 50km/h = 13,89m/s

EKin= ·(13,89ms)22

E_{kin} = <u>154346J</u>

5.2.3 Spannenergie

Spannt man eine Feder im elastischen Bereich, so speichert sie die zum Spannen aufgewendete Arbeit vollständig als Spannenergie

$$E_F = \frac{F \cdot s}{2}$$

s = Federweg

F = max. Federkraft

$$E_F = \frac{R \cdot s^2}{2}$$

R = Federkonstante

Beispiel:
Welche Spannenergie enthält eine um 0,15m gedehnte Zugfeder, die eine Federkonstante von 120N/m aufweist?

$$E_F = \frac{R \cdot s^2}{2}$$

$$E_F = \frac{120\frac{N}{m} \cdot (0{,}15m)^2}{2}$$

E_F = 1,35Nm = 1,35J

oder

$$R = \frac{F}{s}$$

F = R · s

F = 120N/m · 0,15m

F = 18 N

$$E_F = \frac{F \cdot s}{2}$$

$$E_F = \frac{18N \cdot 0{,}15m}{2}$$

E_F = 1,35 J

5.2.4 Energieerhaltungssatz

Mai 2017 Aufg.4, Nov. 2014 Aufg.6, Nov. 2011 Aufg.3, Nov 2020 Aufg.4a

In einem abgeschlossenen System ist bei Vernachlässigung von Reibungsverlusten die Summe aus potentieller Energie, kinetischer Energie und Spannenergie konstant. Die gesamte Energie am Anfang eines Vorgangs ist gleich der Gesamtenergie am Ende des Vorgangs.

Bei derartigen Vorgängen kann Energie nicht erzeugt werden oder verloren gehen, Energie kann nur umgewandelt werden. Mit Hilfe des Satzes von der Erhaltung der Energie lassen sich viele Aufgabenstellungen lösen.

Dabei gilt stets:

Anfangsenergie = Endenergie

Beispiel:

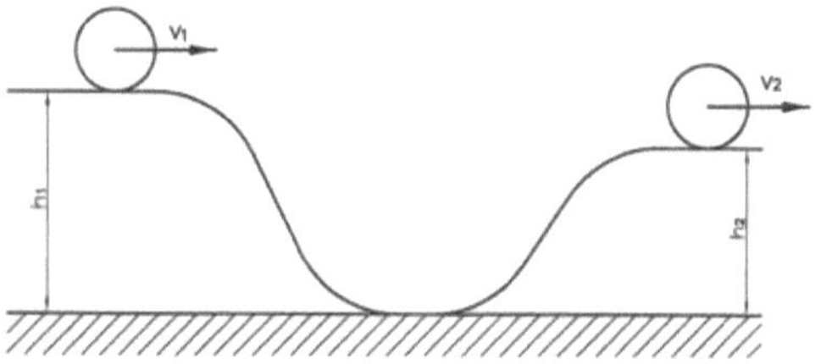

Eine Kugel wird aus einem Automaten mit v_1 = 1m/s ausgestoßen. Sie soll mit Hilfe der skizzierten Rollbahn auf die Geschwindigkeit v_2 = 1,5m/s beschleunigt werden. Wie groß muss das Maß h_2 ausgeführt werden, wenn h_1 = 1,6m beträgt und die Reibung vernachlässigt wird?

EKin1+Epot1=EKin2+Epot2

$$\frac{m \cdot v_1^2}{2} + m \cdot g \cdot h_1 = \frac{m \cdot v_2^2}{2} + m \cdot g \cdot h_2$$

$$\frac{v_1^2}{2} + g \cdot h_1 = \frac{v_2^2}{2} + g \cdot h_2$$

$$v_1^2 + 2 \cdot g \cdot h_1 = v_2^2 + 2 \cdot g \cdot h_2$$

$$v_1^2 - v_2^2 + 2 \cdot g \cdot h_1 = 2 \cdot g \cdot h_2$$

$$h_2 = \frac{{v_1}^2 - {v_2}^2}{2g} + h_1$$

$$h_2 = \frac{\left(1\frac{m}{s}\right)^2 - \left(1{,}5\frac{m}{s}\right)^2}{2 \cdot 9{,}81\frac{m}{s^2}} + 1{,}6m$$

h_2 = <u>1,536m</u>

Beispiel:
Aus einer Maschine werden Bauteile mit einer Masse von 1,2kg mit einer Geschwindigkeit von 0,8m/s auf eine waagerechte Gleitbahn ausgestoßen. Sie sollen am Ende der Gleitbahn auf einer Strecke von 20mm durch eine Feder abgebremst werden. Welche Federkonstante muss die Feder besitzen, wenn die Reibung auf der Gleitbahn vernachlässigt wird?

EKin=EF

$$\frac{m \cdot v^2}{2} = \frac{R \cdot s^2}{2}$$

$$m \cdot v^2 = R \cdot s^2$$

$$R = \frac{m \cdot v^2}{s^2}$$

$$R = \frac{1{,}2kg \cdot \left(0{,}8\frac{m}{s}\right)^2}{(0{,}02m)^2}$$

R = 1920N/m

5.3 Leistung

Mai 2010 Aufg.4, Mai 2011 Aufg.5, Nov. 2013 Aufg.2a, Mai 2014 Aufg.3, Nov. 2014 Aufg.5b, Nov. 2015 Aufg.5a, Nov. 2017 Aufg.4b, Mai 2018 Aufg.2, Mai 2018 Aufg.4b, Mai 2019 Aufg.6b, Mai 2020 Aufg.4b, Nov 2021 Aufg.4c, Nov 2021 Aufg.6, Nov 2022 **Aufg.3a**

Die Leistung ist der Quotient aus der Arbeit und der dazu benötigten Zeit.

$P = \frac{W}{t}$ W = Arbeit

t = Zeit

P = Leistung

Die Einheit der Leistung ist das Watt. Ein Watt ist die Leistung, bei der in einer Sekunde ein Joule eingesetzt wird.
Setzt man in die obenstehende Gleichung die Definitionsgleichung für die Arbeit (W = F · s) ein, so ergibt sich

$P = \frac{F \cdot s}{t}$p=F·st

Der Quotient für $\frac{s}{t}$, ist die Geschwindigkeit. Also gilt:

$P = F \cdot v$ F = Kraft

v = Geschwindigkeit

Diese Gleichung ist auch die Grundlage zur Berechnung der Dreh- oder Rotationsleistung. Die Umfangskraft und die Umfangsgeschwindigkeit sind in jedem Augenblick gleich gerichtet.
Also gilt:

$P = F_U \cdot v_U$ F_u = Umfangskraft

v_U = Umfangsgeschwindigkeit

P = Leistung

Die Umfangsgeschwindigkeit beträgt nach (3.1.2)

$v_U = d \cdot \pi \cdot n$ d = Durchmesser

n = Drehzahl

somit wird die Rotationsleistung

$P = F_U \cdot d \cdot \pi \cdot n$

oder: $P = M \cdot 2 \cdot \pi \cdot n$

Beispiel:

Ein Kran soll Massen von 500kg in 20Sekunden um 18m anheben. Welche Leistung muss er dazu abgeben?

$$P = \frac{F_G \cdot s}{t}$$

$$P = \frac{500\text{kg} \cdot 9{,}81\frac{\text{m}}{\text{s}^2} \cdot 18\text{m}}{20\text{s}}$$

P = 4414,5W

P = <u>4,4kW</u>

Beispiel:

Zum Verschieben eines Maschinenschlittens wird eine Kraft von 2500N benötigt. Zur Verfügung steht eine Leistung von 2kW. Welche Verschiebegeschwindigkeit kann erreicht werden?

$P = F \cdot v$

$$v = \frac{P}{F}$$

$$v = \frac{2000\frac{\text{Nm}}{\text{s}}}{2500\text{N}}$$

v = <u>0,8m/s</u>

Beispiel:
Die zulässige Zugkraft eines Keilriemens beträgt 800N. Die Keilriemenscheibe hat einen Durchmesser von 250mm, sie wird mit 585 1/min betrieben. Welche Leistung kann mit dem Keilriementrieb übertragen werden?

$$P = F \cdot d \cdot \pi \cdot n$$

$$P = 800N \cdot 0{,}25m \cdot \pi \cdot 9{,}75\ 1/s$$

$$P = 6126W$$

$$P = 6{,}126kW$$

Beispiel:
Mit einer Pumpe werden 30m³ Wasser in 8 Minuten auf 12m Höhe gefördert. Welche Leistung wird von der Pumpe abgegeben?

$$P = \frac{F_G \cdot s}{t}$$

$$P = \frac{30000kg \cdot 9{,}81\frac{m}{s^2} \cdot 12m}{480s}$$

$$P = \underline{7357{,}5\ W}$$

$$P = \underline{7{,}36kW}$$

5.4 Wirkungsgrad

Mai 2010 Aufg.4, Nov. 2010 Aufg.2, Mai 2012 Aufg.3, Nov. 2012 Aufg.4, Nov 2013 Aufg.2c, Nov. 2013 Aufg.5a, Mai 2014 Aufg.3, Nov 2022 **Aufg.3b, Mai 2023, Aufg.3b**

Bei allen Systemen geht ein Teil der zugeführten Arbeit oder Leistung meistens durch Reibung verloren. Nach dem Energieerhaltungssatz (s.5.2.4) geht zwar keine Energie verloren, ein Teil der eingesetzten Arbeit (Energie) wird jedoch für den eigentlichen Zweck unbrauchbar.

Der Wirkungsgrad beschreibt das Verhältnis von Nutzen zu Aufwand.

$$\mathrm{H} = \frac{W_{ab}}{W_{zu}} < 1$$

$$\mathrm{H} = \frac{P_{ab}}{P_{zu}} < 1$$

η = Wirkungsgrad

W_{ab} = abgegebene Arbeit (Energie)

W_{zu} = zugeführte Arbeit (Energie)

P_{ab} = abgegebene Leistung

P_{zu} = zugeführte Leistung

Sind mehrere Energiewandler miteinander geschaltet (z.B. Motor, Getriebe, Hubwerk), so können die Einzelwirkungsgrade zu einem Gesamtwirkungsgrad zusammengefasst werden:

$$\eta_{ges} = \eta_1 \cdot \eta_2 \cdot \ldots \eta_n$$

Beispiel:
Eine Turbine nimmt eine Leistung von 750kW auf und gibt eine Leistung von 700kW ab. Wie hoch ist ihr Wirkungsgrad?

$$\mathrm{H} = \frac{P_{ab}}{P_{zu}}$$

$$\mathrm{H} = \frac{700\mathrm{kW}}{750\mathrm{kW}}$$

$$\eta = \underline{0{,}93} = \underline{93\%}$$

Beispiel:
Eine Pumpe wird mit 35kW angetrieben. Sie hat einen Wirkungsgrad von 0,8 und soll Wasser über eine Rohrleitung auf 35m Höhe fördern. Der Wirkungsgrad der Rohrleitungen beträgt 0,92. Welche Wassermenge kann in einer Stunde gefördert werden?

$$P_{ab} = P_{zu} \cdot \eta_1 \cdot \eta_2$$

$$P_{ab} = 35kW \cdot 0{,}8 \cdot 0{,}92$$

$$P_{ab} = 25{,}76kW$$

$$P_{ab} = \frac{m \cdot g \cdot h}{t}$$

$$M = \frac{P_{ab} \cdot t}{g \cdot h}$$

$$M = \frac{25760W \cdot 3600s}{9{,}81\frac{m}{s^2} \cdot 35m}$$

$$m = 270091kg$$

Beispiel:
Ein Kran soll Werkstücke von 6500kg in 10 Sekunden um 5,2m anheben. Zwischen Motor und Seiltrommel ist ein Getriebe mit einem Wirkungsgrad von 0,85 angeordnet. Wie hoch ist die vom Motor aufzubringende Leistung?

$$P_{Mot} \cdot \eta = P_{ab}$$

$$P_{Mot} = \frac{P_{ab}}{\eta}$$

$$P_{Mot} = \frac{m \cdot g \cdot h}{t \cdot \eta}$$

$$P_{Mot} = \frac{6500kg \cdot 9{,}81\frac{m}{s^2} \cdot 5{,}2m}{10s \cdot 0{,}85}$$

$$P_{Mot} = 39009W$$

$$P_{Mot} = \underline{39kW}$$

Beispiel:
Auf einer Drehmaschine wird ein Werkstück mit 120m/min bearbeitet. Die dabei auftretende Schnittkraft wird mit 5200N gemessen. Der Antriebsmotor gibt 12kW an die Maschine ab. Wie hoch ist der Wirkungsgrad der Maschine?

$$P_{Mot} \cdot \eta = P_{ab}$$

$$\eta = \frac{P_{ab}}{P_{Mot}}$$

$$\eta = \frac{F \cdot v}{P_{Mot}}$$

$$\eta = \frac{5200N \cdot 2\frac{m}{s}}{12000\frac{Nm}{s}}$$

$\eta = \underline{0{,}87}$

Beispiel:
Eine Pumpe mit einem Wirkungsgrad von 0,8 wird von einem Elektromotor mit dem Wirkungsgrad 0,82 angetrieben. Mit der Pumpe sollen pro Minute 400 Liter Wasser 60m hoch gefördert werden. Welche Leistungsaufnahme hat der Motor?

$$P_{ab} = \frac{m \cdot g \cdot h}{t}$$

$$P_{ab} = \frac{400kg \cdot 9{,}81\frac{m}{s^2} \cdot 60m}{60s}$$

$P_{ab} = \underline{3924W}$

PMot·ηM·ηP=Pab

PMot=PabηM·ηP

Fehler! Eine Ziffer wurde erwartet.

$P_{El} = \underline{5982W}$

Beispiel:
Ein Pumpenspeicherkraftwerk nimmt innerhalb eines Jahres 800000 MWh auf und gibt in diesem Zeitraum an 300 Tage jeweils 10 Stunden lang eine durchschnittliche Leistung von 165 MW ab. Wie groß ist der Wirkungsgrad der Anlage?

$$W_{ab} = P_{ab} \cdot t$$

$$W_{ab} = 165\ MW \cdot 300 \cdot 10h$$

$$W_{ab} = 495000\ MWh$$

$$H = \frac{W_{ab}}{W_{zu}}$$

$$H = \frac{495000MWh}{800000MWh}$$

$$\eta = \underline{0{,}619}$$

6 Druck Flüssigkeiten / Gasen, Fluidtechnik

6.1 Druck

Mai 2012 Aufg.6

Wirkt auf eine Flüssigkeit eine äußere Kraft, so entsteht in dieser ein Druck. Dieser pflanzt sich nach allen Seiten in gleicher Größe fort.
Der Druck erhält das Formelzeichen p und wird berechnet mit

$$P = \frac{F}{A}$$

F = Kraft
A = Fläche
P = Druck

Die SI-Einheit für den Druck ist das Pascal mit dem Einheitenzeichen Pa

$$1\mathrm{Pa} = 1\,\frac{\mathrm{N}}{\mathrm{m}^2}$$

In der Technik wird meistens mit der Maßeinheit bar gerechnet.
Fehler! Eine Ziffer wurde erwartet.
Bei der Durchführung von Berechnungen ist darauf zu achten, wie der Druck angegeben ist. Bei der Druckangabe „absoluter Druck“ (p_{abs}) wird von „Null“ ausgehend gerechnet, er wird auf das Vakuum bezogen. Der Luftdruck der Atmosphäre wird mit p_{amb} bezeichnet. Wenn nicht anders angegeben, wird dieser bei technischen Berechnungen mit 1bar angesetzt. Der Überdruck wird mit p_e bezeichnet.

Es gilt

$$P_e = p_{abs} - p_{amb}$$

6.1.1 Druckkraft auf Flächen (Kolbenpressung)

Mai 2016 Aufg.5, Mai 2022 Aufg.2

Eine Kraft F, die auf eine Kolbenfläche A wirkt, erzeugt einen Druck, der in der gesamten Flüssigkeit wirkt. Der Druck hat keine bestimmte Richtung. Die durch den Flüssigkeitsdruck verursachte Kraft wirkt stets senkrecht zur Angriffsfläche.

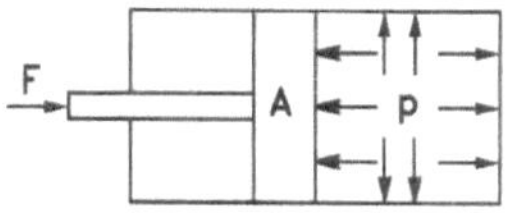

$$p = \frac{F}{A}$$

F = Kraft
A = Fläche
p = Druck

Beispiel:
Eine Stempelkraft von F = 15kN wirkt auf einen Kolben mit 110mm Durchmesser. Welcher Druck wird in der Flüssigkeit hervorgerufen? (in bar und Pa)

$$p = \frac{F}{A} \quad \text{nach A,} \quad A = \frac{d^2 \cdot \pi}{4} = \frac{(11\text{cm})^2 \cdot \pi}{4} = 95{,}03\text{cm}^2$$

$$p = \frac{15000\ \text{N}}{95{,}03\ \text{cm}^2} = 157{,}8\,\frac{\text{N}}{\text{cm}^2} = 15{,}8\ \text{bar} = 15{,}8\ \cdot 10^5\text{Pa}$$

6.1.2 Hydraulische Kraftübersetzung

Mit einem hydraulischen Kraftübersetzer kann eine kleine Kraft in eine große übersetzt werden. Am Pumpenkolben wirkt eine Kraft F_1auf die Fläche A_1. Dadurch entsteht der Druck p.

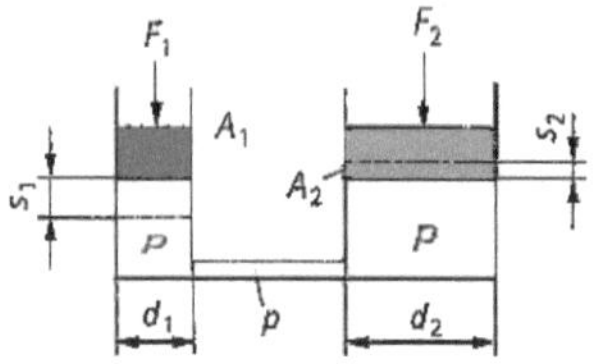

$$p = \frac{F}{A}$$

Da der Druck im gesamten System gleich ist, gilt

$$p_1 = \frac{F_1}{A_1} \qquad p_2 = \frac{F_2}{A_2}$$

$$\frac{F_1}{A_1} = \frac{F_2}{A_2}$$

Das durch den Pumpenkolben verdrängte Flüssigkeitsvolumen ist gleich der Veränderung des Flüssigkeitsvolumen auf der Arbeitskolbenseite

$$V_1 = A_1 \cdot s_1 \qquad V_2 = A_2 \cdot s_2$$

$$A_1 \cdot s_1 = A_2 \cdot s_2$$

Beispiel:

Der Pumpenkolben einer hydraulischen Presse hat einen Durchmesser von 50mm. Er wird mit einer Kraft von 150N um 60mm verschoben.

a) Berechnen Sie die am Arbeitskolben wirkende Kraft, wenn dieser einen Durchmesser von 100mm hat.

b) Berechnen Sie den Hubweg des Arbeitskolbens.

a) $\frac{F_1}{A_1} = \frac{F_2}{A_2}$ $F_2 = \frac{F_1 \cdot A_2}{A_1}$

$$A_1 = \frac{(50\text{mm})^2 \cdot \pi}{4} = 1963{,}5\ \text{mm}^2$$

$$A_2 = \frac{(100\text{mm})^2 \cdot \pi}{4} = 7854\ \text{mm}^2$$

$$F_2 = \frac{150\ \text{N} \cdot 7854\ \text{mm}^2}{1963{,}5\ \text{mm}^2}$$

$F_2 = 600$ N

Hinweis: Der Ausdruck $\frac{A_1}{A_2}$ $\left(\text{bzw.} \frac{A_2}{A_1}\right)$ lässt sich auch auf die Durchmesser beziehen:

$$\frac{A_1}{A_2} = \frac{\frac{{d_2}^2 \cdot \pi}{4}}{\frac{{d_1}^2 \cdot \pi}{4}} = \frac{{d_2}^2}{{d_1}^2} = \left(\frac{d_2}{d_1}\right)^2$$

dann gilt:

$$F_2 = F_1 \cdot \left(\frac{d_2}{d_1}\right)^2 = 150\text{N} \cdot \left(\frac{100\ \text{mm}}{50\ \text{mm}}\right)^2 = 600\ \text{N}$$

b) $A_1 \cdot s_1 = A_2 \cdot s_2$

$$s_2 = \frac{A_1 \cdot S_1}{A_2} = \frac{1963{,}5\ \text{mm}^2 \cdot 60\ \text{mm}}{7854\ \text{mm}^2} = 15\ \text{mm}$$

oder

$$s_2 = s_1 \cdot \left(\frac{d_2}{d_1}\right)^2 = 60\ \text{mm} \cdot \left(\frac{100\ \text{mm}}{50\ \text{mm}}\right)^2 = 15\ \text{mm}$$

6.1.3 Druckübersetzung

Nov. 2018, Aufg.2a,b, Mai 2022 **Aufg.2**

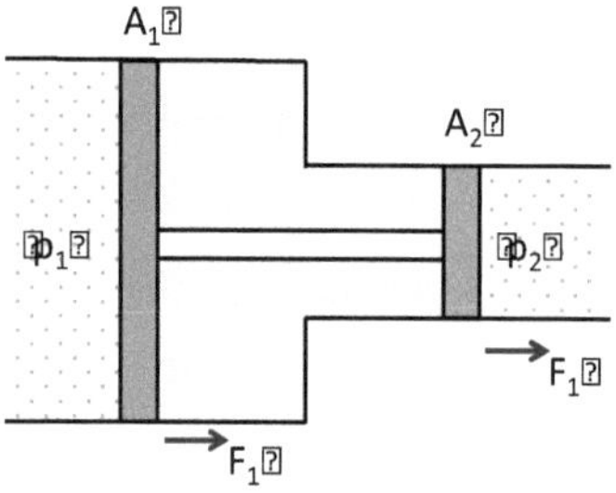

Mit einem hydraulischen Druckübersetzer kann ein Druck in einen kleineren/größeren Druck übersetzt werden.
Am Pumpenkolben wirkt der Druck p_1 auf die Fläche A_1. Dadurch entsteht am Kolben die Kraft F_1.

$$F_1 = p_1 \cdot A_1$$

Diese Kraft wirkt auf die Fläche A_2 und erzeugt hier den Druck p_2.

Da die Kraft überall gleich groß ist, gilt:

$$\frac{p_1}{p_2} = \frac{A_2}{A_1}$$

Beispiel:
Auf einen Kolben mit einem Durchmesser von 40mm wirkt ein Druck von 8bar.
a) Berechnen Sie die am Kolben entstehende Kraft

b) Berechnen Sie den auf der anderen Seite entstehenden Druck, wenn der kleinere Kolben einen Durchmesser von 20mm hat

Lösung

a) 1bar = 10N/cm²

$F_1 = p_1 \cdot A_1$

$$F_1 = 8\text{bar} \cdot \frac{(4\text{cm})^2 \cdot \pi}{4}$$

$$F_1 = 80\frac{\text{N}}{\text{cm}^2} \cdot \frac{(4\text{cm})^2 \cdot \pi}{4} = 1005{,}3\text{N}$$

b)

$$\frac{p_1}{p_2} = \frac{A_2}{A_1}$$

$$A_1 = \frac{(40\text{mm})^2 \cdot \pi}{4} = 1256{,}6\ \text{mm}^2$$

$$p_2 = \frac{p_1 \cdot A_1}{A_2}$$

$$A_2 = \frac{(20\text{mm})^2 \cdot \pi}{4} = 314{,}2\ \text{mm}^2$$

p_2 = 32 bar

oder:

$$p_2 = \frac{F_1}{A_2} = \frac{1005{,}3\ \text{N}}{3{,}14\ \text{cm}^2} = 320\ \frac{\text{N}}{\text{cm}^2} = 32\ \text{bar}$$

6.1.4 Hydrostatischer Druck

Flüssigkeiten unterliegen der Schwerkraft. Daher herrscht in ihnen ständig ein Druck, der nur von der Gewichtskraft herrührt. Dieser Druck wird als hydrostatischer Druck bezeichnet.

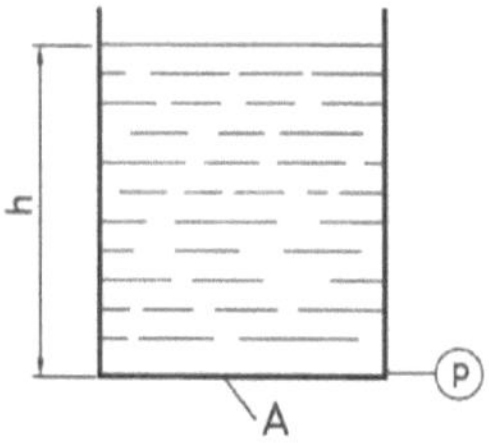

$$p = \frac{F_G}{A}$$

Die auf die Fläche A wirkende Gewichtskraft hängt ab vom Volumen und der Dichte der senkrecht auf A stehenden Flüssigkeitssäule.

$$F_G = V \cdot \varrho \cdot g$$

$$F_G = A \cdot h \cdot \varrho \cdot g$$

somit wird

$$p = \frac{A \cdot h \cdot \varrho \cdot g}{A}$$

p = hydrostatischer Druck (Bodendruck)

$$p = h \cdot \varrho \cdot g$$

h = Höhe der Flüssigkeitssäule

ϱ = Dichte der Flüssigkeit

Beispiel:

Im Keller eines mehrstöckigen Hauses wird in der Wasserleitung ein Druck von 4,2 bar gemessen. Berechnen Sie den Druck im zweiten Obergeschoss, das 8m höher liegt.

Lösung
Die Druckdifferenz zwischen dem zweiten Obergeschoss und dem Keller beträgt

$$\Delta p = h \cdot \varrho \cdot g$$

$$\Delta p = 8\ \text{m} \cdot 1000\ \text{kg/m}^3 \cdot 9{,}81\ \text{m/s}^2$$

$$\Delta p = 78480\ \text{Pa} = 0{,}785\ \text{bar}$$

Der in 8m Höhe vorhandene Druck beträgt dann

$$p_8 = 4{,}2\ \text{bar} - 0{,}785\ \text{bar} = \underline{3{,}415\ \text{bar}}$$

6.2 Strömung von Flüssigkeiten in Rohren

Nov. 2018 Aufg.3, April 2015 Aufg.3c , Nov. 2013 Aufg.5b, Mai 2005 Aufg.4

6.2.1 Strömung in Rohren mit gleichbleibendem Querschnitt

Das in einer Zeiteinheit fließende Flüssigkeitsvolumen wird als Volumenstrom bezeichnet.

Das Formelzeichen ist Q oder $\dot{V}$

$$Q = \frac{V}{t}$$

Q=Volumenstromm3s,lmin
V = Flüssigkeitsvolumen
t = Zeit

Wird von einem konstanten Volumenstrom ausgegangen, so beträgt der Volumenstrom

$$Q = v \cdot A$$

v = Strömungsgeschwindigkeit
A = Rohrquerschnitt

Aus den beiden Gleichungen für Q folgt

$$\frac{V}{t} = v \cdot A$$

$$V = v \cdot A \cdot t$$

Beispiel:

Durch ein Rohr mit 18mm Innendurchmesser strömt Öl mit einer Geschwindigkeit von 2m/s. Berechnen Sie den Volumenstrom in Liter pro Minute.

$Q = v \cdot A \qquad A = \frac{d^2 \cdot \pi}{4} = \frac{(18mm)^2 \cdot \pi}{4}$

$Q = 2m/s \cdot 0{,}00025447\ m^2 \qquad A = 254{,}47\ mm^2$

$Q = 0{,}0005089\ m^3/s \qquad A = 0{,}00025447\ m^2$

$Q = 0{,}0305\ m^3/min$

$Q = 30{,}5\ l/min$

Häufig ist es zweckmäßiger, die Maßeinheiten vorher anzupassen (1Liter = $1dm^3$)

$$2\frac{m}{s} = 20\frac{dm}{s} = 1200\frac{dm}{min}$$

$$A = \frac{(0{,}18dm)^2 \cdot \pi}{4} = 0{,}0254\ dm^2$$

$$Q = 1200\frac{dm}{min} \cdot 0{,}0254\ dm^2 = 30{,}5\ \frac{dm^3}{min}$$

Beispiel:
Durch ein Rohr mit 75mm Innendurchmesser strömen in 20 Minuten 8,5 m^3 Wasser. Berechnen Sie die Strömungsgeschwindigkeit in m/s.

$V = v \cdot A \cdot t$

$$v = \frac{V}{A \cdot t} \qquad A = \frac{(0{,}075m)^1 \cdot \pi}{4}$$

$$v = \frac{8{,}5m^3}{0{,}00441m^2 \cdot 1200s} \qquad A = 0{,}00441m^2$$

$t = 1200s$

$v = 1{,}606\ m/s$

6.2.2 Strömung in Rohren mit veränderlichem Querschnitt

Mai 2022 **Aufg.3**

Beim Durchströmen einer Flüssigkeit in einer Röhre mit veränderlichem Querschnitt ändert sich die Durchflussgeschwindigkeit.

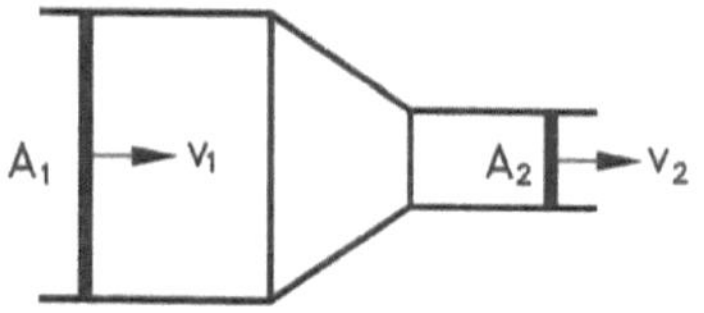

Weil Flüssigkeiten inkompressibel sind, muss der Volumenstrom an allen Stellen gleich sein:

$$Q_1 = Q_2$$

$$A_1 \cdot v_1 = A_2 \cdot v_2 \quad \text{(Kontinuitätsgleichung)}$$

Bei großen Querschnitten ist die Strömungsgeschwindigkeit klein, bei kleinen Querschnitten ist sie groß.

Beispiel:

Eine Pumpe fördert Wasser mit einer Geschwindigkeit von 0,4m/s über eine Ansaugleitung mit einem Innendurchmesser von 50mm. Der Durchmesser der Druckleitung beträgt 20mm.

Berechnen Sie

a) den Volumenstrom (m^3/h)

b) die Strömungsgeschwindigkeit im Druckrohr (m/s)

Lösung

a) $Q_1 = A_1 \cdot v_1$

$$Q_1 = \frac{d^2 \cdot \pi}{4} \cdot v_1$$

$$Q_1 = \frac{(0{,}05\text{m})^2 \cdot \pi}{4} \cdot 0{,}4\,\frac{\text{m}}{\text{s}}$$

$Q_1 = 0{,}000785\ \text{m}^3/\text{s} = \underline{2{,}83\ \text{m}^3/\text{h}}$

b) $Q_2 = A_2 \cdot v_2$

$$v_2 = \frac{Q_2}{A_2}$$

$$V_2 = \frac{0{,}000785\,\frac{\text{m}^3}{\text{s}}}{(0{,}02\text{m})^2 \cdot \frac{\pi}{4}} = 2{,}5\,\frac{\text{m}}{\text{s}}$$

6.2.3 Kolbengeschwindigkeit

6.2.3.1 Einseitig beaufschlagter Kolben

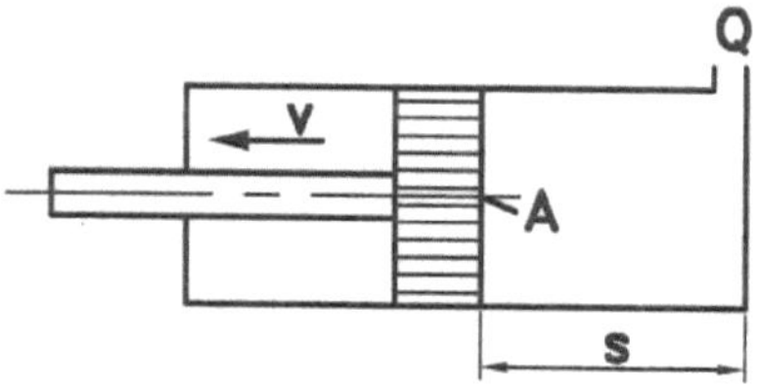

Die Geschwindigkeit, mit der sich ein einseitig beaufschlagter Kolben bewegt, berechnet sich nach

$$v = \frac{Q}{A}$$

v = Kolbengeschwindigkeit
Q = VolumenstromQ=Volumenstromm3s,lmin
A = Kolbenfläche

Da $Q = \frac{v}{t}$ ist, (s. 6.2.1), lässt sich die v=Kolbengeschwindigkeit(ms,mmin)Kol-bengeschwindigkeit auch berechnen mit

$$v = \frac{Q}{A \cdot t}$$ t = Zeit

Beispiel:
In einem einseitig beaufschlagten Hydraulikzylinder soll der Kolben mit einem Durchmesser von 60mm und einem Hub von 120mm vollständig ausgefahren werden. Berechnen Sie die dazu benötigte Zeit, wenn der Volumenstrom 20 Liter pro Minute beträgt.

Lösung

$$v = \frac{Q}{A} \quad A = \frac{d^2 \cdot \pi}{4} = \frac{(0{,}6\,dm)^2 \cdot \pi}{4} = 0{,}283\,dm^2$$

$$v = \frac{20\,\frac{dm^3}{min}}{0{,}283\,dm^2}$$

v = 70,67 dm/min = <u>1,18 dm/s</u>

$$v = \frac{s}{t}$$

$$t = \frac{s}{v}$$

$$t = \frac{1{,}2\,dm}{1{,}18\,\frac{dm}{s}} = 1{,}02\,s$$

6.2.3.2 Beidseitig beaufschlagter Kolben

Nov. 2017 Aufg.6, Nov. 2015 Aufg.4

Bei einem beidseitig beaufschlagten Hydraulikzylinder sind die Ausfahr- und die Einfahrgeschwindigkeit unterschiedlich, da die jeweils wirksamen Kolbenflächen unterschiedlich groß sind.
Dadurch erfolgt das Ausfahren des Zylinders (in der Regel der Arbeitshub) mit großer Kraft und geringer Geschwindigkeit und der Einfahrvorgang mit geringer Kraft und höherer Geschwindigkeit.

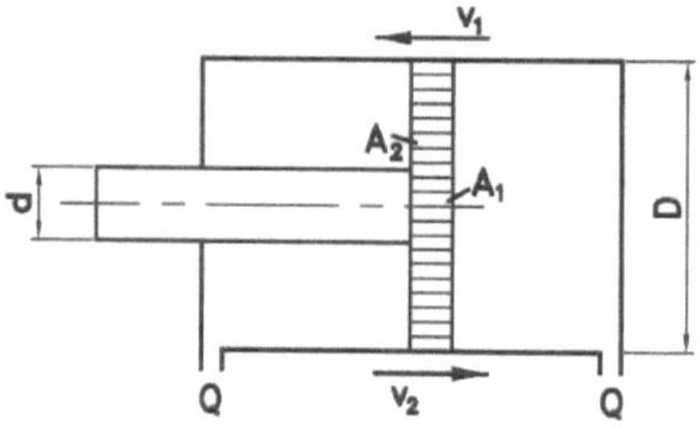

Die Geschwindigkeiten zum Ausfahren und zum Einfahren betragen (s. 5.2.3.1)

$$v_1 = \frac{Q}{A_1} \text{ und } v_2 = \frac{Q}{A_2}$$

v_1 = Ausfahrgeschwindigkeit
v_2 = Einfahrgeschwindigkeit
A_2 = Kolbenfläche
Q = Volumenstrom

Daraus folgt:

$v_1 \cdot A_1 = v_2 \cdot A_2$ (s. Kontinuitätsgleichung, 6.2.2)

Beispiel:
Die Hydraulikanlage einer Werkzeugmaschine wird mit einem Volumenstrom von 22 l/min und einem Druck von p_e = 40 bar betrieben. Der Hub des Hydraulikzylinders beträgt 250mm, der Kolben hat einen Durchmesser von 60mm, der Kolbenstangendurchmesser beträgt 25mm.

Berechnen Sie
a) die Ausfahrgeschwindigkeit des Kolbens (m/min)
b) die Einfahrgeschwindigkeit des Kolbens (m/min)
c) die Zeit für einen Arbeitshub (s)
d) die Zeit für den Rückhub (s)
e) die wirksame Kolbenkraft beim Ausfahren (s.6.1.1)
f) die wirksame Kolbenkraft beim Einfahren (s.6.1.1)

Lösung

a) $v_1 = \frac{Q}{A_1}$ $\qquad A_1 = \frac{D^2 \cdot \pi}{4} = \frac{(0{,}6\text{dm})^2 \cdot \pi}{4} = 0{,}283\text{dm}^2$

$$v_1 = \frac{22\,\frac{\text{dm}^3}{\text{min}}}{0{,}283\ \text{dm}^2}$$

v_1 = 77,7 dm/min = 7,77 m/min

b) $v_2 = \frac{Q}{A_2}$

$$A_2 = \frac{\pi}{4} \cdot (D^2 - d^2) = \frac{\pi}{4} \cdot ((0{,}6\ \text{dm})^2 - (0{,}25\ \text{dm})^2)$$

A_2 = 0,234 dm²

$$v_2 = \frac{22\,\frac{\text{dm}^3}{\text{min}}}{0{,}234\ \text{dm}^2}$$

v_2 = 94 dm/min = 9,4 m/min

c) $v_1 = \frac{s}{t_1}$

$$t_1 = \frac{s}{v_1}$$

$$t_1 = \frac{0{,}25\text{m}}{7{,}77\,\frac{\text{m}}{\text{min}}} = 0{,}032\text{min} = 1{,}93\text{s}$$

d) $v_2 = \frac{s}{t_2}$

$t_2 = \frac{s}{v_2}$

$T_2 = \frac{0{,}25\,\text{m}}{9{,}4\frac{\text{m}}{\text{min}}} = 0{,}0266\,\text{min} = 1{,}6\text{ s}$

e) $p_e = \frac{F_1}{A_1}$ 40bar = 400N/cm²

$F_1 = p_e \cdot A_1$

$F_1 = 400\text{N/cm}^2 \cdot 28{,}3\text{ cm}^2$

$F_1 = \underline{11320\text{N}}$

f) $p_e = \frac{F_2}{A_2}$

$F_2 = 400\text{N/cm}^2 \cdot 23{,}4\text{cm}^2$

$F_2 = \underline{9360\text{N}}$

6.3 Hydraulische Leistung

Die hydraulische Leistung ist das Produkt aus Kolbenkraft und Kolbengeschwindigkeit

$P = F \cdot v$

P = Leistung
F = Kolbenkraft
v = Kolbengeschwindigkeit

Die hydraulische Leistung kann auch errechnet werden aus dem Volumenstrom und dem Druck

$P = Q \cdot p$

Q = Volumenstrom
p = Druck

Beispiel:
Für die Beispielaufgabe aus 6.2.3.2 ist die hydraulische Leistung auf zwei Arten zu berechnen.

1. $P = F_1 \cdot v_1$
$P = 11320\text{N} \cdot 0{,}1295\text{m/s}$
$P = \underline{1466\text{W}}$

2. $P = Q \cdot p_e$

$$Q = 22\frac{\text{dm}^3}{\text{min}} = 0{,}37\frac{\text{dm}^3}{\text{s}} = 0{,}00037\frac{\text{m}^3}{\text{s}}$$

$P = 0{,}00037\,\frac{\text{m}^3}{\text{s}} \cdot 40 \cdot 10^5\,\frac{\text{N}}{\text{m}^2}$
$40\text{bar} = 40 \cdot 10^5\,\frac{\text{N}}{\text{m}^2}$

P = $\underline{1466{,}6\text{W}}$A2=π4·D2-d2=π4·((0,6dm)2-0,25dm)2

6.4 Luftverbrauch in Pneumatikzylindern

Die Kraftübertragung in einem pneumatischen System erfolgt durch Druckluft. Im Gegensatz zu Flüssigkeiten ist diese jedoch kompressibel, d.h. unter Krafteinwirkung verändert sich das Volumen der Luft. Während in einer Hydraulikanlage die Flüssigkeit nach Energieabgabe in einen Tank zurückfließt, wird das Arbeitsmedium Luft nach Abgabe der Energie in die Umgebung geleitet. Es kommt also zu einem „Luftverbrauch".
Der nutzbare Druck (Arbeitsdruck, Überdruck) ergibt sich somit als Differenz von dem absoluten Druck in der Anlage und dem Umgebungsdruck. Dieser wird, wenn nicht anders angegeben, bei technischen Rechnungen mit 1bar angesetzt. (s.6.1)

6.4.1 Einfachwirkender Zylinder

Mai 2014 Aufg.6

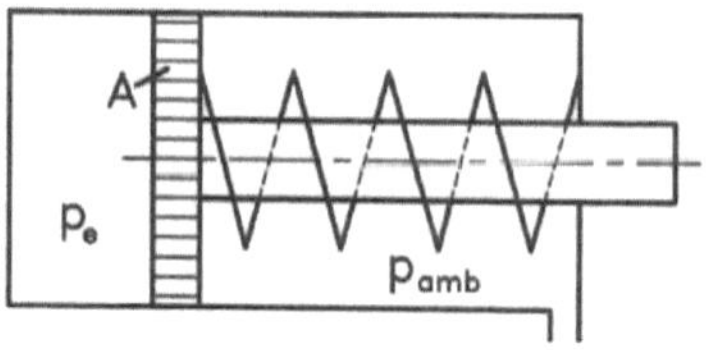

Der Luftverbrauch je Zeiteinheit wird berechnet mit

$$Q = A \cdot s \cdot n \cdot \frac{p_{e} + p_{amb}}{p_{amb}}$$

Q = Luftverbrauch je Zeiteinheit
A = Kolbenfläche
s = Kolbenhub
n = Hubfrequenz
p_e = Überdruck im Zylinder
p_{amb} = Umgebungsdruck

Beispiel:
Ein einfach wirkender Zylinder hat einen Durchmesser von 40mm und einen Hub von 100mm. Er wird mit einem Arbeitsdruck von 6bar betrieben. Es werden 40 Hübe pro Minute benötigt. Berechnen Sie den Luftverbrauch in Liter pro Stunde.

$$Q = A \cdot s \cdot n \cdot \frac{p_{e} + p_{amb}}{p_{amb}}$$

$$Q = \frac{(0{,}4\text{dm})^2 \cdot \pi}{4} \cdot 1\text{dm} \cdot 40\,\frac{1}{\text{min}} \cdot \frac{6\text{bar}+1\text{bar}}{1\text{bar}}$$

$$Q = 35{,}18\,\frac{\text{dm}^3}{\text{min}} = 2111\,\frac{\text{l}}{\text{h}}$$

Beispiel:
Zum Betrieb eines einfach wirkenden Pneumatikzylinders mit einem Durchmesser von 40mm steht ein Kompressor zur Verfügung, der maximal 50l/min bei p_e = 8bar liefern kann. Mit dem Zylinder sollen 30 Arbeitshübe pro Minute ausgeführt werden. Ermitteln Sie die maximal mögliche Hublänge, wenn der Umgebungsdruck 1,1bar beträgt.

$$Q = A \cdot s \cdot n \cdot \frac{p_{e} + p_{amb}}{p_{amb}}$$

$$A = \frac{d^2 \cdot \pi}{4} = \frac{(0{,}4\text{dm})^2 \cdot \pi}{4} = 0{,}126\text{dm}^2$$

$$S = \frac{Q}{A \cdot n} \cdot \frac{p_{amb}}{(p_{e} + p_{amb})}$$

$$S = \frac{50\,\frac{\text{dm}^3}{\text{min}}}{0{,}126\,\text{dm}^2 \cdot 30\frac{1}{\text{min}}} \cdot \frac{1{,}1\text{bar}}{(8\text{bar}+1{,}1\text{bar})}$$

s = 1,598 dm = <u>160 mm</u>

6.4.2 Doppeltwirkender Zylinder

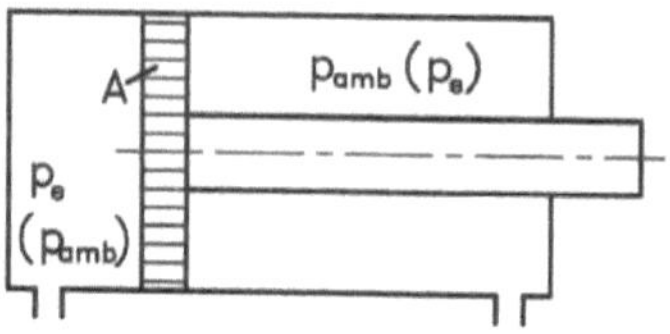

Bei dieser Zylinderbauart bleibt der geringfügig verringerte Luftverbrauch beim Rücklauf unberücksichtigt d.h. die Kolbenstangenfläche wird vernachlässigt. Dadurch verdoppelt sich der Luftverbrauch im Vergleich zum einfachwirkenden Zylinder.

$$Q = 2 \cdot A \cdot s \cdot n \cdot \frac{p_e + p_{amb}}{p_{amb}}$$ Legende s. 6.4.1

Beispiel:
Ein doppeltwirkender Pneumatikzylinder mit einem Durchmesser von 50mm und einer Hublänge von 100mm wird mit einem Arbeitsdruck von 6bar betrieben. Dazu stehen 30 Liter Druckluft pro Minute zur Verfügung. Welche Hubfrequenz ist maximal möglich?

Lösung

$$Q = 2 \cdot A \cdot s \cdot n \cdot \frac{p_e + p_{amb}}{p_{amb}}$$

$$n = \frac{Q}{2 \cdot A \cdot s} \cdot \frac{p_{amb}}{p_e + p_{amb}} \quad A = \frac{(0{,}5\text{dm})^2 \cdot \pi}{4} = 0{,}196\text{dm}^2$$

$$n = \frac{30\frac{\text{l}}{\text{min}}}{2 \cdot 0{,}196\text{dm}^2 \cdot 1\text{dm}} \cdot \frac{1\text{bar}}{6\text{bar}+1\text{bar}}$$

n = 10,93 Hübe/Minute

7 Elektrotechnik

7.1 Elektrische Grundgrößen

Stoffe sind aus nach außen neutralen Atomen aufgebaut. Dieses neutrale Verhalten wird dadurch hervorgerufen, dass sich die positiven Ladungen des Atomkerns mit den negativen Ladungen der Atomhülle neutralisieren. Werden einem Atom Elektronen entzogen, so überwiegt die positive Ladung, werden einem Atom Elektronen hinzugefügt, so überwiegt die negative Ladung. Eine derartige Ladungstrennung kann auf verschiedene Art und Weise erfolgen

- durch veränderliche Magnetfelder, z.B. Generatoren, Dynamos
- durch chemische Umsetzung z.B. Bleiakkumulator, Brennstoffzelle
- durch Wärmeeinwirkung z.B. Thermoelement
- durch Lichteinstrahlung z.B. Solarzelle
- durch Druckeinwirkung z.B. Piezoelement

7.1.1 Die elektrische Spannung

Ist eine Ladungstrennung erfolgt, so versuchen sich die unterschiedlichen Ladungen wieder auszugleichen. Das Ausgleichsbestreben zwischen zwei elektrischen Ladungen wird als elektrische Spannung bezeichnet. Sie wird mit dem Formelzeichen U abgekürzt und in Volt gemessen. Die elektrische Spannung ist die Ursache für das Fließen der Elektronen. Eine Gleichspannung hat ständig das gleiche Vorzeichen, bei einer Wechselspannung wechselt das Vorzeichen periodisch.

7.1.2 Der elektrische Strom

Verbindet man die Anschlüsse eines Spannungserzeugers mit einem leitenden Material, so können sich der Elektronenmangel und der Elektronenüberschuss ausgleichen. Die freien Elektronen werden von der positiven Seite angezogen und es findet ein Ladungstransport vom Minuspol zum Pluspol statt.

Diese Bewegung von Ladungsträgern wird als Strom bezeichnet. Er wird mit dem Formelzeichen I abgekürzt und in Ampere (A) gemessen.

Die technische Stromrichtung ist von Plus nach Minus festgelegt, unabhängig von der tatsächlichen Bewegungsrichtung der Ladungsträger.

7.1.3 Der elektrische Widerstand

Mai 2011 Aufg.3b, Nov. 2011 Aufg.2b, Nov. 2014 Aufg.2, Nov. 2017 Aufg.3c, Nov. 2018 Aufg.6, Mai 2022 **Aufg.6b, Mai 2023, Aufg.6b,** *Nov. 2023 Aufg.5*

Fließt in einem Leiter ein Strom, so setzt der Leiter dem elektrischen Strom einen Widerstand entgegen. Diesen kann man sich als Reibung vorstellen.
Die Größe des Widerstandes hängt von dem Material, der Länge und dem Querschnitt des Leiters ab.

$$R_L = \frac{\varrho \cdot L}{A}$$

R_L = Leiterwiderstand
ϱ = spez. Widerstand
L = Leiterlänge
A = Leiterquerschnitt

Somit kann der Leiterwiderstand auch berechnet werden mit

$$R_L = \frac{L}{\gamma \cdot A}$$

Beispiel:
Welchen Durchmesser muss der Kupferdraht einer Leitung von 2,15m Länge mindestens haben, wenn ihr Widerstand nicht größer als 0,1Ω sein soll?

$$R_L = \frac{\varrho \cdot L}{A}$$

$$A = \frac{\varrho \cdot L}{R_L}$$

$$A = \frac{0{,}0179\frac{\Omega\,\mathrm{mm}^2}{\mathrm{m}} \cdot 2{,}15\mathrm{m}}{0{,}1\ \Omega}$$

$A = 0{,}38485\mathrm{mm}^2$

$$A = \frac{d^2 \cdot \pi}{4}$$

$$d = \sqrt{\frac{4 \cdot A}{\pi}}$$

$$d = \sqrt{\frac{4 \cdot 0{,}38485mm^2}{\pi}}$$

$d = \underline{0{,}7mm}$

Der Widerstand eines metallischen Leiters ist auch von der Temperatur abhängig. Der Wert, der über die Widerstandsänderung eines bestimmten Werkstoffs Auskunft gibt, ist der Temperaturkoeffizient α_r. Er gibt an, um welchen Betrag im Verhältnis zum Widerstand bei 20°C sich der Widerstand vergrößert oder verkleinert (siehe auch 2.2.1 Längenausdehnung).
Die Widerstandsänderung ΔR bei Temperaturänderung wird berechnet mit

$$\Delta R = R_{20} \cdot \alpha_r \cdot \Delta T$$

R20= Leiterwiderstand bei 20°C

α_r = Temperaturkoeffizient

ΔT = Temperaturänderung

Der Widerstand bei erhöhter Temperatur RT beträgt dann

$$R_T = R_{20} \cdot (1 + \alpha r \cdot \Delta T)$$

Diese Beziehung gilt für alle Stoffe, bei denen sich der Widerstand bei zunehmender Temperatur erhöht. Man spricht dann von Kaltleitern (PTC). Umgekehrt spricht man von Heißleitern (NTC), wenn mit zunehmender Temperatur der Widerstand abnimmt. Die Ermittlung des Widerstandes bei einer bestimmten Temperatur erfolgt in diesem Fall mit Hilfe von Heißleiter-Kennlinien, die die Abhängigkeit des Widerstandes von der Temperatur beschreiben.

<u>Beispiel:</u>

Die Kupferleitung (α_r= 0,0039 1/°C) eines Elektromotors hat bei Raumtemperatur (20°C) einen Widerstand von 1,5 Ω.
Berechnen sie Sie den Widerstand im Betriebszustand bei 80°C.

$R_T = R_{20}(1+\alpha_r \, \Delta T)$

$R_T = 1{,}5\ \Omega\ (1+0{,}0039\ 1/°C \cdot 60°C)$

$R_T = 1{,}852\ \Omega$

Beispiel:

Für elektrische Temperaturmessungen werden auch Widerstandsthermometer verwendet. Sie bestehen z.B. aus einem Platinwiderstand (αr = 0,00385 1/°C), dessen Widerstandsänderung bei Temperaturänderung zur Messung benutzt wird. Der Widerstand bei 20°C beträgt 105 Ω.
Berechnen Sie die Temperatur, bei der der Widerstand 136 Ω beträgt.

$$R_T = R_{20}\,(1 + \propto_r \cdot \Delta T)$$

$$\frac{R_T}{R_{20}} = 1 + \propto_r \cdot \Delta T$$

$$\frac{R_T}{R_{20}} - 1 = \propto_r \cdot \Delta T$$

$$\Delta T = \frac{\frac{R_T}{R_{20}} - 1}{\propto_r}$$

$$\Delta T = \frac{\frac{136\ \Omega}{105\ \Omega} - 1}{0{,}00385\ {}^1/_{°C}}$$

$$\Delta T = 76{,}7\ °C$$

$$T = 20\ °C + 76{,}7\ °C$$

$$T = 96{,}7\ °C$$

7.2 Der elektrische Schaltkreis

Ein Stromkreis wird durch eine leitende Verbindung von Spannungsquelle und Verbraucher gebildet.

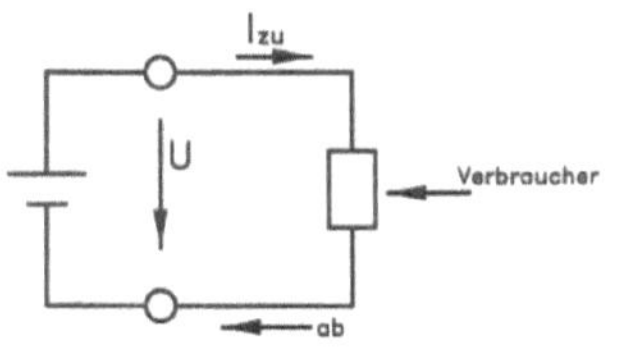

Durch die Spannung werden die Elektronen in einem Stromkreis in Bewegung gesetzt, also nicht erzeugt. Der dadurch entstehende Elektronenstrom fließt durch den gesamten Stromkreis. Es werden dadurch keine Elektronen verbraucht, denn der Strom der aus dem Pluspol herausfließt, tritt in derselben Größe wieder am Minuspol ein.

7.2.1 Das Ohm`sche Gesetz

Mai 2010 Aufg.3b, Nov. 2011 Aufg.2a, Mai 2014 Aufg.2a, Nov. 2014 Aufg.2, Mai 2018 Aufg.5a,b, Mai 2022 **Aufg.6a, 6b,** Nov. 2022 Aufg.5a,5b, **6a, 6b, Mai 2023, Aufg.5, 6c**

Die elektrischen Grundgrößen Spannung, Strom und Widerstand sind miteinander verknüpft. Dies Gesetzmäßigkeit ist das Ohm`sche Gesetz.

$$I = \frac{U}{R}$$

I = Strom
U = Spannung
R = Widerstand

Beispiel:
Wie lang ist der Draht einer Heizwicklung aus Konstantan mit 0,5mm² Querschnitt auszuführen, wenn bei einer Spannung von 230V ein Strom von 6A fließen soll?

$$R = \frac{U}{I}$$

$$R = \frac{230V}{6A}$$

R = 38,3Ω

L=ϱ·LA

$$L = \frac{R \cdot A}{\varrho}$$

$$L = \frac{38{,}3\Omega \cdot 0{,}5mm^2}{0{,}49\frac{\Omega \cdot mm^2}{m}}$$

L = <u>39,1m</u>

Beispiel:
An welche Spannung darf ein Widerstand von 2,5kΩ angeschlossen werden, wenn die maximal zulässige Stromstärke 50mA beträgt?

U = R · I
U = 2500Ω · 0,05A
U = <u>125V</u>

7.2.2 Reihenschaltung von Widerständen

Nov. 2013 Aufg.3a, Mai 2016 Aufg.2, Mai 2017 Aufg.5, Nov. 2017 Aufg.3b, Mai 2018 Aufg.5a, Mai 2019 5a, Mai 2020 Aufg.5d, Aufg.6, Nov.2022 Aufg. **6c, Mai 2023, Aufg.5**

Die Hintereinanderschaltung mehrerer Verbraucher in einem Stromkreis wird Reihenschaltung genannt.

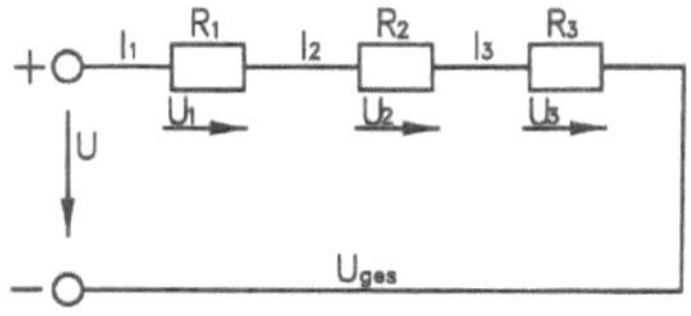

An jeder Stelle der Reihenschaltung ist die Stromstärke gleich groß. Es gilt

$$I = I_1 = I_2 = I_3$$

Die Spannung fällt an jedem Widerstand ab, die Gesamtspannung ist gleich der Summe der Teilspannungen

$$U_{ges} = U_1 + U_2 + U_3$$

Der Gesamtwiderstand berechnet sich aus der Summe der Einzelwiderstände

$$R_{ges} = R_1 + R_2 + R_3$$

Der Gesamtwiderstand ist immer größer als der größte an der Schaltung beteiligte Einzelwiderstand.
Nach dem Ohm`schen Gesetz gilt:

$$\frac{U_1}{U_2} = \frac{R_1}{R_2}\ ;\ \frac{U_1}{U_3} = \frac{R_1}{R_3}\ ;\ \frac{U_2}{U_3} = \frac{R_2}{R_3}$$

Beispiel:
Zwei in Reihe geschaltete Lampen für 230V dürfen höchstens von 10A durchflossen werden und jeweils an einer Spannung von 45V liegen. Wie groß muss der erforderliche Vorwiderstand sein?

$U_v = U - 2 \cdot U_L$

$U_v = 230V - 2 \cdot 45V$

$U_v = \underline{140V}$

$$R_V = \frac{U_V}{I}$$

$$R_V = \frac{140V}{10A}$$

$R_v = \underline{14\Omega}$

Beispiel:
Drei Widerstände liegen in Reihe:
$R_1 = 300\Omega$, $R_2 = 150\Omega$, $R_3 = 200\Omega$.
Wie groß ist die Gesamtspannung, wenn bei R_1 eine Teilspannung von 12V anliegt?

$R_{ges} = R_1 + R_2 + R_3$

$R_{ges} = 300\Omega + 150\Omega + 200\Omega$

$R_{ges} = 650\Omega$

$$\frac{U_{ges}}{R_{ges}} = \frac{U_1}{R_1}$$

$$U_{ges} = \frac{R_{ges} \cdot U_1}{R_1}$$

$$U_{ges} = \frac{650\Omega \cdot 12V}{300\Omega}$$

$U_{ges} = \underline{26V}$

Beispiel:
Eine Spannungsquelle mit 24V speist eine Reihenschaltung von vier Widerständen. Die Widerstände R_1, R_2 und R_3 sind gleich, sie haben einen Widerstandswert von jeweils 6kΩ. An ihnen fällt jeweils eine Spannung von 4V ab.
Wie groß sind

a) die Teilspannung U_4?
b) der Teilwiderstand R_4?
c) der Strom I?

a)

$$U_{ges} = U_1 + U_2 + U_3 + U_4$$
$$U_4 = U_{ges} - U_1 - U_2 - U_3$$
$$U_4 = 24V - 3 \cdot 4V$$
$$U_4 = \underline{12V}$$

b)

$$\frac{U_1}{U_4} = \frac{R_1}{R_4}$$

$$R_4 = \frac{R_1 \cdot U_4}{U_1}$$

$$R_4 = \frac{6k\Omega \cdot 12V}{4V}$$

$$R_4 = \underline{18k\Omega}$$

c)

$$I_1 = \frac{U_1}{R_1}$$

$$I_1 = \frac{4V}{6k\Omega}$$

$$I_1 = \underline{0{,}67A}$$

7.2.3 Parallelschaltung von Widerständen

Mai 2015 Aufg.5, Mai 2014 Aufg.2, Nov. 2013 Aufg.2, Mai 2020 Aufg.5c, Nov.2022 *Aufg.*5a

Die in der Praxis am häufigsten vorkommende Schaltung ist die Parallelschaltung. Sie ist dadurch gekennzeichnet, dass an jedem Verbraucher die gleiche Spannung wirkt.
In allen Gebäuden und Häusern liegt zumeist die Parallelschaltung vor, da überall die gleiche Wechselspannung von 230V, anliegt.

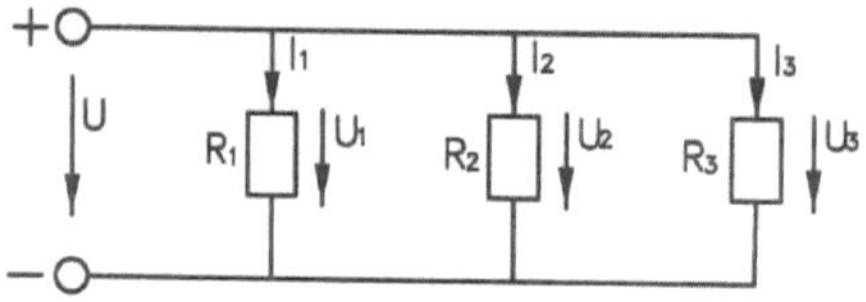

Alle Verbraucher liegen an der gleichen Spannung

$$U = U_1 = U_2 = U_3$$

Die Summe aller Einzelströme ist gleich dem Gesamtstrom

$$I_{ges} = I_1 + I_2 + I_3$$

Aus dem Ohm`schen Gesetz folgt für die Berechnung von Widerständen

$$\frac{1}{R_{ges}} = \frac{1}{R_1} + \frac{1}{R_2} + \frac{1}{R_3}$$

Sind nur 2 Widerstände parallel geschaltet so gilt

$$R_{ges} = \frac{R_1 \cdot R_2}{R_1 + R_2}$$

Ordnet man die Ströme den Widerständen zu, durch die sie fließen, so stellt man fest, dass durch den kleineren Widerstand der größere Strom fließt. Bei der Parallelschaltung verhalten sich die Ströme umgekehrt zueinander wie die dazugehörigen Widerstände

$$\frac{I_1}{I_2} = \frac{R_2}{R_1}\ ;\ \frac{I_1}{I_3} = \frac{R_3}{R_1}\ ;\ \frac{I_2}{I_3} = \frac{R_3}{R_2}$$

Beispiel:
Einem Widerstand R_1 = 300 Ω soll ein zweiter parallel gelegt werden, damit der Gesamtwiderstand 100 Ω beträgt. Wie groß ist der Strom durch diesen Widerstand, wenn der Gesamtstrom 0,6A beträgt?

$$\frac{1}{R_{ges}} = \frac{1}{R_1} + \frac{1}{R_2}$$

$$\frac{1}{R_2} = \frac{1}{R_{ges}} - \frac{1}{R_1}$$

$$\frac{1}{R_2} = \frac{1}{100\Omega} - \frac{1}{300\Omega}$$

R_2 = $\underline{150\Omega}$

$$I_2 \cdot R_2 = I \cdot R$$

$$I_2 = \frac{I \cdot R}{R_2}$$

$$I_2 = \frac{0{,}6A \cdot 100\Omega}{150\Omega}$$

I_2 = $\underline{0{,}4A}$

7.2.4 Gemischte Schaltungen

Nov. 2010 Aufg.3c, Mai 2013 Aufg.2, April 2015 Aufg.2a, Nov. 2016 Aufg.2, Nov. 2017 Aufg.3a, Nov. 2020 Aufg.6a,b, Nov. 2023 Aufg.4a, 4c

Im einfachsten Fall besteht eine gemischte Schaltung aus drei Verbrauchern.

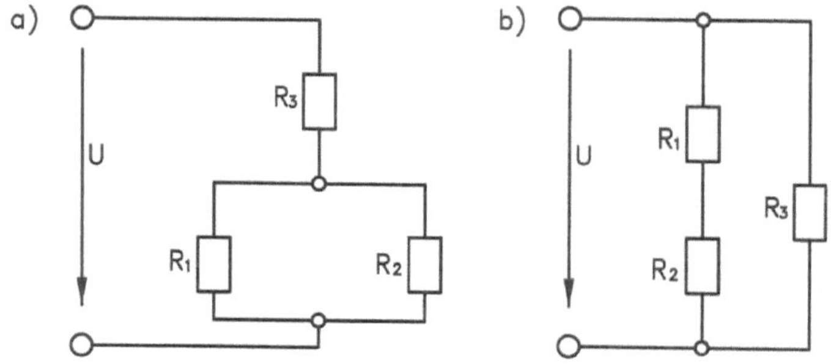

Sollen der Gesamtwiderstand und die Ströme einer gemischten Schaltung berechnet werden, so geht man in Teilschritten vor. Zunächst berechnet man den Teil der Schaltung, der aus einer Grundschaltung besteht. Im Fall a) ist das die Parallelschaltung von R_1 und R_2, im Fall b) ist das die Reihenschaltung von R_1 und R_2.

Im zweiten Schritt lässt sich dann im Fall a) eine Reihenschaltung aus $R_{1\,2}$ und R_3 berechnen und im Fall b) eine Parallelschaltung aus $R_{1\,2}$ und R_3

Beispiel:

Der Gesamtwiderstand und die Teilströme und Teilspannungen der Schaltungen a) und b) sind zu berechnen.

$R_1 = 10\Omega$, $R_2 = 20\Omega$, $R_3 = 30\Omega$, $U = 230V$

a) *R_1 und R_2 liegen parallel*

$$R_{1\,2} = \frac{R_1 \cdot R_2}{R_1 + R_2}$$

$$R_{1\,2} = \frac{10\Omega \cdot 20\Omega}{10\Omega + 20\Omega}$$

$R_{1\,2} = \underline{6{,}67\Omega}$

$R_{1\,2}$ und R_3 liegen in Reihe

$R_{ges} = R_{1\,2} + R_3$

$R_{ges} = 6{,}67\Omega + 30\Omega$

$R_{ges} = \underline{36{,}67\Omega}$

$$I_{ges} = \frac{U_{ges}}{R_{ges}}$$

$$I_{ges} = \frac{230V}{36{,}67\Omega}$$

$I_{ges} = \underline{6{,}27A}$

$I_3 = I_{ges} = \underline{6{,}27A}$

$U_3 = R_3 \cdot I_3$

$U_3 = 30\Omega \cdot 6{,}27A$

$U_3 = \underline{188{,}1V}$

$U_{1\,2} = U - U_3$

$U_{1\,2} = 230V - 188{,}1V$

$U_{1\,2} = \underline{41{,}9V}$

$$I_1 = \frac{U_{1\,2}}{R_1}$$

$$I_1 = \frac{41{,}9V}{10\Omega}$$

$I_1 = \underline{4{,}19A}$

$$I_2 = \frac{U_{1\,2}}{R_2}$$

$$I_2 = \frac{41{,}9V}{20\Omega}$$

I_2 = $\underline{2{,}095A}$

b) *R_1 und R_2 liegen in Reihe*

$R_{1\,2} = R_1 + R_2$

$R_{1\,2} = 10\Omega + 20\Omega$

$R_{1\,2}$ = $\underline{30\Omega}$

$R_{1\,2}$ + R_3 liegen parallel

$$R_{ges} = \frac{R_{1\,2} \cdot R_3}{R_{1\,2} + R_3}$$

$$R_{ges} = \frac{30\Omega \cdot 30\Omega}{30\Omega + 30\Omega}$$

R_{ges} = $\underline{15\Omega}$

$$I_{ges} = \frac{U}{R_{ges}}$$

$$I_{ges} = \frac{230V}{15\Omega}$$

I_{ges} = $\underline{15{,}33A}$

$$I_3 = \frac{U}{R_3}$$

$$I_3 = \frac{230V}{30\Omega}$$

$I_3 = \underline{7{,}67A}$

$$I_{1\,2} = \frac{U}{R_{1\,2}}$$

$$I_{1\,2} = \frac{230V}{30\Omega}$$

$I_{1\,2} = \underline{7{,}67A}$

$U_1 = R_1 \cdot I_1$

$U_1 = 10\Omega \cdot 7{,}67A$

$U_1 = \underline{76{,}7V}$

$U_2 = R_2 \cdot I_2$

$U_2 = 20\Omega \cdot 7{,}67A$

$U_2 = \underline{153{,}4V}$

7.3 Elektrische Leistung

7.3.1 Bei Gleichstrom und einphasigem Wechselstrom

Mai 2010 Aufg.3a,c, Mai 2011 Aufg.3a, Nov. 2011 Aufg.2c, Mai 2012 Aufg.2, Mai 2013 Aufg.2c, Mai 2014 Aufg.2b,c, April 2015 Aufg.2b, Nov. 2015 Aufg.2, Mai 2016 Aufg.5, Nov. 2016 Aufg.2, Mai 2018 Aufg.5b,c,d, Mai 2019 Aufg.5a,b, Mai 2020 Aufg.5a,b, *Nov. 2020* Aufg.6a,d, Nov. 2021 Aufg 3, Mai 2022 Aufg. 6a, 6c, *Nov. 2022 Aufg.6b, Mai 2023, Aufg.5, 6a, Nov. 2023 Aufg.4b*

Die elektrische Leistung ist abhängig vom Strom und von der Spannung

$P = U \cdot I$ P = Leistung
U = Spannung
I = Strom

Nach dem Ohm`schen Gesetz lässt sich der Strom ausdrücken als

$$I = \frac{U}{R}$$

ebenso die Spannung als

$$U = I \cdot R$$

Setzt man I oder U in die Formel zur Berechnung der Leistung ein, so erhält man

$$P = \frac{U^2}{R} \text{ und}$$

$$P = I^2 \cdot R$$

Beispiel:
Auf einer Baustelle muss zur Beschleunigung eines Trockenvorgangs ein Heizstrahler eingesetzt werden, der bei einer Nennspannung von 230V eine Nennleistung von 2kW abgibt.
a) Wie hoch ist die Stromaufnahme?
b) Zur Durchführung weiterer Arbeiten muss ein 30m langes Verlängerungskabel eingesetzt werden. Dadurch fällt die Spannung am Heizstrahler auf 215V ab. Wie groß ist der Widerstand des Verlängerungskabels?

c) Wie hoch ist der prozentuale Leistungsverlust am Heizstrahler, wenn mit dem Verlängerungskabel gearbeitet wird?

a) $P = U \cdot I$

$$I = \frac{P}{U}$$

$$I = \frac{2000W}{230V}$$

$I = \underline{8{,}7A}$

b) $$R_L = \frac{U_V}{I}$$

$$R_L = \frac{230V - 215V}{8{,}7A}$$

$R_L = \underline{1{,}72\Omega}$

c) $P_{neu} = U \cdot I$

$P_{neu} = 215V \cdot 8{,}7A$

$P_{neu} = \underline{1870{,}5W}$

$$\frac{P_{neu}}{P_{alt}} = \frac{1870{,}5W}{2000W} = 0{,}94$$

Verlust = 6%

Beispiel:

Ein Heizlüfter (2,5kW / 230V) kann in zwei Schaltstellungen betrieben werden. Schaltstellung 1 führt zur vollen Ausgangsleistung, Schaltstellung 2 führt zu einer Reduktion der Ausgangsleistung um 50%. Diese Reduktion wird durch einen Vorwiderstand erreicht.

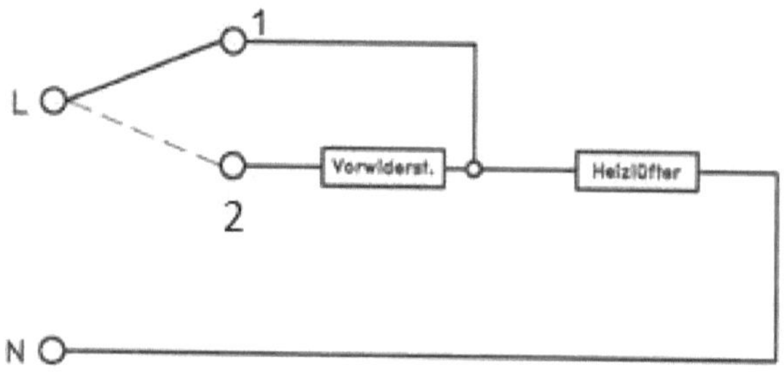

a) Wie groß ist der Widerstand der Heizlüfters bei voller Leistung?

b) Wie hoch ist die Stromaufnahme des Heizlüfters bei voller Leistung?

c) Wie groß muss der Vorwiderstand sein?

d) Wie groß ist die Aufnahmeleistung bei Abgabe der reduzierten Leistung?

a) $P = \frac{U^2}{R_H}$

P=U2P

$R_H = \frac{(230V)(230V)^2}{2500W}$

$R_H = \underline{21{,}16\Omega}$

b) $P = U \cdot I$

$I = \frac{P}{U}$

$I = \frac{2500W}{230V}$

$I = \underline{10{,}87A}$

I=PU

c) Reduzierte Leistung

$P_{red} = 0{,}5 \cdot 2{,}5kW = \underline{1{,}25kW}$

Am Heizlüfter benötigte Spannung

Pred=Ured2R

$U_{red} = \sqrt{P_{red} \cdot R_H}$

$U_{red} = \sqrt{1250W \cdot 21{,}16\Omega}$

$U_{red} = \underline{162{,}6V}$

Benötigter Spannungsfall am Vorwiderstand

$U_V = U - U_{red}$

$U_V = 230V - 162{,}6V$

$U_V = \underline{67{,}4V}$

Am Heizlüfter benötigter Strom

$$I_{red} = \frac{U_{red}}{R_H}$$

$$I_{red} = \frac{162{,}6V}{21{,}16\Omega}$$

$I_{red} = \underline{7{,}68A}$

Größe des Vorwiderstandes

$$R_V = \frac{U_V}{I_{red}}$$

$$R_V = \frac{67{,}4V}{7{,}68A}$$

$R_V = \underline{8{,}78\Omega}$

d) $P_{red} = U \cdot I_{red}$

$P_{red} = 230V \cdot 7{,}68A$

$P_{red} = \underline{1766{,}4W}$

7.3.2 Bei Wechselstrom

Bei einphasigem Wechselstrom gelten die gleichen Formeln wie bei Gleichstrom.
Ausnahme: Leistung eines Wechselstrommotors.
Hier lautet die Formel

$P = U \cdot I \cdot \cos\phi$

P = Leistung
U = Spannung
I = Strom
cosϕ = Wirkleistungsfaktor

In Wechselstromgeneratoren und in Wechselstrommotoren wird mit Elektromagneten gearbeitet. Zu ihrer Erregung wird elektrische Leistung benötigt. Dieses wird durch den Wirkleistungsfaktor berücksichtigt. Der Wirkleistungsfaktor darf nicht mit dem Wirkungsgrad verwechselt werden.
Achtung: Bei Berechnungen ist der für cosϕ angegebene Wert anzuwenden, also nicht der cos des angegebenen Wertes.

Beispiel:
Ein Wechselstrommotor hat einen cosϕ von 0,8. Welche Stromstärke entnimmt er dem 230V – Netz bei einer Nennleistung von 180W?

$$P = U \cdot I \cdot \cos\phi$$

$$I = \frac{P}{U \cdot \cos\varphi}$$

I=PU·cosϕ

$$I = \frac{180W}{230V \cdot 0,8}$$

I = <u>0,98A</u>

Beispiel:
Ein Wechselstrommotor weist folgende Daten auf

P = 1,2kW, U = 230V, cosϕ = 0,8, I = 8A

a) Wie hoch ist die Wirkleistung des Motors?

b) Wie groß ist der Motorwirkungsgrad?

a) $P = U \cdot I \cdot \cos\phi$

$P = 230V \cdot 8A \cdot 0{,}8$

$P = \underline{1472W}$

b) $\eta = \frac{1200W}{1472W}$

$\eta = 0{,}815 = 81{,}5\%$

7.3.3 Drehstrom

Nov. 2022 Aufg.3b, Nov. 2019 Aufg.5, Mai 2019 Aufg.6a, Mai 2018 Aufg.4b, c, Nov. 2013 Aufg.2b, Nov. 2012 Aufg.3, Nov. 2010 Aufg.3a

Werden in einem Generator drei Spulen zur Stromerzeugung angeordnet, so werden drei Wechselströme („Phasen“) erzeugt. Dieser Wechselstrom wird Drehstrom genannt. Die einzelnen Spannungen dürfen jedoch nicht addiert werden, sondern über den Faktor $\sqrt{3}$ verkettet.
Liegt z.B. an einem Hausanschluss Drehstrom (dreiphasiger Wechselstrom) mit je 230V Spannung an, dann stehen bei Nutzung aller drei Phasen 230V · $\sqrt{3}$ = 400V zur Verfügung.
Die Formel zur Berechnung der Leistung lautet:

$$P = U \cdot I \cdot \sqrt{3} \cdot \cos\phi$$

Beispiel:
Mit Hilfe einer Pumpe sollen in 4 Stunden 800 m^3 Wasser in ein 100 m höher gelegenes Becken gefördert werden. Der Wirkungsgrad der gesamten Anlage beträgt 0,65.
Wie groß ist die Stromaufnahme des Drehstrommotors bei einer Betriebsspannung von 400V und einem cosϕ von 0,92?

$$P_{Mot} \cdot \eta = P_{ab}$$

$$U \cdot I \cdot \sqrt{3} \cdot \cos\varphi \cdot \eta = \frac{m \cdot g \cdot h}{t} \quad \text{(s. 5.2)}$$

$$I = \frac{m \cdot g \cdot h}{t \cdot U \cdot \sqrt{3} \cdot \cos\varphi \cdot \eta}$$

$$I = \frac{800\,000\ \text{kg} \cdot 9{,}81\frac{\text{m}}{\text{s}^2} \cdot 100\text{m}}{14400\text{s} \cdot 400\text{V} \cdot \sqrt{3} \cdot 0{,}92 \cdot 0{,}65}$$

$$I = \underline{131{,}5\text{A}}$$

7.4 Elektrische Arbeit

Nov. 2013 Aufg.3b, Nov. 2022 Aufg.5c, Mai 2023, Aufg.4

Wie in der Mechanik errechnet sich die elektrische Arbeit als Produkt aus Leistung und Zeit

$$W = P \cdot t$$

Bei Gleichstrom gilt $P = U \cdot I$. Somit wird

$$W = U \cdot I \cdot t$$

W = Arbeit
P = Leistung
U = Spannung
I = Strom
t = Zeit

Bei Wechselstrom sind zur Berechnung der Arbeit die zur Berechnung der jeweiligen Leistung geltenden Formeln heranzuziehen (s. 7.3.2 und 7.3.3).
Die Maßeinheit für die elektrische Arbeit ist die Wattsekunde

$$1Ws = 1J$$

8. Festigkeitsberechnungen

8.1 Mechanische Spannung und Sicherheitszahl

Mit Hilfe von Festigkeitsberechnungen ist es möglich, Bauteile zu dimensionieren, vorhandene Beanspruchungen zu errechnen oder maximal zulässige Belastungen zu ermitteln.
Die auf ein Bauteil wirkende Kraft belastet dieses. Sie wirkt jedoch nicht punktförmig sondern ist über den Querschnitt des Bauteils verteilt. Wird die Kraft auf eine Flächeneinheit (mm^2, cm^2) bezogen, so bezeichnet man dieses Verhältnis als Spannung

$$\text{Spannung} = \frac{\text{Kraft}}{\text{Fläche}}$$

$$\sigma = \frac{F}{S}$$

σ = Spannung

F = Kraft
S = Querschnittsfläche

Wirken Kräfte auf ein Bauteil ein, so rufen sie an diesen Ver-formungen hervor. Der Zusammenhang zwischen der Spannung und der Formäderung wird im Spannungs-Dehnungs-Diagramm dargestellt.

R_m = max. Festigkeit
R_e = Streckgrenze

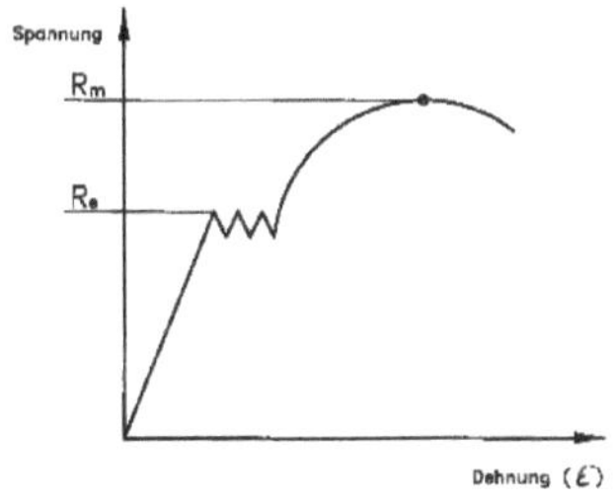

Diesem Diagramm können die wichtigsten Festigkeitswerte entnommen werden.

R_m =Zugfestigkeit
R_e = Streckgrenze

Bauteile werden technisch unbrauchbar, wenn sie plastisch verformt werden.

Bei Zugbeanspruchung zäher Werkstoffe (z.B. Stahl) geschieht dies an der Streckgrenze R_e. Auf diesen Wert ist die Sicherheitszahl v zu beziehen. Somit beträgt die für einen zähen Werkstoff zulässige Spannung

$$\sigma_{zul} = \frac{R_e}{\nu}$$

σ_{zul} = zulässige Spannung
R_e = Streckgrenze
v = Sicherheitszahl

Bei spröden Werkstoffen wird die Sicherheitszahl auf die maximale Festigkeit bezogen.

$$\sigma_{zul} = \frac{R_m}{\nu}$$

8.2 Beanspruchung auf Zug und Druck

Nov. 2019 Aufg.2, Nov. 2015 Aufg.6, April 2015 Aufg.4, Nov. 2012 Aufg.6a, Mai 2012 Aufg.6, Mai 2010 Aufg.6, Mai 2020 Aufg.3a, *Nov. 2021 Aufg.5, Nov. 2023 Aufg.3*

Die Berechnung der Zugspannung erfolgt nach der Formel

$$\sigma_z = \frac{F}{S}$$

σ_z = Zugspannung
F = Zugkraft
S = Querschnittsfläche

Die so bestimmte vorhandene Zugspannung darf die zulässige Zugspannung nicht überschreiten.

$$\sigma_z \leqq \sigma_{z_{zul}}$$

$\sigma_{z_{zul}}$ = zulässige Spannung

ν = Sicherheitszahl

$$\sigma_{z_{zul}} = \frac{R_e\ (R_m)}{\nu}$$

Für die Berechnung der Druckspannung gelten die gleichen Formeln wie für die Zugspannung. Es ist jedoch zu beachten, dass andere Werkstoffwerte einzusetzen sind.

$$\sigma_d = \frac{F}{S}$$

$$\sigma_{d_{zul}} = \frac{R_e\ (R_m)}{\nu}$$

σ_d = Druckspannung
F = Druckkraft
S = Querschnittsfläche
ν = Sicherheitszahl

Beispiel:
Eine Lasche aus Stahl wird mit F = 20kN belastet. Berechnen Sie die maximale in der Lasche auftretende Zugspannung.

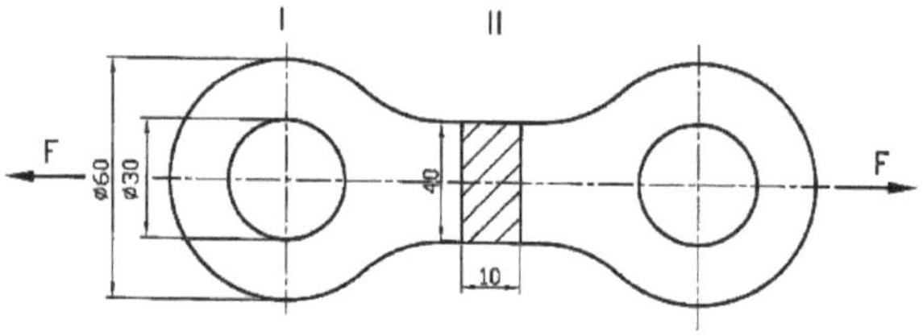

Die maximale Spannung tritt dort auf, wo die Querschnittsfläche am kleinsten ist.
Im Querschnitt I beträgt die Fläche

$$S_I = (60\text{mm} - 30\text{mm}) \cdot 10\text{mm} = 300\text{mm}^2$$

Im Querschnitt II beträgt die Fläche

$$S_{II} = 40\text{mm} \cdot 10\text{mm} = 400\text{mm}^2$$

$$\sigma_{z_{max}} = \frac{F}{S}$$

$$\sigma_{z_{max}} = \frac{20000\text{N}}{300\text{mm}^2}$$

$$\sigma_{z_{max}} = \underline{66{,}7\ \text{N/mm}^2}$$

Beispiel:
Ein Flachstahl ($R_e = 235\text{N/mm}^2$) mit 60mm Breite und 10mm Dicke wird mit 30kN auf Zug belastet. Wie groß ist die vorhandene Sicherheit?

$$\sigma_z = \frac{F_z}{S}$$

$$\sigma_z = \frac{30000\text{N}}{60\text{mm} \cdot 10\text{mm}}$$

$$\sigma_z = 50\text{N/mm}^2$$

$$\nu = \frac{R_e}{\sigma_{z,zul}}$$

$$\nu = \frac{235\frac{N}{mm^2}}{50\frac{N}{mm^2}}$$

ν = 4,7

Beispiel:

Eine Rundgliederkette aus Stahl (R_e = 300N/mm²) soll eine Last von 5kN bei 10facher Sicherheit tragen. Wie groß ist der Durchmesser der Kettenglieder mindestens auszuführen?

$$\sigma_{z\,zul} = \frac{R_e}{\nu}$$

$$\sigma_{z\,zul} = \frac{300\frac{N}{mm^2}}{10}$$

$\sigma_{z\,zul}$ = 30N/mm²

$$\sigma = \frac{F}{S}$$

$$S = \frac{F}{\sigma_{z\,zul}}$$

$$S = \frac{5000N}{30\frac{N}{mm^2}}$$

S = 166,7mm²

$$S = 2 \cdot \frac{d^2 \cdot \pi}{4}$$

$$S = \frac{d^2 \cdot \pi}{2}$$

$$d = \sqrt{\frac{2 \cdot S}{\pi}}$$

$$d = \sqrt{\frac{2 \cdot 166{,}7mm^2}{\pi}}$$

d = 10,3mm

8.3 Beanspruchung auf Flächenpressung

Nov. 2012 Aufg.6b

Unter Flächenpressung versteht man die Beanspruchung in den Berührungsflächen zweier gegeneinander gedrückter Bauteile. Ursache der Flächenpressung ist immer die senkrecht auf der Fläche stehende Kraft, die Normalkraft.

$$p = \frac{F}{A}$$

p = Flächenpressung
A = Berührungsfläche
F = Druckkraft

Als zulässige Flächenpressung ist immer der geringere Wert der beiden aufeinander gepressten Werkstoffe einzusetzen.
Bei der Berechnung der Flächenpressung an runden Bauteilen (z.B. in Lagerzapfen von Gleitlagern) ist die Fläche A die Projektionsfläche als Produkt aus Lagerlänge und Lagerdurchmesser einzusetzen.

$$A_{proj} = l \cdot d$$

l = Lagerlänge
d = Lagerdurchmesser
A_{proj} = Projektionsfläche

Beispiel:
Eine Stütze aus Rundrohr hat einen Außendurchmesser von 200mm und einen Innendurchmesser von 160mm. Sie wird mit 200kN auf Druck belastet. Die quadratische Auflagefläche hat eine Seitenlänge von 300mm.

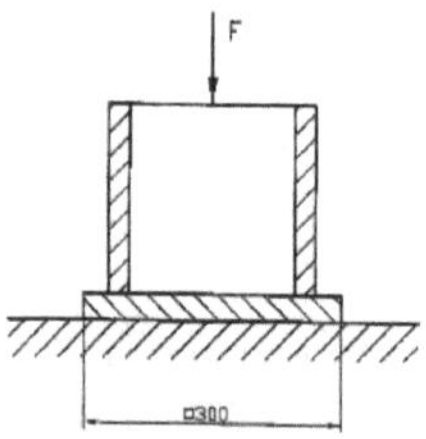

a) Wie groß ist die Flächenpressung zwischen dem Rohrquerschnitt und der Auflagefläche?

b) Wie groß ist die Flächenpressung zwischen der Auflagefläche und dem Untergrund?

a)

$p = \frac{F}{A} \qquad A = \frac{\pi}{4} \cdot (D^2 - d^2)$

$p = \frac{200000N}{11310mm^2} \qquad A = \frac{\pi}{4} \cdot ((200mm)^2 - (160mm)^2)$

p = $\underline{17{,}7N/mm^2}$ $\qquad$ A = $11310mm^2$

b) $p = \frac{F}{A} \qquad A = (300mm)^2$

A = $90000mm^2$

$p = \frac{200000N}{90000mm^2}$

p = $\underline{2{,}2N/mm^2}$

Beispiel:
Eine Lagerung wird mit einer Radialkraft von 20kN und einer Axialkraft von 8kN belastet. Der Zapfendurchmesser wurde mit 60mm vorgegeben. Die zulässige Flächenpressung in der Lagerung beträgt $4N/mm^2$.

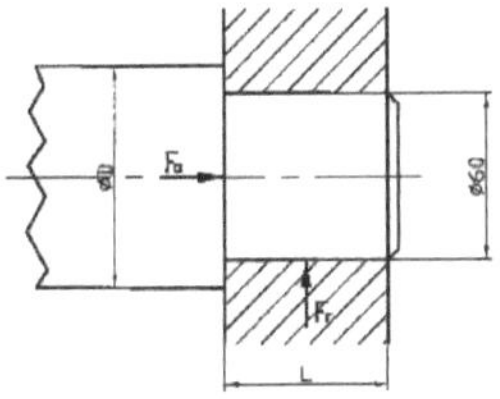

a) Berechnen Sie die erforderliche Lagerlänge L

b) Berechnen Sie den Mindestdurchmesser D

a) $p = \frac{F_r}{A}$

$$A = \frac{F_r}{p_{zul}}$$

$$A = \frac{20000N}{4\frac{N}{mm^2}}$$

A = 5000mm²

A = L · d

$$L = \frac{A}{d}$$

$$L = \frac{5000mm^2}{60mm}$$

L = <u>83,3mm</u>

b) $p = \frac{F_a}{A}$

$$A = \frac{F_a}{p_{zul}}$$

$$A = \frac{8000N}{4\frac{N}{mm^2}}$$

$A = 2000mm^2$

$$A = \frac{\pi}{4} \cdot (D^2 - d^2)$$

$$D = \sqrt{\frac{4 \cdot A}{\pi} + d^2}$$

$$D = \sqrt{\frac{4 \cdot 2000mm^2}{\pi} + (60mm)^2}$$

D = <u>78,4mm</u>

8.4 Beanspruchung auf Scherung

Nov. 2010 Aufg.5, Nov. 2011 Aufg.6, Mai 2013 Aufg.5, Nov. 2014 Aufg.4, Nov. 2018 Aufg.5, Nov. 2020 Aufg.3

Eine Scherbeanspruchung tritt auf, wenn ein Bauteil durch
zwei gegeneinander gerichtete Kräfte auf der gleichen Wirklinie belastet wird.
Auf Abscherung beanspruchte Bauteile sind z.B. Niete, Bolzen oder Stifte.
Eine Abscherbeanspruchung tritt auch bei Schneid-vorgängen in der Fertigungstechnik, z.B. beim Schneiden, Lochen oder Stanzen auf.
Die Scherspannung wird berechnet nach der Formel

$$\tau_a = \frac{F}{S}$$

τ_a = Scherspannung
F = Scherkraft
S = Querschnittsfläche

Die Scherfestigkeit $\tau_{a,b}$ ist für Stähle anzusetzen mit

$$\tau_{a,b} \approx 0{,}8 \cdot R_m$$

$\tau_{a,b}$ = Scherfestigkeit
R_m = Zugfestigkeit

Die zulässige Scherspannung beträgt

$$\tau_{a,zul} = \frac{\tau_{a,B}}{\nu}$$

$\tau_{a,zul}$ = zulässige Scherspannung
ν = Sicherheitszahl

Beispiel:
Zwei Flachstähle, die durch einen Bolzen miteinander verbunden sind, haben eine Zugkraft von 16kN aufzunehmen. Der Bolzenwerkstoff hat eine Zugfestigkeit von 420N/mm². Wie groß ist der Bolzendurchmesser mindestens auszuführen, wenn eine Sicherheit von 2 gefordert wird?

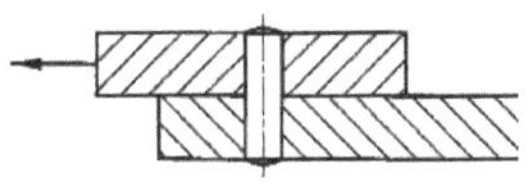

$\tau_{a,b} \approx 0{,}8 \cdot R_m$

$\tau_{a,b} \approx 0{,}8 \cdot 420N/mm^2$

$\tau_{a,b} \approx 336N/mm^2$

$$\tau_{a,zul} = \frac{\tau_{a,B}}{\nu}$$

$$\tau_{a,zul} = \frac{336\frac{N}{mm^2}}{2}$$

$\tau_{a,zul}$ = $\underline{168N/mm^2}$

$$\tau_{a,zul} = \frac{F}{S}$$

$$S = \frac{F}{\tau_{a,zul}}$$

$$S = \frac{16000N}{168\frac{N}{mm^2}}$$

$S = \underline{95{,}2mm^2}$

$$S = \frac{d^2 \cdot \pi}{4}$$

$$d = \sqrt{\frac{4 \cdot S}{\pi}}$$

$$d = \sqrt{\frac{4 \cdot 95{,}2mm^2}{\pi}}$$

$d = \underline{11mm}$

Beispiel:
Aus 3mm dickem Stahlblech (R_m = 550 – 650N/mm²) sollen Ronden mit 20mm Durchmesser gestanzt werden.

a) Wie groß muß die Kraft der Presse mindestens sein?

b) Wie groß ist die beim Stanzvorgang im Stempel auftretende Druckspannung?

a) $F = S \cdot \tau_{a,B}$ $\quad\quad$ $\tau_{a,b} \approx 0{,}8 \cdot R_m$

$S = 188{,}5\text{mm}^2 \cdot 520\text{N/mm}^2$ $\quad\quad$ $\tau_{a,b} \approx 0{,}8 \cdot 650\text{N/mm}^2$

$F = \underline{98020\text{N}}$ $\quad\quad$ $\tau_{a,b} \approx 520\text{N/mm}^2$

$S = d \cdot \pi \cdot t$
$S = 20\text{mm} \cdot \pi \cdot 3\text{mm}$
$S = 188{,}5\text{mm}^2$

b) $\sigma_d = \frac{F}{S}$ $\quad\quad$ $S = \frac{d^2 \cdot \pi}{4}$

$\sigma_d = \frac{98020\text{N}}{314{,}2\text{mm}^2}$ $\quad\quad$ $S = \frac{(20\text{mm})^2 \cdot \pi}{4}$

$\sigma_d = \underline{312\text{N/mm}^2}$ $S = 314{,}2\text{mm}^2$

Beispiel:
Das abgebildete Lochblech aus Stahl (R_m = 450 – 510 N/mm²) soll in einem Stanzvorgang hergestellt werden. Welche Stanzkraft ist mindestens erforderlich?

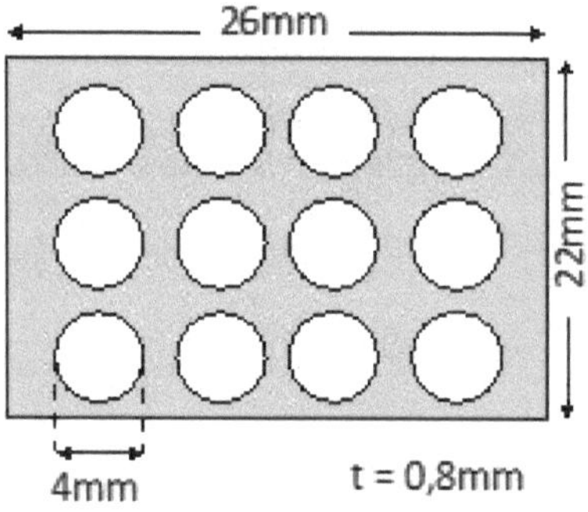

$F = S \cdot \tau_{a,B}$ $\quad\quad$ $\tau_{a,b} = 0{,}8 \cdot R_m$

$F = 197{,}44\,mm^2 \cdot 410\,N/mm^2$ $\quad\quad$ $\tau_{a,b} = 0{,}8 \cdot 510\,N/mm^2$

$F = \underline{80950\,N}$ $\quad\quad$ $\tau_{a,b} = 410\,N/mm^2$

$S = L \cdot t$

$L = 2(26\,mm + 22\,mm) + 12 \cdot \pi \cdot 4\,mm$

$L = \underline{246{,}8\,mm}$

$S = 246{,}8\,mm \cdot 0{,}8\,mm$

$S = 197{,}44\,mm^2$

9 Statistik

Um Informationen über zu lösende Problemstellungen zu erhalten ist es erforderlich, eine statistische Erhebung durchzuführen. Diese beinhaltet im Allgemeinen eine Fülle von Einzelinformationen zu einem interessierenden Sachverhalt. Dabei ist es aus verschiedenen Gründen nicht immer möglich oder sinnvoll, alle Daten zu erfassen. Daher ist es in der Regel so, dass man sich auf die Daten einer Stichprobe beschränkt, um dann aus den Ergebnissen der Stichprobe auf die Eigenschaften der Grundgesamtheit zu schließen. Die Aufgabe der Statistik besteht also zunächst darin, eine Vielzahl voneinander unabhängiger Einzelinformationen übersichtlich darzustellen und auf wenige Stichprobenkenngrößen zu verdichten.

9.1 Darstellung statistischer Daten

April 2015 Aufg.7, Nov. 2017 Aufg.7

Die für eine statistische Erhebung erfassten Daten werden als Urliste bezeichnet. Diese ist in der Regel ungeordnet und
unübersichtlich. Um die Informationen aus dieser ungeordneten Datenmenge auswerten zu können, ist es zunächst erforderlich, die Daten anzuordnen und zu verdichten, denn nur so lassen sich anschließend Schlussfolgerungen zur Lösung der Problemstellungen ziehen. Die in der Urliste aufgeführten Daten werden in einer Häufigkeitstabelle zusammengestellt und geordnet.

Beispiel: Überprüfung der Genauigkeit eines Abfüllprozesses

abgefülltes Volumen(ml)	absolute Häufigkeit	relative Häufigkeit	absolute Summenhäufigkeit	relative Summenhäufigkeit
7,97	1	2	1	2
7,98	7	14	8	16
7,99	21	42	29	58
8,00	15	30	44	88
8,01	6	12	50	100

Die Merkmalsausprägung „7,98ml“ liegt 7 mal vor. Dieser Wert beschreibt die absolute Häufigkeit.

Um die Fragestellung zu beantworten, wie hoch der Anteil der Merkmalsausprägung „7,98ml“ ist, ist die relative Häufigkeit zu berechnen. Dazu wird der Wert der absoluten Häufigkeit auf die Summe aller Werte bezogen. Man erhält so den Wert 7/50 = 0,14 = 14%

Die absolute Summenhäufigkeit wird bestimmt, indem die Anzahl der Merkmalsausprägungen über einen bestimmten Bereich addiert werden. Sie gibt an, wie viele Merkmalsausprägungen bestimmte Anforderungen erfüllt haben. Die Häufigkeit der Werte, die kleiner sind als 7,98ml beträgt 1. Die Häufigkeit der Werte, die kleiner sind als 7,99ml, beträgt 1 + 7 = 8, die Häufigkeit der Werte, die kleiner sind als 8,00ml beträgt 1 + 7 + 21 = 29.

Der Wert der relativen Summenhäufigkeit wird ermittelt, indem der Wert absoluten Summenhäufigkeit wie bei der relativen Häufigkeit auf die Gesamtsumme bezogen wird.

Die graphische Darstellung der tabellarischen Häufigkeits-verteilung erfolgt meistens in Form eines Histogramms und einer Summenkurve.

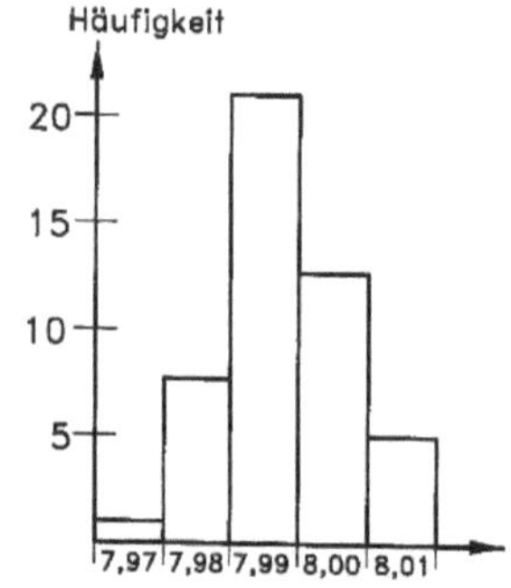

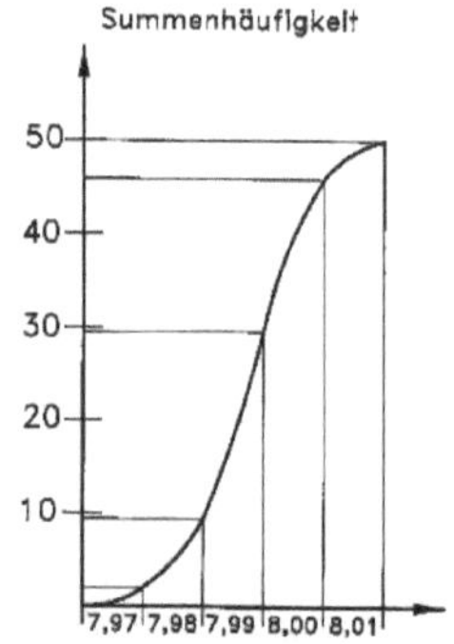

Histogramm Summenkurve

9.2 Berechnung statistischer Kenngrößen

Durch die Berechnung von Stichprobenkenngrößen lässt sich das tabellarisch und / oder graphisch dargestellte Zahlen-material unter speziellen Fragestellungen auf Zahlenwerte verdichten.

9.2.1 Lagemaße

Nov. 2023 Aufg.7a,b, Mai 2023, Aufg.7a, Nov. 2022 Aufg.7a,7c, Mai 2022 Aufg.7a, Nov. 2021 Aufg.7a, Mai 2020 Aufg.7a, *Nov. 2020 Aufg.7a, Nov. 2018 Aufg.7, Mai 2018 Aufg.7, Nov. 2017 Aufg.7, Mai 2016 Aufg.7, Nov. 2016 Aufg.7, Nov. 2015 Aufg.7, April 2015, Aufg.7, Mai 2014 Aufg.8, Nov. 2013 Aufg.7, Mai 2013 Aufg.7, Nov. 2012 Aufg.7, Nov. 2011 Aufg.7, Nov. 2010 Aufg.7, Nov. 2010 Aufg.7*

Lagemaße geben an, wo der mittlere Wert des Datenmaterials liegt. Sie kennzeichnen die Größenordnung der Meßwerte und geben an, wo der mittlere Wert des Datenmaterials liegt.

Der arithmetische **Mittelwert**
Der arithmetische Mittelwert wird berechnet, indem man die Summe aller Einzelwerte bildet und diese durch die Anzahl der Einzelwerte dividiert. Das arithmetische Mittel einer Stichprobe erhält das Formelzeichen $\overline{x}$.

$$\overline{X} = \frac{x_1 + x_2 + \ldots + x_n}{n}$$

$$\overline{X} = \frac{1}{n} \Sigma x_i$$

Die Berechnung dieses Wertes erfolgt zweckmäßigerweise mit Hilfe der Statistikfunktion eines Taschenrechners.

Der **Median** (Zentralwert)
Der Median kennzeichnet den Wert einer Datenreihe, bei dem 50% der Werte kleiner und 50% der Werte größer sind. Der Median beschreibt also genau die Mitte einer nach Größe geordneten Datenreihe.
Er wird wie folgt ermittelt:

Bei einer ungeraden Anzahl von Daten liegt der Median an der

$\frac{N+1}{2}$ ten Stellen = Anzahl der Daten

Bei einer geraden Anzahl von Daten ist der Median das arithmetische Mittel aus den beiden an der Mitte liegenden Werten.
Der Median erhält das Formelzeichen $\tilde{x}$.

Der **Modalwert**
Der Modalwert kennzeichnet den Wert einer Datenreihe, der am häufigsten vorkommt.
Er erhält das Formelzeichen D

Beispiel:
Bei der Überprüfung des Volumens von Tuben wurden folgende Werte ermittelt

Volumen (ml)	Häufigkeit
7,97	1
7,98	7
7,99	21
8,00	15
8,01	6

a) Ermitteln Sie den arithmetischen Mittelwert
b) Ermitteln Sie den Median
c) Ermitteln Sie den Modalwert

a) $\bar{x}$ = 7,9936ml

b) Es liegen 50 Meßwerte vor, somit ist das arithmetische Mittel aus dem 25. und 26. Wert zu bilden. Beide Werte betragen 7,99ml, also ist $\tilde{x}$ = 7,99ml

c)Der am häufigsten vorkommende Wert ist 7,99ml

Beispiel:
Bei der Überprüfung der Masse von Verpackungseinheiten wurde eine Stichprobe von 65 Einheiten entnommen.

Die aus dem Stichprobenergebnis aufbereiteten Daten sind in der untenstehenden Tabelle zusammengefasst.

Masse in Gramm		Häufigkeit	Klassenmitte
über	bis		
460	462	3	461
462	464	4	463
464	466	12	465
466	468	20	467
468	470	17	469
470	472	7	471
472	474	2	473

Bestimmen Sie
a) das arithmetische Mittel
b) den Median
c) den Modalwert
Bei diesem Beispiel handelt es sich um die Bearbeitung von klassierten Daten. Zur Berechnung ist daher von den jeweiligen Klassenmitten auszugehen.

a) $\bar{x}$ = 467,25g

b) Anzahl der Daten: 65

Der Median steht an der Stelle:

$$\frac{65+1}{2} = 33$$

Der 33. Wert ist 467g

c) D = 467g

9.2.2 Streuungsmaße

Nov. 2016 Aufg.7, Mai 2016 Aufg.7, Nov. 2015 Aufg.7, April 2015 Aufg.7, Mai 2014 Aufg.8, Nov. 2013 Aufg.7, Mai 2013 Aufg.7, Nov. 2012 Aufg.7, Nov. 2011 Aufg.7, Nov. 2010 Aufg.7, Mai 2020 Aufg.7b, *Nov. 2020 Aufg.7b, Nov. 2021 Aufg.7 b, c, Mai 2022 Aufg.7c, Nov. 2022 Aufg.7b, Mai 2023, Aufg.7b, Nov. 2023 Aufg.7c*

Die **Lagemaße** beschreiben eine Häufigkeitsverteilung nur unvollständig, da sie keine Aussage über die Größe der Abweichung der einzelnen Merkmalsausprägungen machen.
Um qualifizierte Aussagen über die Eigenschaften einer Datenmenge treffen zu können, ist daher neben der Angabe eines Lagemaßes immer auch die Angabe eines Streuungsmaßes erforderlich.
Streuungsmaße kennzeichnen die Streuung der Stichproben-werte. Sie geben Auskunft über die Abweichung von einem Lagemaß.

Die **Spannweite** (Range)
Die Spannweite ist die Differenz zwischen dem größten und dem kleinsten Wert einer Stichprobe.

$$R = x_{max} - x_{min}$$

Die **Stichprobenstandardabweichung**
Die Standardabweichung einer Stichprobe wird berechnet mit der Formel

$$S = \sqrt{\frac{1}{n-1}\ \Sigma\,(x_i - \overline{x})^2}$$

Die Stichprobenstandardabweichung ist das gebräuchlichste Streuungsmaß. Sie lässt sich interpretieren als durchschnittliche Abweichung der einzelnen Messwerte vom arithmetischen Mittelwert. Die Berechnung der Stichprobenstandardabweichung erfolgt mit Hilfe des Taschenrechners. Dabei ist zu beachten, dass zwischen der Standardabweichung der Grundgesamtheit (σ) und der Standardabweichung der Stichprobe (s) unterschieden werden muss.

Beispiel:
Die Spannweite und die Stichprobenstandardabweichung der zur Überprüfung der Abfüllanlage (s.9.1 u. 9.2.1) erhobenen Daten sind zu ermitteln.

$R = 8{,}01\text{ml} - 7{,}97\text{ml}$

$R = \underline{0{,}04\text{ml}}$

$s = 9{,}424 \cdot 10^{-3}\text{ml}$

$s = 0{,}00942\text{ml}$

Beispiel:
Bei der Fertigung von Glühlampen wurden bei einer Stichprobe 425 Glühlampen auf ihre Brenndauer untersucht.

Brenndauer in Stunden		Häufigkeit
über	bis	
80	180	13
180	280	78
280	380	253
380	480	67
480	580	14

Das arithmetische Mittel und die Stichprobenstandardabweichung sind zu berechnen.
Da es sich um klassierte Daten handelt, ist von den Klassenmitten auszugehen.

$\bar{x} = \underline{327{,}9\text{h}}$

$s = \underline{77{,}2\text{h}}$

9.3 Normalverteilung

Mai 2010 Aufg.7, Mai 2012 Aufg.7, Nov. 2014 Aufg.7, Nov. 2015 Aufg.7, Mai 2016 Aufg.7, Nov. 2016 Aufg.7, Mai 2017 Aufg.7, Mai 2019 Aufg.7, Nov. 2019 Aufg.7, Mai 2020 Aufg.7c, Nov. 2020 Aufg.7c, Nov. 2021 Aufg.7c, 2022 Nov. Aufg.7d, Mai 2023, Aufg.7c, Nov. 2023 Aufg.7c

Aus den Messungen gewonnenen Daten werden Verteilungen entwickelt. Diese empirischen Verteilungen (s.9.1) lassen sich häufig mit theoretischen Verteilungen beschreiben. Die am häufigsten zur Beschreibung empirischer Verteilungen herangezogene Verteilung ist die Gauß`sche Normalverteilung. Diese Verteilung hat immer die Form einer Glockenkurve, die jedoch steiler oder flacher ausfallen kann. Die Fläche unter der Glockenkurve entspricht immer 100 Prozent aller Werte.

Viele der durch Experimente ermittelten Merkmalswerte lassen sich als normalverteilt ansehen. Kann die Datenmenge einer Stichprobe als normalverteilt angesehen werden, so wird sie durch die Kenngrößen Mittelwert und Stichprobenstandardabweichung eindeutig beschrieben.

Kann von einer Normalverteilung ausgegangen werden, so beträgt der Flächeninhalt zwischen +/- 1s 68,26%, also liegen in diesem Bereich auch 68,26% der Beobachtungswerte. Zwischen +/- 2s befinden sich 95,45% der Werte und zwischen +/- 3s 99,73%. - Voraussetzung für die Anwendung der oben getroffenen Aussagen ist jedoch, dass die Daten der Stichprobe tatsächlich als normalverteilt anzusehen sind.

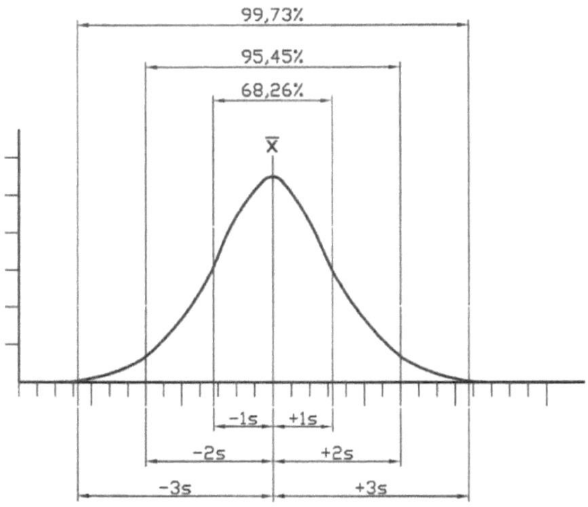

Eine einfache Methode zur Überprüfung einer Datenmenge auf Normalverteilung ist die Konstruktion der Wahrscheinlichkeitsgeraden in einem Wahrscheinlichkeitsnetz. In dieses Netz werden die relativen Summenhäufigkeiten (s.9.1) eingetragen. Lässt sich eine Ausgleichsgerade durch die eingetragenen Punkte ziehen, so dürfen die Daten der Stichprobe als normalverteilt angesehen werden.

Achtung:
Eine exakte Wahrscheinlichkeitsgerade ist nie möglich, da die Gauß`sche Normalverteilung eine theoretische Verteilung ist und in dieser Form nicht bei realen Daten auftreten kann. Der Wert für 100% kann nicht eingetragen werden.
Aus dem Wahrscheinlichkeitsnetz lassen sich aber die Werte für $\bar{x}$ und s mit ausreichender Genauigkeit graphisch ermitteln.

Beispiel:
Bei der Überprüfung der Genauigkeit eines Abfüllprozesses wurden folgende Werte ermittelt

Volumen (ml)	Häufigkeit
7,97	1
7,98	7
7,99	21
8,00	15
8,01	6

a) Beurteilen Sie mit Hilfe eines Wahrscheinlichkeitsnetzes, ob von einer Normalverteilung der Werte ausgegangen werden kann.

b) Ermitteln Sie aus dem Wahrscheinlichkeitsnetz das arithmetische Mittel und die Stichprobenstandardabweichung.

c) Berechnen Sie aus den Daten das arithmetische Mittel und die Stichprobenstandardabweichung.

d) Bestimmen Sie die Grenzwerte, die 99,73% der Werte einschließen.

a) Zunächst ist die relative Summenhäufigkeit zu bestimmen (s.9.1)

Volumen (ml)	absolute Summenhäufigkeit	relative Summenhäufigkeit
7,97	1	2
7,98	8	16
7,99	29	58
8,00	44	88
8,01	50	100

Auf der waagerechten Achse des Wahrscheinlichkeits-netzes sind die Merkmalsausprägungen in gleichen Abständen einzutragen. Die Breite eines Feldes für einen einzelnen Wert hängt von der Anzahl der Merkmalsausprägungen ab, der Beginn der Eintragung ist beliebig. Über den oberen Grenzen der einzelnen Werte ist der zugehörige Wert der relativen Summenhäufigkeit aufzutragen. Die relative Summenhäufigkeit 100% kann nicht eingetragen werden. Liegen die einzelnen Punkte an einer Ausgleichsgeraden, ist die Datenmenge als normalverteilt anzusehen. Das ist hier der Fall.

b) $\bar{x}$ = 7,994ml

s = 8,003ml – 7,994ml = 0,009ml

c) $\bar{x}$ = 7,9936ml

s = 0,00942ml

d) oberer Grenzwert
OGW = $\bar{x} + 3s$ = 7,9936ml + 3 · 0,00942ml = 8,022ml

unterer Grenzwert
UGW = $\bar{x} - 3s$ = 7,9936ml - 3 · 0,00942ml = 7,965ml

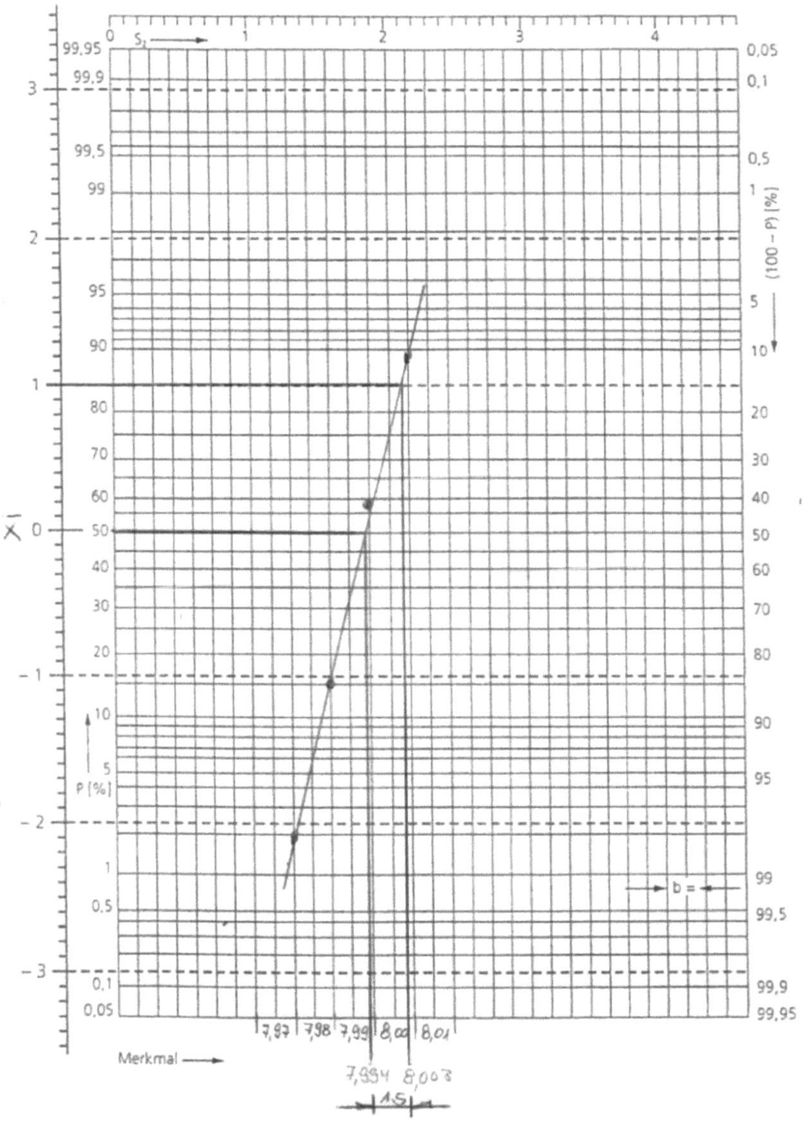

S₂
99,95
99,9
99,5
99
95
90
80
70
60
50
40
30
20
10
5
P [%]
1
0,5
0,1
0,05
0,05
0,1
0,5
1
(100 – P) [%]
5
10
20
30
40
50
60
70
80
90
95
99
99,5
99,9
99,95
b =
Merkmal
7,97
7,98
7,99
8,00
8,01
7,994
8,007
1 S

Register